January 18, 1999

What do I consider my most important Contributions?

- That I early on—almost sixty years ago—realized that MANAGEMENT has become the constitutive organ and function of the Society of Organizations;

- That MANAGEMENT is not "Business Management- though it first attained attention in business- but the governing organ of ALL institutions of Modern Society;

- That I established the study of MANAGEMENT as a DISCIPLINE in its own right;

and

- That I focused this discipline on People and Power; on Values; Structure and Constitution; AND ABOVE ALL ON RESPONSIBILITIES- that is focused the Discipline of Management on Management as a truly LIBERAL ART.

Peter F. Drucker

我认为我最重要的贡献是什么？

- 早在60年前，我就认识到管理已经成为组织社会的基本器官和功能；
- 管理不仅是“企业管理”，而且是所有现代社会机构的管理器官，尽管管理最初侧重于企业管理；
- 我创建了管理这门独立的学科；
- 我围绕着人与权力、价值观、结构和方式来研究这一学科，尤其是围绕着责任。管理学科是把管理当作一门真正的人文艺术。

彼得·德鲁克

1999年1月18日

注：资料原件打印在德鲁克先生的私人信笺上，并有德鲁克先生亲笔签名，现藏于美国德鲁克档案馆。为纪念德鲁克先生，本书特收录这一珍贵资料。本资料由德鲁克管理学专家那国毅教授提供。

彼得·德鲁克和妻子多丽丝·德鲁克

德鲁克妻子多丽丝寄语中国读者

在此谨向广大的中国读者致以我诚挚的问候。本丛书深入介绍了德鲁克在管理领域方面的多种理念和见解。我相信他的管理思想得以在中国广泛应用，将有赖于出版及持续的教育工作，从而令更多人受惠于他的馈赠 。

盼望本丛书可以激发各位对构建一个令人憧憬的美好社会的希望，并推动大家在这一过程中积极发挥领导作用，他的在天之灵定会备感欣慰。

Doris Drucker

注：本页照片和多丽丝寄语原文与亲笔签名由北京光华博雅管理研修学院提供。

最后的完美世界

[美] 彼得·德鲁克 著
洪宁 吴振阳 祝亚雄 等译

The Last of All
Possible Worlds

彼得·德鲁克全集

图书在版编目（CIP）数据

最后的完美世界 /（美）彼得·德鲁克（Peter F. Drucker）著；洪宁等译．—北京：机械工业出版社，2018.4（2025.6 重印）
（彼得·德鲁克全集）
书名原文：The Last of All Possible Worlds

ISBN 978-7-111-59522-9

I. 最… II. ①彼… ②洪… III. 企业管理 IV. F272

中国版本图书馆 CIP 数据核字（2018）第 059262 号

北京市版权局著作权合同登记 图字：01-2013-6468 号。

本书两面插页所用资料由彼得·德鲁克管理学院和那国毅教授提供。封面中签名摘自德鲁克先生为彼得·德鲁克管理学院的题词。

最后的完美世界

出版发行：机械工业出版社（北京市西城区百万庄大街 22 号 邮政编码：100037）
责任编辑：杜若佳 责任校对：李秋荣
印 刷：固安县铭成印刷有限公司 版 次：2025 年 6 月第 1 版第 6 次印刷
开 本：170mm×230mm 1/16 印 张：18.25
书 号：ISBN 978-7-111-59522-9 定 价：79.00 元

客服电话：（010）88361066 68326294

目 录

| 推荐序一 |

功能正常的社会和博雅管理

为“彼得·德鲁克全集”作序

享誉世界的“现代管理学之父”彼得·德鲁克先生自认为，虽然他因为创建了现代管理学而广为人知，但他其实是一名社会生态学者，他真正关心的是个人在社会环境中的生存状况，管理则是新出现的用来改善社会和人生的工具。他一生写了39本书，只有15本书是讲管理的，其他都是有关社群（社区）、社会和政体的，而其中写工商企业管理的只有两本书（《为成果而管理》和《创新与企业家精神》）。

德鲁克深知人性是不完美的，因此人所创造的一切事物，包括人设计的社会也不可能完美。他对社会的期待和理想并不高，那只是一个较少痛苦，还可以容忍的社会。不过，它还是要有基本的功能，为生活在其中的人提供可以正常生活和工作的条件。这些功能或条件，就好像一个生命体必须具备正常的生命特征，没有它们社会也就不成其为社会了。值得留意的是，社会并不等同于“国家”，因为“国（政府）”和“家（家庭）”不可能提供一个社会全部必要的职能。在德鲁克眼里，功能正常的社会至少要由三大类机构组成：政府、企业和非营利机构，它们各自发挥不同性质的作用，每一类、每一个机构中都要有能解决问题、令机构创造出独特绩效的权力中心和决策机制，这个权力中心和决策机制同时也要让机构里的每个人各得其所，既有所担当、做出贡献，又得到生计和身份、地位。这些在过去的国家中从来没有过的权力中心和决策机制，或者说新的“政体”，就是“管理”。在这里德鲁克把企业和非营利机构中的管理体制与政府的统治体制统称为“政体”，是因为它们都掌握权力，但是，这是两种性质截然不同的权力。企业和非营利机构掌握的，是为了提供特定的产品和服务，而调配社会资源的权力，政府所拥有的，则是整个社会公平的维护、正义的裁夺和干预的权力。

在美国克莱蒙特大学附近，有一座小小的德鲁克纪念馆，走进这座用他的故居改成的纪念馆，正对客厅入口的显眼处有一段他的名言：

> 在一个由多元的组织所构成的社会中，使我们的各种组织机构负责任地、独立自治地、高绩效地运作，是自由和尊严的唯一保障。有绩效的、负责任的管理是对抗和替代极权专制的唯一选择。

当年纪念馆落成时，德鲁克研究所的同事们问自己，如果要从德鲁克的著作中找出一段精练的话，概括这位大师的毕生工作对我们这个世界的意义，会是什么？他们最终选用了这段话。

如果你了解德鲁克的生平，了解他的基本信念和价值观形成的过程，你一定会同意他们的选择。从他的第一本书《经济人的末日》到他独自完成的最后一本书《功能社会》之间，贯穿着一条抵制极权专制、捍卫个人自由和尊严的直线。这里极权的极是极端的极，不是集中的集，两个词一字之差，其含义却有着重大区别，因为人类历史上由来已久的中央集权统治直到 20 世纪才有条件变种成极权主义。极权主义所谋求的，是从肉体到精神，全面、彻底地操纵和控制人类的每一个成员，把他们改造成实现个别极权主义者梦想的人形机器。20 世纪给人类带来最大灾难和伤害的战争和运动，都是极权主义的“杰作”，德鲁克青年时代经历的希特勒纳粹主义正是其中之一。要了解德鲁克的经历怎样影响了他的信念和价值观，最好去读他的《旁观者》；要弄清什么是极权主义和为什么大众会拥护它，可以去读汉娜·阿伦特 1951 年出版的《极权主义的起源》。

好在历史的演变并不总是令人沮丧。工业革命以来，特别是从 1800 年开始，最近这 200 年生产力呈加速度提高，不但造就了物质的极大丰富，还带来了社会结构的深刻改变，这就是德鲁克早在 80 年前就敏锐地洞察和指出的，多元的、组织型的新社会的形成：新兴的企业和非营利机构填补了由来已久的“国（政府）”和“家（家庭）”之间的断层和空白，为现代国家提供了真正意义上的种种社会功能。在这个基础上，教育的普及和知识工作者的崛起，正在造就知识经济和知识社会，而信息科技成为这一切变化的加速器。要特别说明，“知识工作者”是德鲁克创造的一个称谓，泛指具备和应用专门知识从事生产工作，为社会创造出有用的产品和服务的人群，这包括企业家和在任何机构中的管理者、专业人士和技工，也包括社会上的独立执业人士，如会计师、律师、咨询师、培训师等。在 21 世纪的今天，由于知识的应用领域一再被扩大，个人和个别机构不再是孤独无助的，他们因为掌握了某项知识，就拥有了选择的自由和影响他人的权力。知识工作者和由他们组成的知识型组织不再是传统的知识分子或组织，知识工作者最大的特点就是他们的独立自主，可以主动地整合资源、创造价值，促成经济、社会、文化甚至政治层面的改变，而传统的知识分子只能依附于当时的统治当局，在统治当局提供的平台上才能有所作为。这是一个划时代的、意义深远的变化，而且这个变化不仅发生在西方发达国家，也发生在发展中国家。

在一个由多元组织构成的社会中，拿政府、企业和非营利机构这三类组织相互比较，企业和非营利机构因为受到市场、公众和政府的制约，它们的管理者不可能像政府那样走上极权主义统治，这是它们在德鲁克看来，比政府更重要、更值得寄予希望的原因。尽管如此，它们仍然可能因为管理缺位或者管理失当，例如官僚专制，不能达到德鲁克期望的“负责任地、高绩效地运作”，从而为极权专制垄断社会资源让出空间、提供机会。在所有机构中，包括在互联网时代虚拟的工作社群中，知识工作者的崛起既为新的管理提供了基础和条件，也带来对传统的“胡萝卜加大棒”管理方式的挑战。德鲁克正是因应这样的现实，研究、创立和不断完善现代管理学的。

1999 年 1 月 18 日，德鲁克接近 90 岁高龄，在回答“我最重要的贡献是什么”这个问题时，他写了下面这段话：

> 我着眼于人和权力、价值观、结构和规范去研究管理学，而在所有这些之上，我聚焦于“责任”，那意味着我是把管理学当作一门真正的“博雅技艺”来看待的。

给管理学冠上“博雅技艺”的标识是德鲁克的首创，反映出他对管理的独特视角，这一点显然很重要，但是在他众多的著作中却没找到多少这方面的进一步解释。最完整的阐述是在他的《管理新现实》这本书第 15 章第五小节，这节的标题就是“管理是一种博雅技艺”：

> 30 年前，英国科学家兼小说家斯诺（C. P. Snow）曾经提到当代社会的“两种文化”。可是，管理既不符合斯诺所说的“人文文化”，也不符合他所说的“科学文化”。管理所关心的是行动和应用，而成果正是对管理的考验，从这一点来看，管理算是一种科技。可是，管理也关心人、人的价值、人的成长与发展，就这一点而言，管理又算是人文学科。另外，管理对社会结构和社群（社

区）的关注与影响，也使管理算得上是人文学科。事实上，每一个曾经长年与各种组织里的管理者相处的人（就像本书作者）都知道，管理深深触及一些精神层面关切的问题——像人性的善与恶。

管理因而成为传统上所说的“博雅技艺”（liberal art）——是“博雅”（liberal），因为它关切的是知识的根本、自我认知、智慧和领导力，也是“技艺”（art），因为管理就是实行和应用。管理者从各种人文科学和社会科学中——心理学和哲学、经济学和历史、伦理学，以及从自然科学中，汲取知识与见解，可是，他们必须把这种知识集中在效能和成果上——治疗病人、教育学生、建造桥梁，以及设计和销售容易使用的软件程序等。

作为一个有多年实际管理经验，又几乎通读过德鲁克全部著作的人，我曾经反复琢磨过为什么德鲁克要说管理学其实是一门“博雅技艺”。我终于意识到这并不仅仅是一个标新立异的溢美之举，而是在为管理定性，它揭示了管理的本质，提出了所有管理者努力的正确方向。这至少包括了以下几重含义：

第一，管理最根本的问题，或者说管理的要害，就是管理者和每个知识工作者怎么看待与处理人和权力的关系。德鲁克是一位基督徒，他的宗教信仰和他的生活经验相互印证，对他的研究和写作产生了深刻的影响。在他看来，人是不应该有权力（power）的，只有造人的上帝或者说造物主才拥有权力，造物主永远高于人类。归根结底，人性是软弱的，经不起权力的引诱和考验。因此，人可以拥有的只是授权（authority），也就是人只是在某一阶段、某一事情上，因为所拥有的品德、知识和能力而被授权。不但任何个人是这样，整个人类也是这样。民主国家中“主权在民”，但是人民的权力也是一种授权，是造物主授予的，人在这种授权之下只是一个既有自由意志，又要承担责任的“工具”，他是造物主的工具而不能成为主宰，不能按自己的意图去操纵和控制自己的同类。认识到这一点，人才会谦卑而且有责任感，他们才会以造物主才能够掌握、人类只能被其感召和启示的公平正义，去时时检讨自己，也才会甘愿把自己置于外力强制的规范和约束之下。

第二，尽管人性是不完美的，但是人彼此平等，都有自己的价值，都有自己的创造能力，都有自己的功能，都应该被尊敬，而且应该被鼓励去创造。美国的独立宣言和宪法中所说的，人生而平等，每个人都有与生俱来、不证自明的权利（rights），正是从这一信念而来的，这也是德鲁克的管理学之所以可以有所作为的根本依据。管理者是否相信每个人都有善意和潜力？是否真的对所有人都平等看待？这些基本的或者说核心的价值观和信念，最终决定他们是否能和德鲁克的学说发生感应，是否真的能理解和实行它。

第三，在知识社会和知识型组织里，每一个工作者在某种程度上，都既是知识工作者，也是管理者，因为他可以凭借自己的专门知识对他人和组织产生权威性的影响——知识就是权力。但是权力必须和责任捆绑在一起。而一个管理者是否负起了责任，要以绩效和成果做检验。凭绩效和成果问责的权力是正当和合法的权力，也就是授权（authority），否则就成为德鲁克坚决反对的强权（might）。绩效和成果之所以重要，不但在经济和物质层面，而且在心理层面，都会对人们产生影响。管理者和领导者如果持续不能解决现实问题，大众在彻底失望之余，会转而选择去依赖和服从强权，同时甘愿交出自己的自由和尊严。这就是为什么德鲁克一再警告，如果管理失败，极权主义就会取而代之。

第四，除了让组织取得绩效和成果，管理者还有没有其他的责任？或者换一种说法，绩效和成果仅限于可量化的经济成果和财富吗？对一个工商企业来说，除了为客户提供价廉物美的产品和服务、为股东赚取合理的利润，能否同时成为一个良好的、负责任的“社会公民”，能否同时帮助自己的员工在品格和能力两方面都得到提升呢？这似乎是一个太过苛刻的要求，但它是一个合理的要求。我个人在十多年前，和一家这样要求自己的后勤服务业的跨国公司合作，通过实践认识到这是可能的。这意味着我们必须学会把伦理道德的诉求和经济目标，设计进同一个工作流程、同一套衡量系统，直至每一种方法、工具和模式中去。值得欣慰的是，今天有越来越多的机构开始严肃地对待这个问题，在各自的领域做出肯定的回答。

第五，“作为一门博雅技艺的管理”或称“博雅管理”，这个讨人喜爱的中文翻译有一点儿问题，从翻译的“信、达、雅”这三项专业要求来看，雅则雅矣，信有不足。liberal art 直译过来应该是“自由的技艺”，但最早的繁体字中文版译成了“博雅艺术”，这可能是想要借助它在中国语文中的褒义，我个人还是觉得“自由的技艺”更贴近英文原意。liberal 本身就是自由。art 可以译成艺术，但管理是要应用的，是要产生绩效和成果的，所以它首先应该是一门“技能”。另一方面，管理的对象是人们的工作，和人打交道一定会面对人性的善恶，人的千变万化的意念——感性的和理性的，从这个角度看，管理又是一门涉及主观判断的“艺术”。所以 art 其实更适合解读为“技艺”。liberal——自由，art——技艺，把两者合起来就是“自由技艺”。

最后我想说的是，我之所以对 liberal art 的翻译这么咬文嚼字，是因为管理学并不像人们普遍认为的那样，是一个人或者一个机构的成功学。它不是旨在让一家企业赚钱，在生产效率方面达到最优，也不是旨在让一家非营利机构赢得道德上的美誉。它旨在让我们每个人都生存在其中的人类社会和人类社群（社区）更健康，使人们较少受到伤害和痛苦。让每个工作者，按照他与生俱来的善意和潜能，自由地选择他自己愿意在这个社会或社区中所承担的责任；自由地发挥才智去创造出对别人有用的价值，从而履行这样的责任；并且在这样一个创造性工作的过程中，成长为更好和更有能力的人。这就是德鲁克先生定义和期待的，管理作为一门“自由技艺”，或者叫“博雅管理”，它的真正的含义。

邵明路

彼得·德鲁克管理学院创办人

| 推荐序二 |

跨越时空的管理思想

20多年来，机械工业出版社关于德鲁克先生著作的出版计划在国内学术界和实践界引起了极大的反响，每本书一经出版便会占据畅销书排行榜，广受读者喜爱。我非常荣幸，一开始就全程参与了这套丛书的翻译、出版和推广活动。尽管这套丛书已经面世多年，然而每次去新华书店或是路过机场的书店，总能看见这套书静静地立于书架之上，长盛不衰。在当今这样一个强调产品迭代、崇尚标新立异、出版物良莠难分的时代，试问还有哪本书能做到这样呢？

如今，管理学研究者们试图总结和探讨中国经济与中国企业成功的奥秘，结论众说纷纭、莫衷一是。我想，企业成功的原因肯定是多种多样的。中国人讲求天时、地利、人和，缺一不可，其中一定少不了德鲁克先生著作的启发、点拨和教化。从中国老一代企业家（如张瑞敏、任正非），及新一代的优秀职业经理人（如方洪波）的演讲中，我们常常可以听到来自先生的真知灼见。在当代管理学术研究中，我们也可以常常看出先生的思想指引和学术影响。我常常对学生说，当你不能找到好的研究灵感时，可以去翻翻先生的著作；当你对企业实践困惑不解时，也可以把先生的著作放在床头。简言之，要想了解现代管理理论和实践，首先要从研读德鲁克先生的著作开始。基于这个原因，1991 年我从美国学成回国后，在南京大学商学院图书馆的一角专门开辟了德鲁克著作之窗，并一手创办了德鲁克论坛。至今，我已在南京大学商学院举办了 100 多期德鲁克论坛。在这一点上，我们也要感谢机械工业出版社为德鲁克先生著作的翻译、出版和推广付出的辛勤努力。

在与企业家的日常交流中，当发现他们存在各种困惑的时候，我常常推荐企业家阅读德鲁克先生的著作。这是因为，秉持奥地利学派的一贯传统，德鲁克先生总是将企业家和创新作为著作的中心思想之一。他坚持认为："优秀的企业家和企业家精神是一个国家最为重要的资源。"在企业发展过程中，企业家总是面临着效率和创新、制度和个性化、利润和社会责任、授权和控制、自我和他人等不同的矛盾与冲突。企业家总是在各种矛盾与冲突中成长和发展。现代工商管理教育不但需要传授建立现代管理制度的基本原理和准则，同时也要培养一大批具有优秀管理技能的职业经理人。一个有效的组织既离不开良好的制度保证，同时也离不开有效的管理者，两者缺一不可。这是因为，一方面，企业家需要通过对管理原则、责任和实践进行研究，探索如何建立一个有效的管理机制和制度，而衡量一个管理制度是否有效的标准就在于该制度能否将管理者个人特征的影响降到最低限度；另一方面，一个再高明的制度，如果没有具有职业道德的员工和管理者的遵守，制度也会很容易土崩瓦解。换言之，一个再高效的组织，如果缺乏有效的管理者和员工，组织的效率也不可能得到实现。虽然德鲁克先生的大部分著作是有关企业管理的，但是我们可以看到自由、成长、创新、多样化、多元化的思想在其著作中是一以贯之的。正如德鲁克在《旁观者》一书的序言中所阐述的，“未来是‘有机体’的时代，由任务、目的、策略、社会的和外在的环境所主导”。很多人喜欢德鲁克提出的概念，但是德鲁克却说，“人比任何概念都有趣多了”。德鲁克本人虽然只是管理的旁观者，但是他对企业家工作的理解、对管理本质的洞察、对人性复杂性的观察，鞭辟入里、入木三分，这也许就是企业家喜爱他的著作的原因吧！

德鲁克先生从研究营利组织开始，如《公司的概念》(1946 年)，到研究非营利组织，如《非营利组织的管理》(1990 年)，再到后来研究社会组织，如《功能社会》(2002 年)。虽然德鲁克先生的大部分著作出版于 20 世纪六七十年代，然而其影响力却是历久弥新的。在他的著作中，读者很容易找到许多最新的管理思想的源头，同时也不难获悉许多在其他管理著作中无法找到的“真知灼见”，从组织的使命、组织的目标以及工商企业与服务机构的异同，到组织绩效、富有效率的员工、员工成就、员工福利和知识工作者，再到组织的社会影响与社会责任、企业与政府的关系、管理者的工作、管理工作的设计与内涵、管理人员的开发、目标管理与自我控制、中层管理者和知识型组织、有效决策、管理沟通、管理控制、面向未来的管理、组织的架构与设计、企业的合理规模、多角化经营、多国公司、企业成长和创新型组织等。

30 多年前在美国读书期间，我就开始阅读先生的著作，学习先生的思想，并聆听先生的课堂教学。回国以后，我一直把他的著作放在案头。尔后，每隔一段时间，每每碰到新问题，就重新温故。令人惊奇的是，随着阅历的增长、知识的丰富，每次重温的时候，竟然会生出许多不同以往的想法和体会。仿佛这是一座挖不尽的宝藏，让人久久回味，有幸得以伴随终生。一本著作一旦诞生，就独立于作者、独立于时代而专属于每个读者，不同地理区域、不同文化背景、不同时代的人都能够从中得到启发、得到教育。这样的书是永恒的、跨越时空的。我想，德鲁克先生的著作就是如此。

特此作序，与大家共勉！

南京大学人文社会科学资深教授、商学院名誉院长

博士生导师

2018 年 10 月于南京大学商学院安中大楼

推荐序三

彼得·德鲁克与伊藤雅俊管理学院是因循彼得·德鲁克和伊藤雅俊命名的。德鲁克生前担任玛丽·兰金·克拉克社会科学与管理学教席教授长达三十余载，而伊藤雅俊则受到日本商业人士和企业家的高度评价。

彼得·德鲁克被称为“现代管理学之父”，他的作品涵盖了39本著作和无数篇文章。在德鲁克学院，我们将他的著述加以浓缩，称之为“德鲁克学说”，以撷取德鲁克著述在五个关键方面的精华。

我们用以下框架来呈现德鲁克著述的现实意义，并呈现他的管理理论对当今社会的深远影响。

这五个关键方面如下。

（1）**对功能社会重要性的信念**。一个功能社会需要各种可持续性的组织贯穿于所有部门，这些组织皆由品行端正和有责任感的经理人来运营，他们很在意自己为社会带来的影响以及所做的贡献。德鲁克有两本书堪称他在功能社会研究领域的奠基之作。第一本书是《经济人的末日》（1939年），“审视了法西斯主义的精神和社会根源”。然后，在接下来出版的《工业人的未来》（1942年）一书中，德鲁克阐述了自己对第二次世界大战后社会的展望。后来，因为对健康组织对功能社会的重要作用兴趣盎然，他的主要关注点转到了商业。

（2）**对人的关注**。德鲁克笃信管理是一门博雅艺术，即建立一种情境，使博雅艺术在其中得以践行。这种哲学的宗旨是：管理是一项人的活动。德鲁克笃信人的潜质和能力，而且认为卓有成效的管理者是通过人来做成事情的，因为工作会给人带来社会地位和归属感。德鲁克提醒经理人，他们的职责可不只是给大家发一份薪水那么简单。

对于如何看待客户，德鲁克也采取“以人为本”的思想。他有一句话人人知晓，即客户决定了你的生意是什么、这门生意出品什么以及这门生意日后能否繁荣，因为客户只会为他们认为有价值的东西买单。理解客户的现实以及客户崇尚的价值是“市场营销的全部所在”。

（3）**对绩效的关注**。经理人有责任使一个组织健康运营并且持续下去。考量经理人的凭据是成果，因此他们要为那些成果负责。德鲁克同样认为，成果负责制要渗透到组织的每一个层面，务求淋漓尽致。

制衡的问题在德鲁克有关绩效的论述中也有所反映。他深谙若想提高人的生产力，就必须让工作给他们带来社会地位和意义。同样，德鲁克还论述了在延续性和变化二者间保持平衡的必要性，他强调面向未来并且看到“一个已经发生的未来”是经理人无法回避的职责。经理人必须能够探寻复杂、模糊的问题，预测并迎接变化乃至更新所带来的挑战，要能看到事情目前的样貌以及可能呈现的样貌。

（4）**对自我管理的关注**。一个有责任心的工作者应该能驱动他自己，能设立较高的绩效标准，并且能控制、衡量并指导自己的绩效。但是首先，卓有成效的管理者必须能自如地掌控他们自己的想法、情绪和行动。换言之，内在意愿在先，外在成效在后。

（5）**基于实践的、跨学科的、终身的学习观念**。德鲁克崇尚终身学习，因为他相信经理人必须要与变化保持同步。但德鲁克曾经也有一句名言："不要告诉我你跟我有过一次精彩的会面，告诉我你下周一打算有哪些不同。"这句话的意思正如我们理解的，我们必须关注"周一早上的不同"。

这些就是"德鲁克学说"的五个支柱。如果你放眼当今各个商业领域，就会发现这五个支柱恰好代表了五个关键方面，它们始终贯穿交织在许多公司使命宣言传达的讯息中。我们有谁没听说过高管宣称要回馈他们的社区，要欣然采纳以人为本的管理方法和跨界协同呢？

彼得·德鲁克的远见卓识在于他将管理视为一门博雅艺术。他的理论鼓励经理人去应用"博雅艺术的智慧和操守课程来解答日常在工作、学校和社会中遇到的问题"。也就是说，经理人的目光要穿越学科边界来解决这世上最棘手的一些问题，并且坚持不懈地问自己："你下周一打算有哪些不同？"

彼得·德鲁克的影响不限于管理实践，还有管理教育。在德鲁克学院，我们用"德鲁克学说"的五个支柱来指导课程大纲设计，也就是说，我们按照从如何进行自我管理到组织如何介入社会这个次序来给学生开设课程。

德鲁克学院一直十分重视自己的毕业生在管理实践中发挥的作用。其实，我们的使命宣言就是：

通过培养改变世界的全球领导者，来提升世界各地的管理实践。

有意思的是，世界各地的管理教育机构也很重视它们的学生在实践中的表现。事实上，这已经成为国际精英商学院协会（AACSB）认证的主要标志之一。国际精英商学院协会"始终致力于增进商界、学者、机构以及学生之间的交融，从而使商业教育能够与商业实践的需求步调一致"。

最后我想谈谈德鲁克和管理教育，我的观点来自 2001 年 11 月 *BizEd* 杂志第 1 期对彼得·德鲁克所做的一次访谈，这本杂志由商学院协会出版，受众是商学院。在访谈中，德鲁克被问道：在诸多事项中，有哪三门课最重要，是当今商学院应该教给明日之管理者的？

德鲁克答道：

> 第一课，他们必须学会对自己负责。太多的人仍在指望人事部门来照顾他们，他们不知道自己的优势，不知道自己的归属何在，他们对自己毫不负责。
>
> 第二课也是最重要的，要向上看，而不是向下看。焦点仍然放在对下属的管理上，但应开始关注如何成为一名管理者。管理你的上司比管理下属更重要。所以你要问：“我应该为组织贡献什么？”
>
> 最后一课是必须修习基本的素养。是的，你想让会计做好会计的事，但你也想让她了解组织的其他功能何在。这就是我说的组织的基本素养。这类素养不是学一些相关课程就行了，而是与实践经验有关。

凭我一己之见，德鲁克在 2001 年给出的这则忠告，放在今日仍然适用。卓有成效的管理者需要修习自我管理，需要向上管理，也需要了解一个组织的功能如何与整个组织契合。

彼得·德鲁克对管理实践的影响深刻而巨大。他涉猎广泛，他的一些早期著述，如《管理的实践》（1954 年）、《卓有成效的管理者》（1966 年）以及《创新与企业家精神》（1985 年），都是我时不时会翻阅研读的书籍，每当我作为一个商界领导者被诸多问题困扰时，我都会从这些书中寻求答案。

珍妮·达罗克

彼得·德鲁克与伊藤雅俊管理学院院长

亨利·黄市场营销和创新教授

美国加州克莱蒙特市

前　言

在我写的许多本书中，本书是第一部我能够称之为小说的作品。不过，说它是“小说”，主要是指它的篇幅，在结构上，它倒更像是一部小型室内乐，类似于安东尼·德沃夏克（Antonin Dvorak）创作的那些貌似简单的四重奏——他和书中某些人物恰好来自同一个时代、同一个国家，创作这些作品的时间也仅比书中事件略早了几年；抑或像一个世纪前的交响协奏曲，由同一组乐器的小型协奏贯穿始终，但每个乐章各自以其中一种乐器的独奏作为主体。

本书的大多数情节发生在1906年6月，主要地点在伦敦。那个年代的成年人至此书出版时在世的寥寥无几，只有凤毛麟角的几位耄耋老人，俱已年近百岁了。而在我们这些后世之人眼中，那段岁月、那个世界早已属于尘封的历史，遥远得不啻法老时代的埃及，或是身披铠甲的骑士纵横驰骋的比武大会——尽管当时已经有了电灯、电话和汽车。然而，本书并不是一部“历史小说”；不会有人高呼“Egad”[1]，穿着缀满褶边的衣服，动辄拔剑出鞘。书中会涉及一些历史名人，比如俾斯麦、马克思、迪斯雷利、古斯塔夫·马勒、约翰·皮

[1] 古语，温和的感叹词，意为“天哪”“喔唷”。

尔庞特·摩根等。不过他们甚至连龙套都算不上，只存在于背景中，存在于人们的谈话里，因为那个时代的人们在交谈时大抵会提到这些名字。书中的人物都是虚构的，假如说这些人物有任何意义，那么并非因为他们的“角色”，而是因为他们俱是芸芸众生中的一员。

这本书的书名实则是一个文字游戏，源自伏尔泰的《老实人》中“众多可能的世界之中最好的一个”之语[㊀]。至于这个书名究竟是影射英王爱德华时代、第一次世界大战前那道日薄西山的余晖，还是暗指人芳华落尽的垂暮之年，我把它留给读者来判断。

彼得·德鲁克

㊀ 原文为“ the best of all possible worlds”。该语最早出自德国哲学家莱布尼茨的乐观主义理论，他认为我们所在的世界是上帝创造的众多可能的世界之中最好的一个。本书书名的原文为“ the last of all possible worlds”，与前者仅有一字之差，意为“众多可能的世界之中最后的一个”。囿于书名的限制，译者不得不将之改译为“最后的完美世界”，与原意并不完全吻合。

1

第一篇

索别斯基

THE LAST OF ALL
POSSIBLE WORLDS

第 1 章

亨里埃塔

第 2 章

玛吉特

第 3 章

约瑟法

第 4 章

欧文爵士

第 5 章

哥尔多尼故事一则

第 1 章 | CHAPTER 1

亨里埃塔

头天下午，当画商从箱子里取出克劳德·莫奈（Claude Monet）的新作时，索别斯基亲王（Prince Sobieski）顿时觉得自己被一阵莫大的喜悦和幸福淹没了。这是一幅鲁昂大教堂（Rouen Cathedral）的正面画，深浅不一的蓝色喷薄欲出，间以斑驳的褐色以及宏伟的圆花窗那瑰丽的深红色。他每看一眼这幅画——甚至不用看，只需闭着眼睛回味，那种汹涌的喜悦和幸福感就会再次将他淹没。

这样的体验他一生只有过两回，都是几十年前的事了。

40 年前，他 20 多岁，初次邂逅了那个年方十一、长着一双长腿的小姑娘。若干年后，女孩成了他的妻子，但彼时她还只是个稚气未脱的孩子。她满怀信赖地把自己的小手放到身边这个陌生人手里——一个从没见过甚至从没听说过的远房表哥；她拽着他，沿着那个奥地利边塞小镇上尘土飞扬的街道走了很久，向他倾吐她的寂寞、绝望，以及她那赌鬼父亲和背着人酗酒的怨妇母亲带给她的羞耻。那一刻，他胸口涌动着的是同样的欢喜和柔情。

几年以后，索别斯基年届 30 岁，在拿破仑第三帝国的宫廷里做一名见习外交官。他在巴黎的情妇为他生了个女儿，这是他的第一个孩子。当亲眼见到刚刚出世几分钟的小生命时，同样的欢喜和柔情再一次溢满了他的心扉。

如今老之将至，他居然又重新感受到了那种莫名的欣喜、款款的柔情，那种身心愉悦和谐的感觉。“这会不会是最后一次呢？”索别斯基在心中自问。

而伟格纳博士（Dr. Wegner）那副狼狈相使索别斯基觉得这种身心愉悦的感觉更强烈了——确切地说，是更鲜明了。

当莫奈的这幅作品装上画架后，被收到了楼下的“图书室”里。索别斯基刚被委派到圣詹姆斯宫[⊖]（St. James's）担任驻英大使那年，曾买下一幢 18 世纪的宅邸作为他在伦敦的寓所，现在这间办公室兼会客厅就改自原来的舞厅。早上泡完澡、做完按摩，索别斯基一时心血来潮，想再多看看这幅画，便决定把早餐地点从楼上的起居室换到这里；在伦敦寓居 27 年，这还是他第一次打破惯例呢。他的私人秘书伟格纳通常会在早餐时把当天的报告念给他听，内容包括亲王从早到晚的日程安排，维也纳的外交部连夜送来的急件，英国王室的《宫廷公报》（*The Court Circular*）、《泰晤士报》（*The Times*）、《晨报》（*The Morning Post*）和晚到两天的维也纳《新自由报》（*Neue Freie Presse*）上的主要新闻和头版社论，为索别斯基打理家族企业和地产的总管每天发来的业务电报，等等。原先在起居室里，伟格纳身前是有讲台挡着的，此刻站在偌大一间图书室的正中央读报告，身前空荡荡的，令他极不自在。于是，往常身为效率典范的伟格纳，这回居然口吃起来，平日里烂熟

⊖ 圣詹姆斯宫：英国君主的正式王宫，位于伦敦市中心，外国派驻英国的大使和专员呈递国书时，按礼节和传统都要呈递到此处。

于心的名字，比如奥地利现任高级外交官、索别斯基名下的木材公司和炼糖厂之类，都被他念得荒腔走板；要不是亲王及时提醒，他甚至连《宫廷公报》都要漏过去了。

这时，索别斯基忽然想起早年学校里流传的一个故事：过去有一位校长极其严厉专横，学生想整整他，就一齐死死地盯着他裤子的前裆部位看，结果那位校长竟紧张得当众摔了个大跟头。索别斯基小时候始终没机会亲自试一试。他从小到大都由私人教师在家辅导，只在16岁和17岁短短两年里上过学，去的是维也纳附近卡尔科斯堡（Kalksburg）的耶稣教会高等贵族学校，学校里的老师都是神父，穿着清一色的教士袍，从头裹到脚，在人前总是神态俨然地端坐着，不是坐在高高的讲坛上，就是坐在宽大的书桌后面，从来看不到他们站立或走动的样子，令人无机可乘。想到这里，索别斯基一时玩心大起，便目不转睛地盯着伟格纳那个部位看了片刻——私人秘书顿时老脸通红，连稀疏的淡茶色头发的发根都红透了，他局促不安地挪动着身子，还失手把文件撒了一地。他的痛苦那么真切，可那副样子又实在令人发噱，以至于索别斯基故意装出一副关心的口气问："伟格纳博士，您是不是哪儿不舒服？"

这情形很像几年前索别斯基在海牙的一次皇家晚宴上吃到的东印度巧克力点心。这种点心很甜，厨师在里头洒了些红辣椒粒，辣得要命，吃一口简直满嘴都要喷火，但这种突如其来的灼痛感反而更能衬托出巧克力的甜味。同样的道理，平时高傲自负的伟格纳此刻所忍受的万般煎熬，反倒微妙地衬托出莫奈的画所表现的那种温馨与和谐、那种静谧的完美，而索别斯基沉浸画中时感受到的极致的喜悦，也因为伟格纳而变得更加鲜明起来。

总的说来，这是一个异常美妙的早晨，索别斯基跟以往的每天一样，出去骑了两个钟头的马。虽说已经到了6月，但因为有大雾，他出门时天还没亮。不过这正是他所钟爱的伦敦：各种声响模糊地交织在一起，被夜色吞噬，凝滞成一片诡异的寂静；雾气打着旋儿，倏忽聚散，变幻出各种奇异的景象，一会儿掩住熟悉的街区，使之瞬间变得陌生怪诞起来；一会儿又飘荡开去，骤然显露出远处的街景。由于雾太大，再加上起雾前还下过一场暴雨，公园里杳无人迹，几乎完全成了索别斯基的地盘。他一个人在这儿骑马时，常常觉得波琳（Pauline）正陪在他身边，跟他并驾齐驱，就如同当年热恋时一样——那时候，在无边无际的波兰森林深处，在失落已久的韶华时光里，他俩住在城堡里，他是白马王子，而她是睡美人，每天清晨她都会陪着他在林中纵马。恍惚间，他似乎又闻到了她青春姣美的身体散发出的香气，这气息如此清新，盖过了马匹刺鼻的体味，盖过了弥漫在这座大城市里的更为浓烈的浊臭：黄雾里漂浮着的煤灰，汽车在前一天积下的尾气，还有成千上万具满是尘污汗垢的身体挤在肮脏公寓里酿出的酸臭味。

当索别斯基骑马归来时，太阳已开始掷下无数金晃晃、银灿灿的“长矛”，刺戳着弥漫的浓雾；俄顷，终于有小片小片湛蓝的天空露了出来，透过袅袅蒸腾的雾气窥视着大地，这时他正好转入阿瑟顿广场（Atherton Square）。

新来的美国按摩师给他推拿了一番。这个按摩师是银行家辛顿（Hinton）在数星期前发现并推荐给他的。感谢那双巧手，他的肩膀几个月来头一回不再酸痛了。当年他试图教波琳上马，自己却从马背上摔下来，扭伤了肩膀；回想起来，这仿佛都是无数个世纪之前的事了。总管从维也纳发来电报，克拉科夫[1]（Cracow）的博洛尼亚酿酒厂（Polonia Brewery）股票上市后，获得了巨大成功，目前获利数百万——是英镑，不是奥地利克朗。这笔收益相当

[1] 克拉科夫：波兰的第三大城市，也是波兰南部最大的工业城市，历史上曾为波兰的故都。

可观，而令索别斯基更为志得意满的是，开办博洛尼亚酿酒厂和发行股票都是他提出的主意，也是他力排众议、一力推行的。当时两位银行家——伦敦的辛顿和维也纳的莫森索尔（Mosenthal）都对此提出了质疑，他们异口同声地说："市场上有太多的啤酒、太多的酒厂，酒厂股票已经多得不能再多啦！"可事实证明他们都错了。

最后，他又跟住在霍恩阿比庄园（Horne Abbey）的玛吉特（Margit）通了一次电话，纾解了心头的焦虑感。最近他每天早上醒来都会焦虑不安，不过玛吉特的语气总能立刻叫他明白，一切都很正常，王妃与欧文·里斯·尼维斯（Owen Rhys Nevis）的交往依然风平浪静，她依然信赖她的情人，坚信他一如既往地爱着自己。事实上，他们的关系已经时日无多，她毕竟50岁了。终有一天，这段情缘会风流云散，王妃将不得不面对事实，承认自己已经不再是刚从修道院寄宿学校毕业的那个豆蔻少女。索别斯基很怕那一天的到来；她一定会来找他求助，因为她认定索别斯基是上天回应她的祈祷而特地赐给她的奇迹，是专门为了拯救她而来的骑士。自从多年前他从天而降，第一次出现在那个孤独的孩子面前时，她就一直抱着这个信念。可这种事，他能有什么办法呢？谁会有办法？不过至少眼下王妃的心情很平和，她在电话里兴致勃勃地跟他扯了一通街头巷尾的小道传闻，八卦得十分开心。

这是一个异常美妙的早晨——本来应该是的，但是亨里埃塔的信让这个美妙的早晨有了瑕疵。

某些时刻，比如当他看着莫奈的画，在心里回味它，或者把伟格纳博士捉弄得手足无措时，他可以努力把这封信抛诸脑后，不去想它。尽管如此，自从他第一眼看到这封信，他的心里就始终盘旋着一种焦虑、一种隐忧、一种模模糊糊却又挥之不去的不祥预感，仿佛前头有什么可怕的危机在等着他。

他还没来得及细读亨里埃塔在信里写的内容，只匆匆扫过一眼。信是昨天下午送到的，他刚把它拆开，画商就带着莫奈的新作登门了；之后又有个大惊小怪的外交部官员，为了个不是问题的问题造访，说是有个曼彻斯特商人被怀疑藏匿了失窃的赃物，想以巴尔干某国名誉领事的身份申请外交豁免权。索别斯基是外交使节团的最高官员，所以这件事必须通报给他，并且他还得回答各种没完没了的细节咨询。随后，他急匆匆地换了套衣服就去参加英国外交大臣为派驻大不列颠的各国使节举办的官方晚宴了。宴会上充斥着空洞乏味的讲话、千篇一律的祝酒词，一直持续到午夜才结束。

当然，这些都是他这个职业的日常公务。早在40年前就曾有人教导索别斯基，不要为此抱怨。那是他的第一位导师，奥地利驻法大使理查德·梅特涅–桑德尔亲王（Prince Richard Metternich-Sandor）。当时索别斯基刚开始在亲王手下见习，他生平第一次列席国宴，宴会长达四个小时，无聊透顶，回来后他忍不住向导师发牢骚。

接下来的对话他至今记忆犹新。“难道一点儿让你感兴趣的事都没有吗?”梅特涅–桑德尔问道。

“噢，有的，我很喜欢听弗朗茨·李斯特弹的钢琴，”他答道，“可他只弹了20分钟。”梅特涅–桑德尔轻笑起来，说：“你怎么不想想，为了你能享受到这20分钟，李斯特每天至少要弹四个钟头最最枯燥的音阶练习呢。”

于是，索别斯基学会了一项每个外交官都必须掌握的本领：怎样不动声色地熬过长达两小时的情况通报会或者长达四小时的晚宴，而不至于打瞌睡，打呵欠，抠鼻孔，或是无聊至死。昨晚他转移注意力的办法是，在脑海中回顾这些年收藏的所有印象派绘画。40年前，作为收藏生涯的起点，他入手的第一件藏品是德加（Degas）[一]的小幅水粉画，画着一个正在练习芭蕾的舞者；当时买下这幅画的初衷并不是他特别喜欢或是懂得品鉴，主要还是为了取悦露西尔——后来她成了亨里埃塔的母亲，因为刚认识她时，她就在芭蕾舞团里学跳舞。莫奈的新作甫一入手，他就立刻意识到印象派绘画已臻完美巅峰，不可能再进一步了，因此这件珍品，作为他的藏品之冠，将是他购入的最后一幅画。

然而，亨里埃塔的信还是时不时地突破他的心理防线，闯入他的脑海，每当这时，他的心脏就会被一阵无言的焦虑紧紧攥住，简直像是生了病一样。他强迫自己等听完伟格纳的晨间报告再去看信。下午1点钟，他要步行去大使馆，主持使馆工作人员的午餐会，他在伦敦时天天如此。不过1点钟以前没有别的日程安排，他可以有两三个小时仔仔细细地阅读、研究、分析和思考。当然，对这封信他已经有了一个大致的印象——很可能这个印象是可靠的，因为经过长期训练，他基本上可以做到过目不忘。然而对于外交官来说，信任印象是一桩不可饶恕的罪过，是一条必将通往错误的歧途。这个道理，也是梅特涅－桑德尔当年教给他的。

多年后，索别斯基自己也成了一位年高德劭的长者，一名位高权重的大使。他被派驻到伦敦，在那儿结识了阿维拉公爵（Duke of Avila）。当时阿维拉已经担任了10～20年的西班牙驻英大使，索别斯基对他十分推崇，认为他是那一代外交界的大师。若干年后，他们成了莫逆之交，阿维拉私下里给他看自己写了20年的一部著作，书名叫《外交家的艺术》。他当时说就快写完了。（“不过，”索别斯基想，“眼看着又过了20年，他早就卸任了，现在

[一] 埃德加·德加（Edgar Degas，1834—1917），法国印象派画家、雕塑家，以栩栩如生地描绘芭蕾舞演员的舞姿而著称。

已经是 80 多岁、老眼昏花的人了，还在继续写呢。”）

这部书的开篇第 1 章就告诫道：“切勿相信印象。阅读时务必要字斟句酌。”

伟格纳已经走了，屋子里除了他本人，就只剩两个站岗的卫兵，一个在门外，一个在楼梯口；挨着门口的长凳上还坐着三四个听差，随时听候差遣。索别斯基终于打开了书桌里的秘密抽屉，取出亨里埃塔的信。

他先是按照梅特涅 – 桑德尔教导的那样，仔细看了看字迹。这是一种法国女学生常用的斜体字，看似笔画清晰，实则很难辨认。这的确是亨里埃塔平常的笔迹。接着看信封，信封上写着：

索别斯基亲王殿下

兼普热梅希尔公爵（Duke of Przemysl）

驻圣詹姆斯宫之

特命全权大使兼外交大臣

扬 · 卡西米尔九世（Jan-Casimir IX）

奥匈帝国大使馆

伦敦，英格兰[一]

信封的角落上注着“私函”，并签有姓名缩写 H. D. S.（亨里埃塔 · 杜吉特 – 索别斯基，Henrietta Duguit-Sobieski），表明这是一封家书，伟格纳博士不能拆看。

亨里埃塔写信封地址时一贯这样严谨，每个细节都滴水不漏。在信封上

[一] 最后一行原文为法语。

将英法文混着写也是她的习惯，他有一次拿这个笑话过她。“可是爸爸，”亨里埃塔当时是这么说的，“我必须用英文写您的名字和头衔，您总不能指望伦敦邮局的职员能看懂法文吧？写城市和国家的时候又必须用法语，因为巴黎的邮局职员很可能不懂英文。”

“亨里埃塔，”他抗议道，“你的做法前后不一致啊！我每年回奥地利的那几周里，你可是只用法文写信封的。”

“可是，爸爸，”她反驳道，“无论哪个奥地利职员都知道，法语是象征文明的语言，没人敢承认自己不懂法语。”——当然了，她说的也没错。

这就是亨里埃塔独特的逻辑，她称之为“讲求实际”。这套逻辑传承自她的母亲露西尔，这个佛兰德[一]（Flemish）农家姑娘正是靠着“讲求实际”，最终从荆棘遍地的风月生涯中踩出一条路来：15 岁那年，她为一名画家当了一个夏天的模特，随后就跟着他从敦刻尔克（Dunkerque）附近的一个小村子私奔到巴黎。她在巴黎做过画家的模特，做过芭蕾舞团的候补演员，还做过一小段时间的交际花，终于靠着“讲求实际”晋身为亲王的情妇；之后又用索别斯基给她的那笔分手费，在中产阶级圈子里过起了体面的生活，最后嫁了个纺织厂的老板，这个老板是个鳏夫，可能来自图尔宽（Tourcoing）或鲁贝（Roubaix）[二]，也可能是别的什么乡下地方。秉着“讲求实际”的处世法则，她把各种角色都扮演得尽善尽美：在上了年纪的纺织厂老板面前，她是忠实贤良的主妇；在年少轻狂的亲王面前，她是柔顺本分的情人；在穷困潦倒的画家面前，她则是尽职尽责的伴侣，白天给他做模特，晚上给他暖床。

这种“讲求实际”的态度遵循的是一套冷酷无情的逻辑，毫无道德可

㊀ 佛兰德是西欧的一个历史地名，现为比利时北半部的一个地区，传统意义上的佛兰德还包括法国北部和荷兰南部的一部分。

㊁ 图尔宽和鲁贝均为法国北部城市。

言。它曾在情妇身上表现得淋漓尽致，令年轻的索别斯基惊骇莫名，也曾在女儿的行事风格中展露无遗，令年长的索别斯基恐惧不安。

露西尔当年有一帮年轻的印象派画家朋友，她替他挑选过几幅他们的作品——她在这方面的眼光无可挑剔，索别斯基的鉴赏力还是被她给培养出来的。后来他震惊地发现，当自己在买下那些画时，她居然从中收取了30%的回扣。“可是，”她解释道，“我比画商拿的回扣少多啦，所以你实际付给画家的钱要比画商给得多呢！况且，你照样用低价买到了最好的画啊！”

直到昨天夜里，索别斯基才意识到，露西尔说得一点儿也不错。

在脑中盘点收藏品时，他顺便把收购这些画的费用也回想了一遍，以便与画商对莫奈这幅新作的报价做个比较。他从不把买画当作一种投资；露西尔教会了他鉴赏，令他真正地爱上了这些艺术品。然而，这些年收藏印象派画作却着实让他大赚了一笔，数额之巨，竟然跟整个博洛尼亚酿酒厂的盈利不相上下，甚至可以比拟他那次极为成功的金融操作带来的获利——他在波西米亚（Bohemia）和摩拉维亚（Moravia）的大片领地上原本种的是麦子，但产量完全比不上匈牙利，更不必说美国或阿根廷了，于是他拍板改种甜菜，随后又建起了炼糖厂，后来这家炼糖厂的规模高居中欧之首，为他带来了巨额收益。

在10年前的德雷福斯[⊖]案件（Dreyfus Affair）中，亨里埃塔也表现得同

⊖ 艾尔弗雷德·德雷福斯（1859—1935）：法国犹太裔炮兵军官，法国历史上著名冤案“德雷福斯案件”的受害者。于1894年被控泄露军事机密，在证据不足的情况下，以叛国罪被判终身监禁，并引起了规模浩大的反犹太浪潮。在他入狱两年后，军情处发现另一名陆军少校艾斯特海兹才是真正的间谍。为掩盖其错误，法国军方压下了证据，艾斯特海兹被当庭释放。在一些进步活动家的奔走下，军事法庭于1899年重新开庭审理此案，其间曝出多起政治和司法丑闻，法国政界历经动荡，分裂为两大阵营。直到1906年，德雷福斯才被正式宣布无罪释放。

样“讲求实际”。当时她的丈夫皮埃尔还是一名上尉，刚刚从骑兵部队上调到法军总参谋部。在这起案件中，他不遗余力地四处叫嚣，痛骂艾尔弗雷德·德雷福斯（Alfred Dreyfus）是个“卖国贼”，是个“肮脏的犹太佬，枪毙都太便宜他了”。索别斯基私下里告诫亨里埃塔：“叫皮埃尔收敛点儿吧，指控德雷福斯有罪的那些证据根本站不住脚。”

“可是爸爸，”亨里埃塔反驳道，“其实总参谋部里谁都明白德雷福斯是无辜的。皮埃尔还一直想告诉我真正的间谍是谁呢，不过我跟他说，我还是不知情为好。”

“当然了，”她用一种理所当然的口气继续说道，“真相嘛，要不了几年就会公之于众的。知道内情的人太多了，纸里包不住火。但是那帮将军们可承担不起翻案的后果，他们说什么也要给德雷福斯定罪的。所以下级军官必须得使劲嚷嚷，嚷得比他们还响，要不然就是对国家不忠诚，他的事业从此也就完啦！等到最后真相大白，也许某个作战部长会引咎辞职，可对于普通军官而言，真正倒霉的只会是那些对德雷福斯骂得不够起劲的家伙。像皮埃尔这样的无名小卒，区区一个上尉罢了，何苦要扮演堂吉诃德（Don Quixote）呢？”

事情后来果然是那样，皮埃尔这么个脑袋空空的草包，居然顺顺当当地一路晋升，成了总参谋部的陆军中校，尽管那时候连将军们都已经承认了德雷福斯无罪。亨里埃塔这种讲求实际的态度是如此的冷酷无情、毫无道德可言——和她母亲，那个农村姑娘兼交际花如出一辙，令索别斯基深感惊骇和恐惧，但同时也使他深深着迷，因为它彻底撕下了虚伪的面纱。

露西尔最初吸引他的，也正是她那种“讲求实际”的态度，那种坦率的冷酷无情和利己主义。当年介绍他俩认识的是欧文·里斯·尼维斯的父亲，那时候他还只是阿普里斯勋爵[一]（Lord apRhys），尚未继承伯爵爵位，也没有和妻子彻底断绝关系。事实上，几个月之后，他们还做了最后一次复合的努力，欧文就是那次尝试的产物（欧文的出生和露西尔产下亨里埃塔是在同一个星期）。当时阿普里斯为了躲开妻子，跑到巴黎住了下来，他的一个表亲正好是英国驻法大使，他便想方设法在其门下做了见习大使，丝毫不顾忌自己那一把年纪——他比索别斯基可是整整大了10岁呢！他恣行无忌，"疯子爵士"的名头满城皆知，身边的歌舞女郎走马灯般地频繁更换，人数之多几乎创下了纪录。出于对马术的共同爱好，他和索别斯基成了朋友，两人惯常在清晨一起骑马——索别斯基记得，自己就是那样学会英语的。一天，阿普里斯邀请索别斯基去朗布依埃森林（Rambouillet Woods）里野餐，他叫上了自己的现任情人，一名在喜歌剧[二]（Opera Comique）里跳芭蕾的当红女演员，还让她带来一名更加年轻的同事——她带来的这个姑娘就是露西尔。

"你们俩应该很合得来，"阿普里斯用他那蹩脚的法语说道，"你们都是见习生，又都是演喜剧的。你，"他转向露西尔，"在芭蕾舞团表演，而你呢，"转向索别斯基，"在外交使团表演。所以你俩正好彼此需要。"索别斯基那时还年轻，被这话闹得很窘，可那个女孩，虽说看着几乎还是个孩子，却咯咯笑了起来。

"你为什么来这里？"索别斯基问她。

她直直地凝视着他的脸，说："来找个慷慨的保护人啊！"

㊀ 原文为 apRhys，意为"里斯的儿子"。旧时威尔士男子常以父亲的教名加上前缀 ap 为姓，表示"某某的儿子"。

㊁ 一种道白与歌唱交替出现的歌剧形式，成型于18世纪初，以戏谑嘲讽为主，拥有包括歌唱、舞蹈和器乐等多种艺术表现形式。

不，这只是个信封而已，是装着亨里埃塔来信的载体，而不是信息的一部分，可以搁在一边不管它。现在来看看信吧。索别斯基把整封信慢慢地读了一遍。

“尊敬的阁下，亲爱的父亲大人，”[一]信的抬头写道。自从亨里埃塔六七岁第一次被怂恿着写信向他讨要生日礼物时，她的信就一直都是这样开头的。

尊敬的阁下，亲爱的父亲大人：

再过三周，我们将来到伦敦和您相聚，只等皮埃尔结束春季军事演习就可以动身了。这次演习他担任了马蒂诺上将的特别助理——这是一项殊荣，通常都会留给级别比他高得多的军官。与您共度的这段时光将一如既往地成为一年中最有价值的部分。我相信您一定很明白，我们有多么倚赖您睿智的建议和忠告。

过去许多年里，每逢皮埃尔遇到事业上的关口，我们总是渴盼着您的忠告和帮助，今年则更是如此。其实需要做什么，我心中已大抵有了成算，然而具体的操作完全超出了我和皮埃尔的能力。可是对于您，索别斯基亲王殿下，使徒陛下[二]的驻伦敦大使，做这件事却不费吹灰之力。

来年皮埃尔就该40岁了。相对于他的军衔，以及总参谋部赋予他的职责，他可以算是相当年轻的了。然而要不了几年，他就会泯然众人，同那些普通的中年骑兵军官一样混着日子等候退役了。假使皮埃尔被派回前线，他也许马上就能指挥一个团，并且得到相

[一] 原文为法语。

[二] 使徒陛下：匈牙利君主的称谓，意为“君权传承自使徒”。

应的上校头衔——要是这样对他有好处，即便叫我住到外省某个部队驻防的小镇上，忍受那里沉闷得要死的生活，我都是情愿的。可真要这样，他的事业也就到头啦——往后的15年里，除了不停地操练新兵，在病假报告上签字，就再没别的了。如今那些邪恶的社会党人影响力日益见长，简直不毁掉军队不罢休；在他们的压力下，将官的名额将不再增加，甚至现有的空缺都以精简的名义，遥遥无期地空置着。当然，战争会改变这一切，并且我们都知道，战争必将来临。可真到那时，皮埃尔说不定就已经年过半百，不会再有升迁的机会了。

皮埃尔总是责怪我对他寄望太高，过于野心勃勃。然而我的野心并不是为了皮埃尔·杜吉特（Pierre Duguit），而是为了皮埃尔·杜吉特－索别斯基！当年您满怀着慈爱和慷慨，公开承认那个卑微的农家姑娘生下的孩子是您的亲生女儿，后来又更加慷慨地允许我们将索别斯基这个显赫的姓氏与土伦[一]（Toulon）一个公证人的儿子结合在一起。从那时起，您就为我们设立了一个标准，而我下定了决心，要穷毕生之力达到这个标准。事关荣誉，而非我个人的野心。我绝不能允许自己作为一个老迈平庸之徒的妻子登门做客，坐在您的沙龙里——这个庸人顶着您的姓氏，却只混到上校就止步不前了，我绝不能用这种方式玷污索别斯基这个姓氏，这个属于战士国王一族的姓氏！

出路是有的，而且，我亲爱的爸爸，这条路只有靠您的介入才能行得通。眼下军队里有一项任命，针对的正好是皮埃尔这个年纪

㊀ 土伦：法国东南部的港湾城市，位于马赛附近。

和级别的军官，对于这项任命而言，缺少资历并不是绝对的障碍。当然，您可能已经猜到了，就是指派给驻外使馆的武官。下达这项任命的不是军方，而是外交部驻外使团的人事主管。总参谋部的人事主管则拥有否决权，在人选上应该会预先征询他的意见；不过这方面倒是不成问题，他原本就属意于我们。何况皮埃尔还有一样强项，对武官而言至关重要：语言能力。他的英语很流利，这多亏了我们年年去伦敦看望您；此外，他是在蓝色海岸地区[1]（Cote d'Azur）长大的，因此意大利语也过得去。

一名法国武官就任数月以后就会自动晋升为上校，临近任期结束时再升为准将。再过三四年，十有八九还会晋升为少将。等到战争爆发（这只是一个时间问题，而不是“会不会”的问题），从前的武官必然会得到重用。假如他以前派驻在同盟国，那么他将成为两国最高指挥官的联络人；假如被派驻在敌国，他就会成为情报部门的专家顾问。

我亲爱的爸爸，您已经为我们做得太多了，因此我很犹豫要不要再一次开口向您求助，尽管去年在我们第一次谈到皮埃尔的前程时，您曾那样慷慨地向我许诺，说您会竭尽所能地给予帮助。可是，亲爱的爸爸，作为一介私生女，我无法借助您的姓氏，也无法倚仗索别斯基家族的威望。我所能指望的只有您个人利用显要的地位施以援手。

亲爱的爸爸，我已经等不及要吻您的手了——再过三个星期就

[1] 蓝色海岸地区又称里维埃拉地区，地处地中海沿岸，位于法国东南部的边境地带，毗邻意大利。

能见面了呢。不过我相信，到那时，您一定已经帮我们找到了渡过难关的办法，就像您过去一直会帮您的小女儿找到解决困难的办法一样。

爱您的女儿

小莉莉（La petite Riri）

“写得多巧妙啊！”索别斯基读完第二遍，一边放下信一边想，“她简直可以给外交界最有手腕的老手上课了。”

她故意署名“小莉莉”来打动他，而他也的确被打动了。她年幼时不会念“亨里埃塔”，就管自己叫“莉莉”。他很喜欢这个名字，直到女儿学会念自己的大名了，他还一直那么叫她。这个乳名让溺爱孩子的年轻父亲得以释放出满腔的温情和慈爱，那正是他的幼年所缺失的。这样的温情和慈爱他从未在自己的长辈那里感受过：他的母亲憎恨波兰的森林，憎恨将她远远放逐到波兰森林的这桩婚姻；他的父亲眼里除了他的骏马就是吉卜赛女郎组成的后宫，对他完全视而不见；即便是他的祖母，尽管对幼小的他曾有过些许温情和兴趣，然而身为萨克森皇室之女，她一向矜贵自持，同时作为哈布斯堡家族[1]（Habsburgs）的孙女，还要受宫廷协议的约束，被自己的骄傲和身份双重禁锢着，她也无暇给予他渴望的关怀和爱。

然而，亨里埃塔后来讨厌起“莉莉”这个称呼来。“听着像个妓女的绰号。”她有一次抱怨道。这回她用这个名字署名，不止是为了取悦他，更是一种恳求和哀告。而他的确被打动了，为了她不得不这样低声下气而深感内疚。

---

[1] 哈布斯堡家族是欧洲历史上最为显赫、统治地域最广的王室之一，13 ～ 18 世纪，其成员曾出任欧洲各国的国王、大公与公爵。1713 年，哈布斯堡家族最后一位男性成员，神圣罗马帝国皇帝查理六世颁布国事诏书，宣布女儿亦可拥有继承权。

此外，她发出威胁的方式可真够高明的。当然了，这其实也算不上什么威胁。他并不幻想亨里埃塔爱他；除了她自己，她谁都不爱。不过只要他还活着，她还能从他这儿捞到钱，那么无论他何时发出邀请，她都会“坐在他的沙龙里”向他大献殷勤的。她很清楚他有多依恋她的亲昵——根本用不着她大动干戈，他就会百依百顺了。“这世上我唯一爱的人就是她，”索别斯基想，“对此，她心知肚明。”

瞧她事先把功课做得多到位啊！简直就差起草好信函，直接让他签字了。如果皮埃尔的意大利语水平和他的英语水平差不多，那么他实在算不上是通晓多国语言的人才。不过，也只有凭着这个条件，他才有可能名正言顺地越过一打资历更深的军官，得到这项任命。对了，亨里埃塔究竟要了什么花招，居然能帮他混成马蒂诺上将的助理？她肯定是陪着这个虚荣的老头子在比亚里茨（Biarritz）过了好几个周末；这个家伙就喜欢身边围着一堆时髦女郎显摆。无疑也是靠类似的手段，她又说服了总参谋部的人事主管“属意于”皮埃尔。索别斯基想：“她倒是没白做了交际花的女儿。”

自然，亨里埃塔的看法是对的：皮埃尔已经升迁无门了。这其实是因为他的才智实在太过平庸，而不是因为资历不够，或是“邪恶的社会党人”（这一点索别斯基完全赞同）把持太紧。对他来说，唯一一条行得通的路就是任命为使馆武官。他的全名为皮埃尔·德·杜吉特（Pierre de Duguit），祖父是一个房地产投机商，1842年献给路易·菲利普[1]一大笔钱，得以在姓氏前面添了一个“德”字[2]。当年亨里埃塔跟皮埃尔订了婚，把他带到自己父亲面前时，皮埃尔还是个年轻的骑兵中尉，长长的两撇髭须精心打了蜡，骑着高头

[1] 路易·菲利普一世：于1830～1848年任法国国王，俗称“七月王朝”，在位期间由大金融资产阶级掌握政权，法国“二月革命”爆发后逊位。

[2] 法国姓氏前加“德”字用来标志其贵族身份，贵族必须由国王册封。

大马，没事就跟布洛涅森林[㊀]的女佣们眉目传情，一派风流倜傥的剑客形象。如今他已是中年发福，唯一的资本依然是那两撇漂亮的髭须，只不过年岁不饶人，现在除了打蜡，还得精心染一染色。不过，索别斯基心想，做一名使馆武官，头脑差点儿倒也没什么妨碍。

索别斯基本人对军人一向没有太多的敬意，也从不觉得他们有什么令人印象深刻的美德。要知道，他可是奥地利最威名赫赫的骑兵团——索别斯基胸甲骑兵团的世袭指挥官。19 岁那年，他甚至参加过一次真正的军事战役，是 1859 年奥地利对意大利的战役。在那场战役里，他不仅得忍受愚蠢的同僚和他们的连篇废话，还得在没完没了的连绵秋雨里露营，两者都同样地让他厌烦透顶。

在所有军人里头，使馆武官是最让他看不上眼的。士兵的职责是冒着枪林弹雨拼命，外交官的职责则是确保谁都不用冒着枪林弹雨拼命；可武官呢，两边都不靠，既不是士兵又不是外交官，纯粹就是一件摆设、一只夸夸其谈的鹦鹉。索别斯基觉得设立武官一职是 19 世纪最令人不快的发明了。他一直不肯配备一个，可最终还是拗不过上头，不得不接收他们委派到伦敦大使馆的一名武官。这项任命更证实了他的成见：维也纳方面派来的是一位伯爵，拥有十分古老的血统和十分新鲜的财产——他娶了沃尔德 – 莱夫尼茨（Wald-Reifnitz）家的一个女儿。这个家伙唯一办的事，就是每月派使馆的信差跑一趟维多利亚火车站的书报亭，买几份《火车时刻表》《 ABC 》和《英国铁路导读》，仔仔细细地用油布包好，盖一个“绝密”的戳，然后装进外交邮袋，发往维也纳的军务部。估计是有谁告诉过他，铁路在战略上很要紧吧。除此之外，他什么也不干。

㊀ 巴黎上流社会的居住区，以绿地森林、景观湖和林间步道闻名。

好吧，要是愚蠢和懒惰是这个职位的胜任条件，那么皮埃尔倒是两者兼具，他完全可以问心无愧地获得举荐。索别斯基又一次纳闷，亨里埃塔到底看上这个榆木疙瘩什么了？他想起那时候自己和女儿之间的一次对话。“你干吗要嫁给这么个无能的家伙？”他质问她。

“恰恰因为他就是这么个无能的家伙呀！爸爸，”亨里埃塔回答道，“我要找的男人必须是我管得了、指挥得动，还能镇得住的。”话说得那么简单、直接，一如她母亲当年也曾这般直言不讳地说：“来找个慷慨的保护人啊！”

亨里埃塔别的想法也都很对。她必须趁着父亲健在、身居高位的时候，让他帮助自己多活动活动。一旦父亲去世，索别斯基这个姓氏就只会给她招来麻烦。玛吉特对她一直耿耿于怀，几个嫡出的子女也都当她这个私生女不存在。他们绝不会原谅父亲在她甫出生时就认下她，也无法理解父亲为什么要做出这种头脑发热、纯属多余的举动。

“真是的，”索别斯基的嫡女，渥大华－桑托芬亲王（Prince Wottawa-Sonthofen）的妻子，有一回当着她父亲的面，怒气冲冲地对自己的母亲说，“给那个丫头一笔生活费就足够打发她了！一个贫民区的杂种而已，还想怎么样？”

亨里埃塔断定，她父亲不费吹灰之力就可以帮助皮埃尔得到武官的任命，这一点她想的也没错。当然，在众多法国使馆里头，符合条件的只有最无足轻重的两个：驻马德里使馆和驻罗马使馆。索别斯基查了查《外交年鉴》，发现这两家使馆应该有亨里埃塔谋算的空缺，它们的现任武官都刚被提升为准将，照亨里埃塔的说法，这表明他们任期将满，马上要回国了，她在这方面的消息还是很靠谱的。这也解释了她为什么要提到皮埃尔的意大利语，尽管索别斯基从来没听他说过。

接下来要做的事其实很简单。法国使团的人事主管是索别斯基的老熟人，曾经欠过他很大一个人情。10 年前，这个人还是法国驻伦敦大使馆里的一名下级官员，有一次他那个漂亮轻浮的妻子为了还赌债而签下几张借据，借了一大笔高利贷，结果遭到勒索，弄得鸡飞狗跳，全靠索别斯基出手才得以脱身。索别斯基只是跟银行家辛顿打了个招呼，这些借据就被装在空白信封里还回来了。总参谋部的那个人事主管他倒是不认识，不过法国军部名单上有他的名字，他姓塞居尔 – 庞彻维（Segur-Ponchivy），应该是有个姐妹（抑或是堂姐妹）嫁进了桑托芬的旁支，故而可算是索别斯基的女婿渥大华 – 桑托芬的姻亲。因此，他可以直接给塞居尔写封信，信的抬头就写“亲爱的表弟”。塞居尔收到普热梅希尔公爵这样一个显赫人物的亲笔信，还被他认作亲戚，必然会大感受宠若惊。亨里埃塔可真精明啊！索别斯基不禁又感叹了一次。显然，她对所有的这些人事关系了如指掌，连最小的细节都盘算妥当了。

“而且，就像她说的那样，她事先提示过将会有求于我。就算我没领会她的意思，那也不是她的错。”信里提到的去年那次谈话，他还记得很清楚。当时，亨里埃塔来找他要钱。每年她的拜访快要结束时，她都会跟他要钱，并且数目总是大得令他吃惊——那数目足以让一名法国军官一家子舒舒服服地过完下半辈子都还绰绰有余。要知道，除掉每年的这笔礼金，仅她出生时他就给过一大笔钱，她出嫁时得到的馈赠甚至更为慷慨；她的两个儿子出生后，他又分别给他们留了一笔钱。感谢上帝，幸好亨里埃塔并不清楚他到底富有到什么程度！

那天他签了张支票给她，数额比他原本打算给的要多一倍。签支票的时候，亨里埃塔说：“爸爸，明年我恐怕还得为皮埃尔的前程来找您。我可以指望您的帮助吗？”

他当然只能说“可以”，不过他完全没想到，除了钱她还会开口索要别的东西。

现在她索要的可远远不止是钱而已，她要的是他的积极介入。然而她有权利提出这样的要求，他也有义务答应她。说到底，这本来就是一个人应该为子女做的，尤其是私生子。他的嫡子、嫡女能以自身的名义任意使用索别斯基家族的关系网，他的私生女却一无所有，唯一能指望的就是他的保护和善意。

那么，为什么他会觉得那么不快、焦躁、烦恼，甚至连看着莫奈的《鲁昂大教堂》都不再能给他带来安宁、欢悦或是内心的平静呢？究竟是为什么，他竟会如此惶惶不安？

去年秋天，在他马上要返回伦敦之前，外交部和军部举行了一次联合会议，会上有人提议要搞一次“战争挑衅”行动，这遭到了他的反对。于是奥地利总参谋部那帮自命不凡的军官之一便用一种惊讶的口气问他：“莫非您是个反战主义者？”

“不，将军，”他答道，“我并不是反战主义者，不过这样轻率地挑起战争未免太冒险了。克劳塞维茨㊀（Clausewitz）说过：‘战争就是外交的延续，只是手段不同。’这句名言你们总参谋部总爱挂在嘴边，可我倒并不认同。在我看来，战争就是外交的失败。”

随后他试着跟那个人讲述几周前令他印象极为深刻的一次经历。他的小儿子对登山运动十分痴迷，就像索别斯基在他那么大时对马术的痴迷一样。

㊀ 卡尔·菲利普·戈特弗里德·冯·克劳塞维茨（1780—1831），德国军事理论家和军事历史学家，普鲁士军队少将，著有《战争论》一书。

那天，他带索别斯基去见了白云石山脉（Dolomites）一个很有名的向导。

“登山的第一条法则，”向导解说道，“就是在你确定自己有退路之前，绝对不要往前移动。第二条法则：四肢中必须有三肢牢牢固定在安全的着力点上，然后才能移动另外那只手或脚。”

“这是我听过的对外交最精确的定义，”索别斯基对那个将军说道，“与之相比，战争就好像是一面跳下悬崖一面祈求上帝让你长出翅膀一样。”

“实际上，”索别斯基继续说道，尽管那名将军已经无心再听了，“我反对战争，并不是因为战争的胜负不可预知，而是因为战争带来的后果完全可以预见。其实无论进行多少次战前演习，制订多少个作战计划，胜负都是无法预测的，就像站在山顶往下跳一样。我从半个世纪前第一次参加意大利战役到现在，已经见识过五六场战争，其中包括几年前刚刚让英国颜面扫地的布尔战争（Boer War）。每一场战争的结果都跟你们这些制服笔挺、头脑聪明的军官所预言的大相径庭。但在我们生活的这个世界上，不管谁打了胜仗，失败的那个国家必然会立刻陷入血腥混乱的无政府状态——也许战胜的一方也一样。无论谁赢了，输掉的都是文明。”

索别斯基又一次回想起1871年那个可怕的年头[一]，他作为唯一一名留下来的外交官，在巴黎度过的那几个月。在那段恐怖的日子里，仇恨、肆无忌惮的暴力和无法无天的恶行压倒了一切，而他就在这样的环境中成长起来，由原先那个纨绔子弟蜕变成一个真正的男人。也正是在那几个月里，他的事

[一] 1870年，法国在普法战争中惨败，巴黎人民发动起义，成立了第三共和国。其间普鲁士继续攻打法国，围困巴黎长达四个月，法国国防政府对普鲁士采取投降政策，于1871年1月签订了割地赔款的协议，并企图解除国民自卫军的武装，但遭到了强烈反抗。国民自卫军起义后，驱逐了临时政府总理梯也尔，于同年3月成立巴黎公社，颁布了一系列法令，并组织抵抗凡尔赛正规军的反攻，其间也枪杀了一部分人质。5月底，巴黎公社彻底陷落，遭到凡尔赛军的血腥报复，其后的“流血周”中有数万人被处决或枪杀。

业开始起步，从见习外交官晋升为一名正式的外交官。他在奥地利大使馆里收容了几百个不幸的德国公民[一]，他们都是一些裁缝、装订工人、推销员以及一两个物理学家，还有几个吓得半死的家庭主妇。后来一群暴民试图冲击奥地利大使馆，而革命政府派来保护使馆的民兵却逃了个精光，于是他只好孤身一人与那些暴徒面对面地谈判，以一个波兰人[二]、一个法国人民的朋友的身份，恳求他们手下留情。

他们差一点儿就把他处死了——他离死亡从来没有这么近过，但在最后一分钟，这帮人动摇了，一哄而散。几个星期后，法国政府的正规军冲进市区，镇压了巴黎公社，整个过程充斥着同样的残暴、野蛮，以及同样的奸淫、枪杀和劫掠。动乱平息后，还留在城里的几个英国和美国的新闻记者报道了使馆事件，于是索别斯基一跃而成了英雄。

他在德国人中也备受欢迎，年迈的皇帝还给他写了一封亲笔信，感谢他拯救了德国公民的生命。因为这个缘故，几个月后他被派往柏林，出使新鲜出炉的“德意志帝国”。虽然不是最高级别的官员，但他已然跻身于正式的大使之列，并身怀极为艰巨的任务：与奥地利旧时的盟友打通关系。这些盟友过去是独立的德国公国，现在都已并入了俾斯麦（Bismarck）的帝国版图，而当时他只是个初出茅庐的年轻人，还不到而立之年，在这之前从未担任过重要的外事职务。

数年后，他又被任命为奥地利驻伦敦大使，同样也是得力于巴黎公社时期的这段经历。俾斯麦当时正处于权势和威望的顶峰，有一回单独召见索别

[一] 当时普鲁士已在俾斯麦治下成立了德意志帝国，德国公民因此遭到了巴黎人的敌视。

[二] 波兰于1772年、1793年、1795年先后三次遭到俄、普、奥三国瓜分，终至亡国。波兰人民曾多次掀起革命运动，反抗异族的统治。直到1918年第一次世界大战结束后，波兰才终于恢复了独立，重建国家。

斯基，用了整整一个晚上询问他在巴黎公社期间的见闻。那天晚上，索别斯基曾脱口而出，连他自己都吃了一惊，首次表达了这样一个观点：现代战争涉及大批征募而来的军队，对整个社会来说都过于危险；对于战败国而言，战争的唯一后果就是礼仪和社会约束力彻底崩坏，而这种恶果如同瘟疫一般，很容易就会传染给战胜国。

显然，这番话对俾斯麦的触动颇深。1878年，英国首相迪斯雷利（Disraeli）偕同外交大臣索尔兹伯里勋爵（Lord Salisbury）访问柏林国会，俾斯麦便建议他们向索别斯基了解巴黎公社的情况。作为这次谈话的后果，索尔兹伯里点名要求索别斯基出任当时空缺的奥地利驻伦敦大使一职。

索别斯基在暴民肆虐的巴黎煎熬了几个月所获得的教训，如今已经不再有人相信了。他曾目睹文明有多么脆弱，包裹在兽性之外的那层人性的外壳有多么单薄，残暴的天性要挣脱束缚又是多么轻而易举，可没人再相信这些了。

一次，他和阿维拉公爵聊起这段经历。这位长者说："我不相信单凭一次秘密的握手，再加一个法学或经济学的硕士学位，就能让人从此生活在人间天堂里。仅仅因为我不相信这个，并不能证明我就像西班牙的共济会会员和自由派报纸说的那样，是个极端保守主义的老顽固。不过他们说的其实也没错，我对所谓的'进步'确实没什么兴趣。我们生活的这个世界，已经是最后一个可能存在的完美世界了，它只会越来越糟，不会越变越好。

"在如今这个世界上，我们还能有国王，他们的影响力可以比宪法规定的更大；还能有你我这样的贵族；还能有教皇和主教；你要是想做无神论者，也没人会把你绑到火刑柱上烧死——即便在西班牙也不会[1]。资产阶级每

[1] 西班牙的宗教裁判之所以以残酷手段闻名，是因为自其建立起至19世纪初被撤销，被火刑烧死的异端分子达10万名之多。

一天都在变得更富有，而他们的私有财产之安全也是空前绝后的。再看看农民——即便在我那贫穷的安达卢西亚（Andalusia）领地，农民也能用耕牛而不是让他们的妻子来拉犁了。至于工人，他们组织工会，选举代表，争取到了周日休息的待遇，一周工作 50 个小时都能让他们鼓噪起来。

“这是最后的完美世界，在这里，所有的群体和阶级都能各得其所，而不至于生死搏杀，撕开彼此的喉咙，一头栽入内战。一旦这个世界有所改变，就必然会有某一个群体打破平衡，占据统治地位——至于是富人购买军队来消灭穷人，还是穷人嫉妒心发作，要报复其他人，那其实都无关紧要。使生活变得有价值的一切要素都将灰飞烟灭，随之消失的还有平衡性和多元性、包容力和选择权——我们称之为文明的一切。”

诚然，阿维拉确实是一个极端保守主义者，可他说的没错，所有这些人（国王和主教、公爵和银行家、农民和工人）都挂在同一根磨损的绳子上，摇摇欲坠地维持着平衡，底下就是万丈深渊。一年前发生的事件再度验证了这一情形：在那场日俄战争中，欧洲每一个参谋官都认定俄国会赢，但俄国最终被日本打败了。紧接着，圣彼得堡和莫斯科就爆发了动乱。目前，沙皇政府正在把暴民的杀戮欲导向犹太人，企图通过对犹太人的疯狂屠杀，把工人和农民、教会和贵族团结到一起[㊀]。他们的行为可并不比那些暴徒更高尚。

然而，已经不再有人愿意听这些了。几个月前，索别斯基把奉行了一辈子的谨慎抛诸脑后，犯下一桩对经验老到的外交官来说不可饶恕的错误——他冒着在高层树敌的危险，直言告诫英国外交大臣，战争必将带来社会秩序的崩坏和混乱。可身为英、法、俄三国联盟的缔造者，那位外交大臣正踌躇

㊀ 俄国 1905 年革命期间，尼古拉二世统治的沙皇政府极力煽动工农仇视犹太人，在 100 个城市里共计有 4000 多名犹太人被杀，1 万多名犹太人被打成残废。

满志着呢，自然不爱听这种论调。

“您不了解英国人。”外交大臣冷冰冰地说。

“可也许是您不了解爱尔兰人吧。”[一]索别斯基回敬道。

这句话太让人下不来台了。几个星期之后，英国国王似笑非笑地对他说：“我亲爱的索别斯基，听说你对我的一个大臣很粗鲁呢。”

显然，他的告诫犹如东风过耳，无论国王还是外交大臣都没当回事。

如今，就连他自己的奥地利同胞也加入了这股奔向自我毁灭的潮流，尽管他们的国力根本承担不起战争，就算最后打赢了也一样。原本维也纳那位年迈的将军[二]多年来一直在反复告诫人们，不要遗忘19世纪中叶奥地利所有那些败仗带来的教训。但年岁不饶人，他终于不得不引退了，大权落入弗朗西斯·费迪南德大公这一派系。这帮自命不凡、急功近利的家伙，整天嚷着要挥舞军刀建功立业，他们决心向柏林的“朋友们”，尤其是大公那位“伟大的朋友”——德国皇帝，证明他们也一样可以“英姿勃发”“所向披靡”。听说康拉德·冯·赫岑多夫（Conrad von Hoetzendorf），也就是当初质问索别斯基是不是反战主义者的那位军官，极有可能是下一任参谋长。另一位代表人物是奥地利驻圣彼得堡大使兼“活动家”艾伦塔尔（Aehrenthal），人人都称赞他“有头脑”，因为他每说两句话就会冒出一个时髦的词，比如“经过精确计算的风险”“实力上的优势”等。据索别斯基在维也纳仅剩的几个朋友说，这位艾伦塔尔接任外交部部长几乎也已经是板上钉钉的事了。

不，他不能责怪亨里埃塔把战争视为理所当然的想法，她无疑是对的。

[一] 此处影射爱尔兰和英格兰之间的历史矛盾。从19世纪下半叶至20世纪初正是爱尔兰自治运动风起云涌的时期。

[二] 此处应指阿尔布雷希特大公（1817—1895），奥地利帝国最后一位著名的统帅，在普奥战争中负责对意作战，屡建战功，1888年任奥地利陆军元帅。与在军事上的开明相比，他在政治上极为保守。

他不能责怪她在战前未雨绸缪，不能责怪她把这看作丈夫升迁的机会。当然，他更不能责怪她宁愿做窝在后方的将军的妻子，而不是壮烈捐躯的上校的遗孀。

可是他，索别斯基，该不该成为她达到目的的工具呢？他能否做到一边充当她的共犯，一边又不背叛他所支持和主张的一切——他在所有人面前公然支持和主张的这一切？

在问出这个问题的一瞬间，他就意识到，这正是令他如此彷徨、焦躁甚至几乎是恐惧不安的原因。他在很久以前就已经丧失了奋斗的目标，接受了自己的失败。他很清楚，他这一生的工作都白费了，但至少他不曾屈服，不曾同流合污。他把推动战争视为愚蠢、疯狂和不负责任的罪行，而他从不曾与之沆瀣一气，以此来谋取私利。可是眼下，亨里埃塔在求他帮忙，要他把这文明的废墟变作她丈夫晋升的阶梯。

"我这样一点儿都不理性，"索别斯基大声说道，"就算我跟别人解释我为什么会难过，都没几个人能理解。

"皮埃尔·杜吉特是在马德里或罗马做武官，还是当一名中年上校，骑着高头大马装腔作势扮英雄，难道有什么分别吗？那个位子皮埃尔不坐，别的上校也会坐啊！再说了，不管是谁创造历史，反正绝不会是使馆的武官。武官嘛，不就是写写没人看的报告，或是把《火车时刻表》装进邮袋，盖个'绝密'的戳嘛！

"当然了，大使也创造不了历史——至少现在不行，现在已经有了电报和电话，一个大使所能做的，也就是枯坐在没完没了的宴会上，对各种夸夸其谈的演讲充耳不闻，即便那演讲是他自己做的也一样。我的信念和政见，亨里埃塔很可能一无所知，可她干吗要知道？就算她知道，那也只能说明她理性——用她的话讲，那叫现实，所以才能把这些当作一个老怪物的执念撇在一边，并且要求我（她的父亲）做我该做的事：促进她的利益，保护她的安全，而这恰恰是因为灾难就在眼前，每一天都在逼近。”

他忽然又想起了阿维拉公爵。这位公爵经常就“绅士”这个深奥的命题进行长篇大论的探讨。有一次，他说：“要想使一个仅仅拥有出身和教养的人变成一位真正的绅士，那么他关心的必须是每天早上在镜子里看到的那个自己，而不是别人眼中的自己。”

“我知道，”他继续就这个主题阐发下去，“一个大使在男士聚会上找些娇媚的女郎来娱乐他的客人，这样做没人会觉得有什么不妥——我听说，即便在皇室也那么做。可我还是不愿意一早起来照镜子，却在镜子里看到一张皮条客的脸，任何一位我称之为绅士的人都不会愿意的。”

假如他遵从亨里埃塔的指令，写信帮皮埃尔谋求武官的任命，那么，每当清晨对着镜子端详自己的脸时，他会称呼自己什么呢？

索别斯基就那样独自沉浸在阴郁的思绪中。他不知道自己这样坐了多久，只知道他生平几乎从未如此痛苦过。他对亨里埃塔负有责任，或者倒不如说，他对自己负有责任。早在 38 年前，当他对那个惊讶的（不，是惊呆了的）助产士说：“把你在出生证上父亲一栏里填的‘不详’两个字划掉，写上我的姓名和头衔吧。”从那一刻起，这个责任就背负在了他的肩上。

那个助产士惊讶极了，以至于几个钟头后，她又跑回来确认了一次，然后第二天又重新确认了一次。

向来讲求实际的露西尔，听到这话也着实吃了一惊——不过绝对不是惊喜。“拿一大笔钱打发私生女儿，从此不再管她，这倒没什么——反正修道院和孤儿院都能收留这样的倒霉蛋。可是被一位公爵承认了的私生女，那又是另一回事了，不管给多少钱作为补偿，这个孩子都会成为一种负担、一种责任，我可宁愿不要这样的累赘呢。”

然而他始终固执己见，尽管心里并不很明白是为了什么缘故，他只知道他的整颗心都已经扑在那个哇哇大哭着的、无助的小东西身上了。那一刻他暗自发誓，一定要承担起善待女儿的义务。这是一种不容悖逆的职责，正如他有义务坚守自己的信仰和信念以及维护他的职业在公众中的神圣荣誉一样。

索别斯基思前想后，把所有的理由都翻来覆去地罗列了五六遍，这时，他脑中蓦地冒出一个主意。像他这种情况，一个有荣誉感的人应当首先履行作为父亲的职责，替自己的私生女把事情料理妥当——随后就自请离职。以前有位大臣就曾经这么做过：当时他不得不实施政府的某项政策，但他本人又强烈反对这项政策，认为它有悖良心。这也是部队里下级军官应有的举措，假如他不愿意违背良心执行上级命令的话。

索别斯基顿时豁然开朗，一切问题似乎都迎刃而解——《鲁昂大教堂》的画面上，那宏伟壮丽的高墙忽然又开始在他眼中熠熠生辉了。

他原本打算再担任3年的驻伦敦大使，这样他的任期正好能满30年；或者也可以再干4年，退休时刚好70岁。不过在一个位置上干了27年，这个纪录也不错了，据他所知，极少有哪个外交官能追平这个纪录，能超过的更是一个都没有。66岁这个年纪鞠躬退隐也绝对对得起所有人了。他有许许多多想做的事，可过去一直被拴在大使馆里动弹不得，中午得主持使馆工作人员的午餐会，到了晚上又得在一个接一个愚蠢的宴会上枯坐，想做的事一件都做不了。奥地利宫廷及国家档案馆馆长罗伯特·莫森索尔（Robert Mosenthal）——大名鼎鼎的“莫森索尔孪生兄弟”之一，哥哥是一个银行家——曾多次请求索别斯基帮忙修订索别斯基家族在第一次瓜分波兰那段历史时期的文献资料；索别斯基自己也一直想要多花些时间把家族中唯一一位曾缔造过历史的祖先当年的信件、日记和备忘录整理出来。

他曾向亨里埃塔说起这位“缔造了历史的索别斯基”，希望有一天能好好地研究他的生平。结果，亨里埃塔生平第一次对他的工作真正产生了兴趣；平时她的兴趣都是装出来敷衍他的。

“噢，爸爸，”她两眼发亮地说，“您说的是不是那位‘战士国王’？就是所有历史书上都有记载的那位，1683 年大胜土耳其，解了维也纳之围的国王？就是他消灭了土耳其对欧洲的威胁，对吧？我好想多了解一些他的事迹啊！——那么多祖先当中，他是最让我着迷的一个了！”

他不得不向她泼冷水：“所有的史书上都有记载的这位扬·卡西米尔一世[一]，就跟你的皮埃尔差不多，是个风流倜傥的剑客，一个绣花枕头。在他那位头脑聪明、不择手段、野心勃勃的妻子手里，他不过是个提线木偶。你还是忘掉那场著名的胜仗吧！一个波兰国王，居然想要为欧洲消除土耳其的威胁，再没有比这更蠢的了！没了土耳其人，他的国家从此也就保不住了——因为没人希望看到一个独立的波兰，除非能用它作为阻挡土耳其人的缓冲地带。

“不，真正缔造了历史的那位索别斯基，史书上根本就找不到。他十分低调，所以没有载入史册。他是那位‘战士国王’的曾孙，扬·卡西米尔四世，我想你肯定从未听说过吧。这是个深藏不露、诡计多端的人，极其内敛，精于计算，毫无英雄气概。他登上王位比那位‘战士国王’要晚 70 年。

[一] 此处与史实似有出入。历史上解除维也纳之围的是扬三世·索别斯基（扬是波兰人名，英语中亦称其为约翰三世·索别斯基）。

他很明白，在当时的局势下，波兰根本不可能保持独立，波兰的国民要想苟且偷生，只有躲在欧洲列强的保护伞下，尤其是天主教国家——玛丽亚·特蕾西亚（Maria Theresia）治下的奥地利[一]。因此他动用了阴谋、贿赂、谈判等种种手段，使瓜分波兰的结果最终达到了他的预期，他得到公爵的头衔和领地，成为奥地利的顶级贵族，为他自己以及他的子孙后代保住了财富和权力。”

“爸爸，您的历史知识这么渊博，我真羡慕死了。”亨里埃塔勉强扯出一个僵硬的微笑，果断终止了这个话题。

现在好了，他终于可以有充足的时间研究扬·卡西米尔四世了。他将一头钻进那些文件和秘密信函里，钻入索别斯基家族史上唯一一位真正成功的外交家（亨里埃塔除外）的头脑之中。

不过最要紧的还是要好好打理索别斯基家族的产业，过去他总是一次又一次地渴望自己能腾出时间来做这个。他曾经花了整整三年时间，在耶德尔斯（Jeidels）的指导下，打理家族产业，清点账目，规划未来。那三年给他带来了无可比拟的满足感和成就感，在他整个外交官生涯中，没有任何事能带来如此强烈的感受，即便是最初那几年也一样——那个时候他还会为了能参与国家大事、知悉内幕秘闻而激动不已呢。

索别斯基忽然记起，昨天下午第一眼看到莫奈的《鲁昂大教堂》时感受到的那种喜悦和幸福，他从前体验过不止两次，而是三次。另外一次发生的时间甚至还要早——是在耶德尔斯要送他去体验外面的世界，求上帝赐福于

[一] 17～18世纪，欧洲进入启蒙时代，传统的天主教会势力受到严重挑战，包括英国、德国在内的许多欧洲国家开始信奉新教，但奥地利依然是坚定不移的天主教国家。玛丽亚·特蕾西亚为神圣罗马帝国皇帝查理六世之女。查理六世没有男性子嗣，因此依照他颁布的1713年国事诏书，特蕾西亚成为第一位奥地利女大公。

他的那一刻。

索别斯基23岁才回到普热梅希尔的索别斯基亲王府。16岁时，他被送往维也纳，在卡尔科斯堡的耶稣教会学校学习，随行的还有20名仆人和一名主管。而后在隶属于他的索别斯基胸甲骑兵团里待了两年，其间参加了1859年的对意战争。在那之后，遵循当时贵族子弟的惯例，他成了维也纳大学几位知名教授的私人学生，攻读法律、经济、哲学和历史——尽管他花在女人身上的时间八成超过花在书本和名家讲座上的时间。想到这里，索别斯基不禁自嘲地笑了笑。

不过在23岁那年，他主动提出要回到坐落在波兰森林里的索别斯基亲王府，拜当时的亲王总管——老犹太人耶德尔斯为师，学习管理领地并熟悉家产。这个决定令他的父亲大为吃惊。要是放到现在，贵族子弟学习打理产业并无不妥，就连哈布斯堡大公也这样做过。但在索别斯基那个年代，这是闻所未闻的事。

索别斯基家的高级员工们立即举办了一个欢迎舞会，迎接回归故里的年轻主人。就在这个舞会上，他遇到了波琳。波琳的父亲是个鳏居的德国人，担任家族的林务官。当时她就站在她父亲身边，修长的身段亭亭如柳，白金色头发，一双碧蓝的眼睛波光粼粼。他先是履行分内的义务，跟她跳了一曲华尔兹——那感觉如此美妙，令他忍不住冒着被人说闲话的危险，再一次邀她共舞。

一曲终了，他把她送回她父亲坐着的地方。半路上，她红着脸悄悄问道："以后我还能再见到您吗？"

他一阵心神荡漾，就说："明天下午怎么样？"心里却不敢指望她会真的如约而至。

然而到了第二天下午，她果然出现在他的书房里，怀里抱着一大捧矢车菊，把半个身子都掩住了，衬得眼睛越发湛蓝。索别斯基自然不会傻到再让她回去；在她的半推半就下，他当场就要了她。

于是，他一生中最快活的三年就这么开始了。早晨无论天气如何，他都会和波琳一起出门骑马。然后，他会花上三四个小时的时间，在耶德尔斯的指导下刻苦学习，后者一丝不苟地教他看懂每一本分类账簿，向他介绍每一处产业，剖析每一份资产负债表。后半晌和整个夜晚他都跟波琳一起度过。这两者中哪一样令他更快活？是跟耶德尔斯和那堆账本一起度过的四个小时，还是在与波琳狂野销魂的鱼水之欢中度过的那些夜晚？这个连他也说不上来。

再后来，不可避免地，快乐走到了尽头，梦醒的时候到了。他的父亲在遥远的匈牙利城堡里猝然离世。他生前跟他的吉卜赛女郎一起，在那里度过了最后的五年光阴。有一天他和他的新宠轰轰烈烈地吵了一架，一大早就喝了个酩酊大醉，结果骑马出门的时候，从马上掉下来摔死了。索别斯基不得不在隆冬时节长途跋涉，千里迢迢地赶到喀尔巴阡山脉（Carpathian Mountains）。当时还没有火车，那条冰雪堆积的路好像永远都走不到尽头似的。他把父亲的遗体运回波兰，在克拉科夫大教堂举行了国葬，数以百计的达官显贵和亲朋好友参加了葬礼。葬礼结束后，他把父亲安葬在索别斯基家族的墓园里。

他离开了四个多星期。等他回来，波琳已经不在府里了。

不过耶德尔斯正等着他。“我擅自建议让波琳小姐回她父亲家去住了，”他开口说道，“我相信，殿下很喜爱这位年轻小姐，但您最好还是别再见她了。您现在必须出门几个月，以索别斯基家族新任族长的身份，拜访皇帝陛下和所有的贵族亲眷，向他们介绍自己。我这里有份名单。18 年前，您已故的父亲——愿他的灵魂安息——在继承您的祖父老亲王殿下的爵位后，用的就是这份名单，不过我又添加了最新的信息。您应该不会愿意带上那位年轻的小姐，虽然您喜欢她。她的身份不适合这样的场合，去了只会遭到怠慢和羞辱。

“之后，您还要再花 6 个月的时间，巡视索别斯基家族的主要产业，让那些地区代表和主管认识您这位新主人。假如这位小姐随行，同样会遭受羞辱和尴尬。

“诚然，您不可能娶她。即便您心里有这样不智的念头，这位小姐也绝不会答应，这一点，我相信她已经亲口告诉过您了。但假如她留在我们这里，作为我们敬爱的亲王曾经垂青过的女人，她将会享有荣耀和地位，得到所有人的尊敬。殿下，您离开之前，还是不见她为好……对您和波琳小姐来说，见面只会使分别变得更艰难。

“总而言之，殿下，”耶德尔斯继续说着，语气很平静，“我要提请您考虑关于将来的问题，相信我这样做并没有越过自己的权限。我能教给您的一切，您都已经学会了。实际上，作为管理者，您比我要强得多，无论是过去还是将来；您同样也比我的儿子强得多，尽管我已经训练了他 20 多年——您曾经说过，在我退休后会让我儿子接替我的职位，这件事我们讨论过不止一次，殿下应该还记得吧。希望殿下不会觉得我言语无状，但您确实比我认识的任何一个人都更有商业头脑。

“然而，对于一位索别斯基亲王来说，做一名产业的管理者、一个商人，那绝对是有失体统的——这不是殿下这样身份的人该做的事。可要像一般贵族那样无所事事、消磨光阴，又不合您的意，我想您自己也清楚这一点，不然也不会这些年都待在这里，跟我学习产业管理了。

“因此，我能否谦恭地建议您，去尝试一下外交部门呢？其实外交与经营一份庞大的产业颇为相似，只不过前者属于公众领域，而后者属于私人领域罢了。当然，最终的决定还是要由殿下自己来做。但我已经冒昧地给殿下的一位亲戚的私人秘书写了信，这位亲戚是奥地利驻巴黎大使梅特涅－桑德尔亲王，据我所知，他是我国当今最有成就的外交家，是他的父亲，伟大的克莱门斯亲王（Prince Klemens）的杰出继承人。”

说到这里，耶德尔斯打开一直拿在手中的信，开始念给索别斯基听：“梅特涅－桑德尔亲王殿下将随时恭候他的表弟——索别斯基亲王殿下兼普热梅希尔公爵，前往巴黎担任他的学徒和私人助理……”

此时此刻，索别斯基蓦然意识到，面前的这个老犹太人——戴着小帽，拄着手杖，走路一瘸一拐，小心翼翼的高地德语[一]中仍带着一丝意第绪语[二]口音——唯有这个老犹太人，也许还要加上波琳，会真正地关心他、爱他，把他看作活生生的人而不仅仅是一个高贵的头衔和一套华丽的制服。索别斯基一时间百感交集，忍不住怀着激荡的情绪，向老犹太人请求祝福。于是老犹太人抬起一只手，用响亮的声音念诵希伯来文的祷词：“愿上帝将他慈爱的容光照耀在你身上。”这时，索别斯基的眼睛里充满了泪水，耶德尔斯也是。

就在那个星期，他离开了王宫，没再和波琳见面道别。8个月后，他来到巴黎，投入了他的远亲梅特涅－桑德尔门下，成了他的新学徒。

㊀ 高地德语即为标准德语，意地绪语是中东欧犹太人及其在各国的后裔说的一种从高地德语派生出来的语言。

㊁ 意第绪语：一种将希伯来语与德语混合后形成的犹太语言，用希伯来字母书写，最早出现在10世纪的莱茵地区。

然而，他对经营产业的兴趣从未消失过。事实上，凭着耶德尔斯灌输给他的理念和原则，他已然一跃而成为巨富，比之他父亲过世后刚刚继承家业那会儿，他的财产增加了足有10倍。

正是耶德尔斯反复向他指出，未来将会与铁路密不可分。他常说："殿下，您那些高贵的同僚们憎恨铁路，唯恐铁路会带来颠覆社会的思想。然而思想是无论如何都挡不住的，一阵轻风就可以把它们吹送到四面八方。铁路运载的不是思想，而是货物。它可以把您的森林里那些正在腐烂的木材变成有价值的商品，它可以为您领地上的煤矿创建市场，它可以帮您把粮食运到维也纳，把您的匈牙利牧场产的牛皮变成鞋子。只要能把产品输送到市场，现在还是农田的地方，很快就会盖起工厂。在维也纳、克拉科夫、布拉格、布达佩斯等许多城市里，都有索别斯基家族弃置不用的宫殿，维护费用高昂，又毫无收益；可一旦有了铁路，这些地方立刻就会变成值钱的地皮，可以用来盖写字楼和公寓。城市也会变得越来越大，因为有铁路为城市输入大量人口。

"事实上，"耶德尔斯继续说道，"我已经预见到了这一远景，所以早在30年前，维也纳到布拉格的火车一开通，我就把国内几个主要城市里能买到的地皮都买下来了，价格相当实惠。现在光是这些地皮的价值就涨了整整5倍呢。"

正是由于耶德尔斯的影响，索别斯基才会接纳辛顿和莫森索尔提出的建议——当初他们第一次来找他，就提出要开办伦敦－奥地利银行。现在这家银行已经成为他最赚钱的投资之一了。索别斯基想，其实使辛顿成为欧洲最大银行家的那些观念和远见，耶德尔斯早在50年前就已经有了呢！

也正是耶德尔斯和他的谆谆教导，使索别斯基欣然接受了珀凯茨

（Perkacz）和沃尔德 – 莱夫尼茨这两位真正的房地产大鳄的提议，把他在市区内的地皮跟他们的合并到一起，成立了奥地利第一家房地产公司。这项举措带来的收益几乎可以媲美伦敦 – 奥地利银行了。

然而，这就意味着他必须继续积极参与管理。毋庸置疑，耶德尔斯的儿子是个能力很强的管理者，现任总管是耶德尔斯的孙女婿，也同样能干。但管理人员只会执行命令，处理日常事务；那些大的想法、大的冒险、全局的视野，还是要由他来把握。

因此，不管是不是有失体统，索别斯基一直津津有味地享受着处理商务的乐趣，从未对家族地产和企业撒手不管过。实际上，唯一让他遗憾的是，他总是腾不出足够的时间来做这些事。

现在，他很快就能巡视每一处主要的领地、每一家大型的工厂了。他要亲自会见每一位经理和主管——第一站就先去巡视波兰的产业，还要重游索别斯基亲王府。自从 40 年前他在那里跟耶德尔斯告别后，就再也没回去过。

还要再过几个星期，皮埃尔才能接到任命。等事情一定下来，他就马上向老皇帝提交辞呈——最晚不超过 8 月，因为在每年 8 月皇帝诞辰的那天，他都要前去祝寿，第二天再向外交部部长辞职。等到 9 月，他就会成为前任大使——他每天早晨端详镜子里那张脸时，再也不会觉得不顺眼了。

蓦地，一个念头如同利箭般刺入胸口，让他的心揪痛起来——他辞职了，玛吉特该怎么办？

CHAPTER 2 | 第2章

玛　吉　特

在巴黎暴民冲击使馆的几天前，确切地说是几夜前，一个声音吵醒了索别斯基。当时他正在阁楼的仆人间里睡得人事不省。屋子里闷得要命，不过整个使馆也就只有这里是空着的，其他地方都挤满了难民。

那可真是令人精疲力竭的一天——每分钟都会有惊慌失措的人向他恳求，跟他要食物，要水，要厕所，要睡觉的地方。奥地利大使馆提供庇护的消息甫一传开，使馆门口几乎发生暴乱：人们不顾一切地互相推搡踩踏，疯狂地想要挤入围墙，得到庇护。但使馆代表的是奥地利、德国和瑞士，根据国际法，只能允许这三国的民众进入避难所，因此索别斯基只好硬着心肠拒绝其他国家的难民；这种情感上的折磨尤使他心力交瘁。一直忙碌到后半夜，他才上床就寝，一沾枕头就沉沉地睡了过去。

突然，他的酣眠被一个声音搅扰了，也许他是在做梦？这个声音一直不停地呼唤着："索别斯基表哥！扬·卡西米尔表哥！"

他昏昏沉沉地挣扎着，慢慢清醒过来，终于费力地睁开眼睛。这时他心想：“果真是在做梦呢。”因为就在他的床头边上，站着一个幽影——一个女孩？还是女人？她手中擎着一支蜡烛，摇曳的烛光映得身影朦朦胧胧的，高高盘起的头发闪耀着深红色的光泽，就像雷诺阿[㊀]（Renoir）笔下的女孩或女人一样，她们的头发也是这种色泽。（他的收藏品里一幅雷诺阿的作品都没有，莫非就是这个缘故？）

那幽影的另一只手紧攥着睡裙的褶边——这是什么睡裙啊！竟然是时下巴黎的下等风尘女郎所钟爱的那种式样：粉色的蕾丝褶边，遮的还不如露的多，从低低的领口望进去，年轻坚挺的乳房中间那道沟壑简直一览无余；裙子两侧的开衩高高的，露出了迷人的大腿。索别斯基想起来了，如今这种睡裙在《巴黎生活周刊》（*La Vie Parisienne*）上颇受追捧，那些低级文员和男学生们一面色迷迷地大饱眼福，一面戏称之为“撩骚裙”[㊁]。不管这个女孩是什么人，小小年纪穿成这样，感觉倒像个小姑娘穿着妈妈的衣服在扮大人。

“索别斯基表哥，”那幽影贴着他的耳朵，用小姑娘才有的稚嫩嗓音小声说道，“您不认识我了？我是玛吉特·巴拉顿（Margit Balaton）呀！您的表妹。我想要您做我的爱人。几年前在巴登（Baden），您曾经带我散了好长时间的步，从那时候起，我就想要您做我的爱人了。您认不出我来了？”

这下子索别斯基记起来了。

他的确带这个小姑娘散过步。当时他刚刚成为索别斯基家族的新任族长，正忙着四处旅行，在各路贵族亲戚们面前亮相。记得那天刚散完步回来，女孩的母亲巴拉顿－巴拉特王妃（Princess Balaton-Balat）就把他拉到一

㊀ 皮埃尔·奥古斯特·雷诺阿（1841—1919），法国印象派重要画家。

㊁ 原文为“naughty nightie”，其中“naughty”有“下流”的意思（suggestive of sexual impropriety）。

边，支支吾吾地跟他借钱。“我们最近手头有些紧，”她说，“需要一笔钱送玛吉特上学。”

对此，他早有准备。耶德尔斯特地为他准备过一份行程指南，这个老犹太人用整洁的小字写道：“巴拉顿－巴拉特亲王夫妇会向殿下‘借钱’。如果您打算同意他们的请求，那么我建议，只有在数额不大、用途明确时，您才可以应允；但不要当作借款，因为钱是肯定要不回来的，这样做只会徒增嫌隙，还不如索性作为礼物送给他们。另外，切勿把钱直接交给亲王或王妃本人，他们只会在牌桌和酒桌上把钱挥霍掉。您可以让他们把账单寄给我，由我来替他们支付。”

于是他答应了承担女孩的学费——毕竟她的母亲也是索别斯基家族的一员，是他祖父弟弟的女儿、已故父亲的亲堂妹。要是她供不起女儿上一所体面的学校，对身为族长的他乃至整个索别斯基家族的名声都会有负面影响。因此，那之后的几年里（4年或是5年），小表妹在巴黎圣心女子修道院（Sacred Heart Convent）的花销都由管事直接支付，并每年向他报两次账。

他几乎从没怎么想起过这位小表妹。不过，那天早些时候，倒是因为想起她，他才会同意让圣心修道院的修女和二十几名学生进入大使馆；她们的学校被暴民放火烧掉了。这是他唯一一次破例，本来按照规定，使馆只能收容奥、德、瑞这三国的公民。他把她们安置在马厩里，能遮风挡雨的地方只剩那一处了。为此，她们的校长特地找他致谢，而当他提出想过去看看一切是否都已妥善安置时，她却颇为高傲地拒绝了：“我们不允许男士进入学校区域。”这时他想到玛吉特，就问：“我的表妹玛吉特·巴拉顿－巴拉特公主，是跟你们在一起呢，还是已经及时撤出了巴黎？”

那位上了年纪的修女冷冰冰地说：“我们只能向学生家长或监护人提供

这些信息，这一点想必您也明白！”经她这么一说，索别斯基反倒怀疑表妹多半就在使馆里。不过紧接着他有许多别的事要忙，没工夫再为一个学生表妹操心，因此很快也就把她置诸脑后了。

“也许我对那位校长的看法不够公正，”索别斯基一闪念间想道，“看来她对青春期少女的了解比我想象的要多呢，至少对眼前这一位来说是这样。天啊！她到底是从哪儿弄来这么一件轻佻俗艳的睡裙？又是怎么知道上这儿找我的？”

就在这时，那孩子又开口了，声音甚至比先前更轻，几乎低不可闻。她问：“您想让我脱掉睡裙吗？”

索别斯基在大惊之下不假思索地脱口而出：“不，别那样，会感冒的。”

话音甫落，他就发觉自己说了句傻话，并且意识到自己处境不妙。他屏住呼吸，心惊胆战地等着那孩子顺势接上一句：“您可以帮我取暖呀！”天知道那之后他又该怎么办。幸好这孩子只是犹豫不决地站在那儿，苦恼地咬着嘴唇。

这情形真是既荒诞又滑稽，索别斯基差点儿忍不住笑出来。可他同时又感觉到邪恶的诱惑和刺激，因为女孩尽管长着一张娃娃脸，姿态和嗓音也充满稚气，可她的身子（被那件有伤风化的睡裙勾勒得若隐若现）已经是一具发育良好、熟透了的女性的胴体了。这具胴体散发的性感令索别斯基的内心升腾起一股难以遏制的渴望。他很清楚，只要女孩真碰了他，他是绝对克制不住自己的。可她只是站在那儿，一手握着烛台，一手攥着睡裙褶边。他好不容易才抑制住冲动，没有伸手把她揽到怀里。

就在那一刻，索别斯基忽然下定决心（他也不知道自己这是怎么了），绝不能纵容自己伤害这个半是女孩、半是女人的姑娘，一定要保护她远离任何伤害。他要对得起她的信任。这并非想对她父母尽义务，虽说他对他们的确有某种义务；也不是因为他不敢跟这么年轻的少女欢好。“毕竟她该满 16 岁了吧。我以前跟不少女孩子上过床，好些年纪比她还小呢，可不管是她们还是我自己，从来都没觉得有什么可悔恨的。”

甚至也不是因为当时的情形太过荒诞，逗得他在心里拼命发笑，在那种情况下，他要是真的听从她的意思抱住她，还不知道接下来会搞成什么样呢。确切的原因是什么，他一时也说不上来，也许是出于一种荣誉感、一种骑士精神，又或者是她的纯真无邪令他感到了敬畏。

她是纯真无邪的，尽管她冒冒失失地闯进他的卧室，想要主动献身；尽管她穿着风尘味十足的睡裙；尽管她只会从那些“刺激”的香艳小说里照搬一些俗不可耐的陈词滥调。可以想象那群十几岁的少女是怎样瞒着修女，偷偷把这类书弄进宿舍，蒙着被子如饥似渴地阅读；而修女们越是喋喋不休地强调“肉欲的罪恶”，她们的想象力便越是千奇百怪、离经叛道——尽管如此，这孩子本身却是纯真无邪的。

忽然之间，他不再是个小青年了。在此之前，他一直是“年轻的亲王、耶德尔斯的学生，正向老犹太人学习财产经营”；或是“梅特涅亲王的弟子，师从年迈的大使学习外交事务”；或是“阿普里斯爵士的小友，跟着这位英国绅士学习声色犬马”。当然，那年他也不过才 31 岁。但就在巴黎的那个夜晚，一切都发生了变化，他不再是“我们的年轻人”了。他成熟起来，成了一个能够担责任、做榜样的成年人。尤其对玛吉特而言，他成了一个年长的、值得信赖的人……“况且，”索别斯基心想，“在她眼里，我一直都是这个形象吧。”

他花了大半个钟头，终于劝得这名少女同意离开了。其实她也挺乐意离开的，她的冒险自始至终都得以停留在“浪漫”的阶段，心里毕竟也是松了口气的吧。他很怀疑这个姑娘是否真的明白，万一他没克制住自己，接下来会发生什么。他哄着她，保证她可以给他写信，保证不娶别的女人，即便真要娶，也得第一个告诉她，还保证等她完成了学业，年龄再大点儿，他就得做她的“爱人”。他还模仿她痴迷的爱情小说里男主人公的调调，发表了好些个慷慨激昂的演讲，搞得他自己都觉得可以从外交界转行到政界发展了。在这样费尽口舌之后，她总算是走了，临走时还在他脸颊上轻啄了一口，印上了一个妹妹式的纯洁的吻。

三年后，他娶了她。作为王室家族的族长，他有延续子嗣的义务，而那意味着必须跟出身相当的贵族女子结婚。当时，经过玛吉特祖父和父亲两代人的挥霍，巴拉顿－巴拉特家族已经没落了，不过仍可算是名副其实的名门望族，堪堪能与索别斯基这个高贵的姓氏相称。他们家世代都是匈牙利的贵族，16 世纪匈牙利被土耳其占领后，又成为奥斯曼（Ottoman）帝国统治下半自治的领主。到了 17 世纪，他们把筹码押在哈布斯堡大公身上，后者登基后把巴拉顿－巴拉特册封为亲王，并在土耳其人败退后，把匈牙利西部空出来的最富庶的领地封赏给了他们。他们前后有四代人与索别斯基家族及其亲属通婚。毫无疑问，一位索别斯基亲王和一位巴拉顿－巴拉特公主的联姻绝对是门当户对的天作之合。

更何况这中间还有玛吉特每周一次的来信：这些信激情洋溢，充斥着身体细节的描写，倾诉着饥渴的欲望，大胆得叫人吃惊。她用了什么法子把这些信偷偷寄出来，他完全猜想不出，后来才想到肯定是通过约瑟法（Josefa）转到他手中的，那会儿约瑟法已经离开修道院了。每个星期，这些信都会如期而至，看得他浑身燥热，又是窘迫不安，又是心猿意马，尽管也常常令他忍俊不禁。而玛吉特裹在那件薄睡衣里的成熟的胴体，更是时不时闯入他的脑海，勾起他的幻想，甚至介入他和其他女人的艳遇里。

后来他去了柏林。几年后，等到玛吉特年满19岁，从修道院学校毕业两年后，他就履行了那天晚上的承诺——尽管当时只是为了把她打发走。从此，玛吉特成了索别斯基王妃兼普热梅希尔公爵夫人。很久以后，她告诉他，自从那个孤独寂寞、无人关爱的11岁小女孩同她的“帕菲特骑士”（Parfit Knight）[㊀]一道散过步，她就知道必定会有这一天的。

当初巴黎的小阁楼上那个闷热旖旎的夜里，玛吉特的胴体曾许下无声的承诺，现在都一一兑现了。她的胴体就是性感的化身，它急切地回应着他的每一次引导，它给得越多，他就要得越多；而要得越多，他自己也就给得越多。如果说引领波琳享受鱼水之欢是一种极乐体验，那么引领玛吉特的过程则更像是惊心动魄的探险。

玛吉特的身子也践行了对于婚姻的诺言：生下继承人。在他们婚后头五年住在柏林的那段时间里，总共生了三个健康的孩子，两个男孩和一个女孩。怀孕和生产对这具身子来说似乎轻而易举。事实上，她的胴体在孕期才是最诱惑、最撩人、最光彩夺目的。

可是她的容貌、姿态和嗓音依然像个刚刚进入青春期的少女，银铃般的笑声还是同从前一样清脆悦耳、无拘无束。她跟人相处的态度就像一个喜怒无常的15岁孩子：一会儿把你当作最亲密的朋友，跟你亲热得不得了；一会儿又撅着嘴生气，对你不理不睬——可不出十分钟，她就又哭又笑地跟你重归于好了。每个人都拿她当个可爱的、略有些娇宠过头的孩子，年轻一代

㊀ 原词出自乔叟的《坎特伯雷故事集》开场白中对一位骑士的描写（a varrey，parfit gentil knight），后指18世纪70年代英国一则传奇故事中的男主人公。

更是把她当作同龄人，而不是一名成年女性、一位高贵的夫人、公爵兼大使的妻子以及三个孩子的母亲。

在19世纪80年代，他们刚刚移居英国的前三年，尤其是保守党失势、索尔兹伯里侯爵下野的那段日子里，他们时常去哈特菲尔德（Hatfield）雄伟的侯爵府邸度周末。索别斯基常和侯爵关在密室里商讨政治和国际事务，一谈就是好几个钟头；玛吉特则跟侯爵的孩子们混在一起玩闹——那帮小塞西尔（cecils）总是生气勃勃，又笑又叫的，十分惹人喜爱。她跟他们玩哑谜猜字，领着他们在大宅子里吵吵嚷嚷地寻宝，在树丛里假扮牛仔和印第安人。没过多久，孩子们就不再拿她当贵妇、成年人或是客人来对待了，他们开始喊她“玛吉”（Margie）。再过不久，他们的父亲侯爵大人，一面训斥孩子们过于随意，一面自己也三番五次地喊起“玛吉”来了。他跟索别斯基虽说有这么多年的交情，可除了“殿下”或“公爵”，还从没称呼过别的呢。

甚至她自己的孩子也把她看作同龄人，就像个大姐姐似的。玛吉特对她的孩子并不格外关注；她高高兴兴地把他们放手交给奶妈、保姆和家庭教师去管，可孩子们照样跟她很亲近。索别斯基心里明白，尽管孩子们不像当年自己怕父亲那样怕他，可跟他相处时还是会有些不自在。他们跟玛吉特的关系就完全不一样了。有一回，他家小儿子神魂颠倒地爱上了维也纳一名歌剧女演员，一门心思想要娶她，当时他才24岁光景，而那个女人比他大10岁。于是他立刻跑来向玛吉特吐露心事，而玛吉特呢，自然早已对儿子的恋情一清二楚——她的女仆从少爷的贴身跟班那儿一打听到这件事，转头就告诉了女主人。还没等儿子来找她，她就把女演员的老底摸透了：那个女人有丈夫，就在她长大的乡下小镇上开着一家咖啡馆。这样一来，自然没了结婚这码事，而门不当户不对的危险也就随之烟消云散了。

人人都喜欢跟玛吉特说些东家长、西家短的闲话。那些小道消息总是自动汇集到她这里，就跟铁屑碰到吸铁石似的。不光女仆会把背地里传的闲话告诉她，那些发型师、按摩师、马车夫的老婆乃至住在乡间别墅或是大使馆里的贵妇人，有什么新闻都会说给她听。玛吉特从不看报，也基本不读书，可她总能提前一两个礼拜就知道，首相会推荐谁顶上嘉德骑士团（Knights of the Garter）里的空缺，谁会被任命为伊利的主教（Bishop of Ely）。至于各种花边新闻，她更是了如指掌，比如谁跟谁上床了，谁又跟谁闹掰了，某位公爵夫人的新生儿究竟是谁的种；再比如，年轻富有的勋爵被无耻的贴身跟班揩了多少油，画模们倘要向他自荐枕席，得付给这个跟班多少酬金，如此种种，不一而足。

每天上午，她都会在10点钟喝一杯咖啡，然后煲上两个钟头的电话粥——索别斯基觉得，她花掉的电话费实在太离谱了，居然超过了整个使馆的话费支出——直到中午时分，她才会挂掉电话，让女仆帮她梳洗打扮，而这时候，她对伦敦社会的了解已经超过了圣西蒙公爵（duc de Saint-Simon）对路易十四（Louis XIV）宫廷的了解，或是塞缪尔·佩皮斯（Samuel Pepys）对查尔斯二世（Charles II）治下的伦敦的了解。

不过，她这个人一点儿也不谨慎，就跟个孩子似的没心没肺，似乎也没人在意这一点。诸如风流韵事和隐私流言、高级妓女和同性恋、顶着贵族头衔的骗子、大家族内的钩心斗角，无论什么话题，她总是漫不经心地信口道来，间以一阵阵银铃般清亮的笑声，而这种随心所欲的态度正是她最大的魅力所在。他们住在伦敦的前几年，欧文·里斯·尼维斯的祖父老卡迪夫伯爵（Earl of Cardiff）就特别喜爱她，就跟喜爱一只宠物似的。有一次，他跟玛吉特开玩笑：“你应该把你的故事编成书，书名就叫作《哥尔多尼故事集》(*Tales from Goldoni*)。”可怜的玛吉特根本听不懂，因为她从没听说过兰姆的《莎士比亚故事集》(*Tales from Shakespeare*)，尽管英国孩子都是听着这本书里的故事长大的；她也没听说过18世纪风行意大利的即兴喜剧，这种戏剧形式有一套固定的人物角色，比如偷情的妻子、好色的老头、手脚不干净的仆人，配以一幕幕日常生活场景，以此营造生动的喜剧效果。当然了，她更没听说过哥尔多尼(Carlo Goldoni)，这位剧作家在即兴喜剧中的地位，就跟莎士比亚在世界文学中的地位一样。老伯爵只得一一解释给她听，可这么一折腾，这笑话自然也就变得索然无味了。

玛吉特的无知已经到了完全不可救药的地步，尽管她在学费高昂的巴黎圣心女子修道院念了这么多年书，但其实读什么学校对于她都没有分别。记得也是在哈特菲尔德，一次晚宴上，索别斯基听见她对邻座一位著名的数学家说：“我觉得用餐的时候讨论生殖[1]的事儿不太好吧。”原来她压根儿不知道“multiplication”这个词还有“乘法”的意思。他这才发现，自己的妻子天生就是一块不堪造就的朽木。她缺乏思考能力，任何一种抽象的概念，无论是政策或外交，还是书籍和理论，她都完全没法理解。她只懂单纯地用眼睛看、用耳朵听；她眼中的人们只是一些单独的个体，分为男人、女人和小孩，她只能理解他们最基本的行为，例如，他们的爱情生活。

可她并不蠢，一点儿也不。她热爱戏剧，经常从他们的乡间别墅——梅德斯通(Maidstone)附近的霍恩阿比庄园赶到伦敦看戏，一个月总得去三四回。10年前，还是在19世纪90年代那会儿，易卜生的戏剧曾风靡一时，但她不喜欢。“他写的人物光会讲大道理，”她说，“一点儿也不真实。”她反倒是喜欢上了新生代剧作家萧伯纳，他每部作品的首晚演出她都会去捧场。

[1] 原文为“multiplication”，有“乘法”和“生殖”的双重含义。

“可是比起易卜生，萧伯纳的戏剧说教得更厉害吧——说的还都是一些奇谈怪论。”有人会这样提出异议。

“这我知道啊！”她则会反驳说，“但他塑造的人物总是比他的说教更成功。”索别斯基想，萧伯纳本人多半不会感激这样的评价。不过，没脑子的人可说不出这样一番话来；说这话的，应该是个颇能一针见血的聪明孩子。而这正是玛吉特的本来面目：一个知觉敏锐的孩子，同时又被赋予了性感妩媚的女人的胴体。

“不过话又说回来，”索别斯基沉思着，“真实的、活生生的男人和女人可没那么简单，不像即兴喜剧或者玛吉特的《哥尔多尼故事集》里的那些人物，都是一个模子里刻出来的。”玛吉特自己就是最好的证明。她身上隐藏着好几面，就像难解的谜题，勾得人心痒难熬，却又揣摩不透，哪条公式都套用不上。

比如，她对“夜间检阅”那种无动于衷的态度就很令人费解。

索别斯基初次跟女人同床是在12岁左右。他的贴身男仆想必是向上报告了他做春梦的“证据”，于是有一天晚上，等他的看护人陪他做完晚祷，送他上床睡觉时，一个女人正躺在床上等着他。她是服侍看护人的一名女仆，索别斯基此时回想起来，那个姑娘最多也就十七八岁，是个简单淳朴、目不识丁的波兰农家少女。可在12岁的小男孩眼里，她表现得如此神秘、老练、成熟，完全超出了他的想象，令他既享受，又惶悚。从那以后，每个礼拜都会有个年轻姑娘被送到他的床上，不过日子并不固定，同一个姑娘也绝不会连着出现两次，以防他会着迷。

16岁时，他被送往卡尔科斯堡教会学校，接受为期两年的正规教育。他被告知，从此以后他要过一种“成年人的家居生活”了。起初，他并不明白这话是什么意思，直到他在他的新居（从前是某个维也纳贵族的避暑别墅）度过第一个夜晚。那天晚餐后，他回卧室睡觉。平生第一次，他的看护人没有陪着他，只有两个贴身男仆一左一右为他引路，手里各举着一座插着许多蜡烛的枝形烛台。经过大厅时，男女仆从分别排成两列夹道送行，男仆在一边鞠躬，女仆则在另一边行屈膝礼。等他走进自己的私人房间，其中一名贴身男仆便问他："殿下要不要哪个姑娘来卧室陪伴您？"

这就是所谓的"夜间检阅"，自那以后成了每晚的例行事务。从整个东欧到西西里和西班牙南部，在任何一位与穆斯林及其后宫毗邻而居的贵族宅邸里，"夜间检阅"都是司空见惯的常事。

波琳觉得这种陋习令人作呕。她说："我可不想住在妓院里！"然后就把所有女仆都赶到楼下去了。露西尔嘴上不说什么，实际做法却跟波琳一样。可是玛吉特对此完全无动于衷。"你和我在一起时，我要求你整个儿都属于我，"有一次她说，"可要是你不在我身边，那你做什么对于我又有何分别呢？"

毕竟，玛吉特身边还有她的约瑟法呢。

CHAPTER 3 | 第3章

约　瑟　法

索别斯基被派往伦敦时，玛吉特正怀着他们的第三个孩子，也是最后一个。此前她就三番五次跟他抱怨，说她对外交官妻子过的那种官场生活厌烦透了，最好他能早早辞职，从此无忧无虑地过日子，他们可以住在维也纳的亲王府邸里，也可以去波兰和波西米亚的领地。可这会儿他非但没有辞职，反倒要举家移居伦敦；而她在听了这个消息后，居然十分欢喜。

“现在我可以请约瑟法过来陪我，做我的女伴了！”她大声宣布道，“自打我们结婚，我就想叫她跟我们一块儿住，可她讨厌德国，也讨厌德国人，就是不肯去柏林，尽管她在苏格兰给那个冷酷无情、神气活现的伯爵夫人做陪护一点儿也不开心。我真恨不得我们现在就搬过去，这样她就又能跟我在一起啦！”

当然，对这个约瑟法——这个集聪慧、美貌、修养于一身的约瑟法，索别斯基早就耳熟能详了。玛吉特在巴黎那所人情冷漠的修道院学校里只交到了这一个朋友，玛吉特把她当作最要好的闺蜜，爱她仅次于爱自己的丈夫。约瑟法·卡勒斯卡这个名字原本就不陌生。卡勒斯卡在奥属波兰是一个颇有名望的家族，其谱系可以上溯到200年前。他们甚至还有“男爵”的封号，不过由于缺乏足够的底蕴来撑起这个名头，他们家的形象始终在小士绅（“一帮有了爵位却没有手帕的土包子。”索别斯基的祖母曾嗤之以鼻地如是评论道）和真正的贵族之间摇摆不定。事实上，索别斯基的胸甲骑兵团里就有一名军官姓卡勒斯卡，后来才知道他原来就是约瑟法的长兄。如今玛吉特身处异乡，语言又不通，索别斯基很高兴能有个她喜爱并信赖的人陪她聊天解闷。于是，他们刚刚搬到伦敦一两个礼拜，约瑟法就住进了他们家。

索别斯基至今仍对初次见面的情景记忆犹新。那天晚上，约瑟法第一次被引见给他。她落落大方地行了个屈膝礼，并想要吻他的手，她的容貌就那样蓦然撞入索别斯基的眼里，令猝不及防的他瞬间为之倾倒。要说玛吉特就已经够漂亮的了，非常漂亮——她有匈牙利人特有的那种瑰丽色泽，火红的秀发，粉白的肌肤，碧绿的眼睛璀璨如星；而约瑟法则是另一种古典美，宛如雕刻圣手仿造古希腊女神精雕细琢而成。她的发色黑如鸦翅，肌肤白腻似上好的奶油，十指尖尖，纤细而修长——但她那斯拉夫人特有的高高的颧骨，令她的脸一反古典脸型的平淡无奇，平添了一种生气勃勃的泼辣的韵味。她与玛吉特一样，有一副清亮的女高音嗓子，不过玛吉特一激动起来，声音就会变得高亢尖利，而约瑟法的嗓音却有一种轻柔低婉的调子，如深色的蜂蜜一般柔滑甜蜜。令他尤为惊叹的是她的举止，圣心女子修道院寄宿学校的所有学生都被严格教导过如何行止坐起。玛吉特为了逗他开心，经常表演给他看，比如头上顶着两本书，仪态万方地走来走去，或是头部和肩膀纹丝不动地坐到椅子上再站起来。但约瑟法的一举一动简直就像个训练有素的体操运动员，行云流水、优雅自如。

玛吉特注意到他的仰慕之情，十分得意："我就知道你会喜欢我的约瑟法，她是这世上最可爱的造物啦！"约瑟法虽然愉快地微笑着，却没有做出任何回应。实际上，她对索别斯基根本就视若无睹。

正因如此，几个礼拜后的某一天，当他走进卧室，发现约瑟法等在床上时，他简直惊讶极了。"是王妃让我来的。"她说。这句宣告充满了不同寻常的意味，可她的语气禁止他提出任何疑问。第二天一早，玛吉特问他："我的约瑟法让你满意吧？"他正满心困惑，便反问道："你为什么要叫她来？"她只答了一句："我们在修道院发过誓，要分享一切的。"

在那以后的整整四年时间里，一直都是约瑟法代表着玛吉特，跟他躺在同一张床上。这个代替玛吉特跟他同房的约瑟法，实质上就是玛吉特的另一个自我，是她的分身。不知怎么的，他自始至终都很清楚，自己并不是约瑟法的爱人，事实上，她也不算是通常意义上的"情妇"。约瑟法服侍他，只因为他的身份是女主人的丈夫；通过她和玛吉特之间的紧密关系，索别斯基才和她间接连到了一起。她后来再没说过"是王妃让我来的"这类话。可尽管嘴里不说，对于这段关系，她和玛吉特显然就是这么理解的。即便索别斯基和约瑟法单独在一起，甚至在他俩肢体交缠的亲密时刻，他们中间也依然隔着一层。

不过，这两个女人之间到底是怎样的关系呢？究竟是什么纽带把她们绑在了一起？

约瑟法来他们家之前几年，正值 19 世纪 70 年代初期，日本刚刚向西方敞开了大门。据第一批旅人报告说，他们发现，有一种非常奇特的，在西方人听来甚至是相当野蛮的习俗，在日本以前的统治阶层当中一直很盛行。根据这种习俗，君主的妻子必须为她的丈夫安排姬妾，细心指导她如何满足她的主人，然后让她代替自己侍奉枕席。若干年后（其实也就是不久前的事），索别斯基出席了一个冗长的聚会，似乎是一场皇家婚礼，也可能是皇家葬礼什么的。他正好坐在日本大臣的邻座，席间便聊起了这个风俗。

他当时称之为“一种古老的习俗”，而日本人却反对这个说法：“一点儿也不古老，”他说，“现在也还挺常见呢！现任皇后，明治天皇的夫人，得知自己不能生育，就主动为天皇寻觅合适的姬妾，找到以后精心调教，还要密切监督她作为丈夫的床伴、丈夫的孩子的母亲，表现是否合格。这风俗妙极了，对婚姻极有助益呢！”

“说真的，”索别斯基想，“无论是对我还是对玛吉特，这种做法倒的确改善了我们的婚姻。”他们的夫妻关系得到了修复，当年那个11岁的孩子毫不犹豫地把手放进他手心里的那种全然的信赖，现在似乎又回来了。

“不过，我们的情况和日本皇后还是不一样，”索别斯基想道，“玛吉特可是为我生过孩子的——有三个呢！”那么，是她开始厌烦他了吗？还是担心他厌烦自己？确实，她在怀第三个孩子时，到了妊娠后期不能再跟他同床，那时候他并不怎么惦记她。“夜间检阅”时随便找个姑娘，他就心满意足了。

“日本的这种习俗，”索别斯基想，“倒是可以解释为什么玛吉特把约瑟法送到我床上；不过，这还是没法解释她们两个之间的关系呀！”

索别斯基相信，她们在念书时说不定就是一对情侣，至少有这种可能。这种事在修道院寄宿学校的青春期少女当中很常见，因为有些行为之间其实只隔着一层窗户纸，例如亲吻、拥抱、友谊永恒的誓言，这些本身完全正常的行为，很容易就会导致性冲动，而性冲动又很容易发展成性行为。女生之间的情事通常会遭人侧目，但是索别斯基很清楚，这算不上是什么特别有害的事，至少没那么邪恶。

他想起以前在拿破仑三世时期的巴黎，一次晚宴上，有人谈起发生在上流学校里的一起同性恋丑闻。当时波琳·梅特涅王妃也在，她是索别斯基的顶头上司——奥地利大使的夫人，性格桀骜不驯，是巴黎社交界有名的“顽童”。她当时忍不住说了一句，清脆的嗓音满场皆闻：“在她们这个年纪，这可比跟男人搞强多啦！”

每回波琳王妃说起这类事，所有的人都会装作什么也没听到——自然，这只是为了第二天晚上的下一次宴会上，他们可以跟人描述她前一天出的洋相。不过，在座的贵妇多数都是信奉天主教的高等贵族，自己就出身于修道院学校，因此神色之间，对波琳王妃说的这回事并不陌生；其中几位甚至有过切身体验，这一点可以从她们挂在嘴角的笑意里看出来。

不过，玛吉特和约瑟法之间的羁绊比厄洛斯[1]打的结更牢固也更持久，它牵动着她们性格中最核心的部分。

关于这种羁绊，倒是有一条线索（不过仅仅是线索而已），就是约瑟法早年的生活；这么多年过去，索别斯基总算能拼凑出一个大概。约瑟法是她们家五个孩子当中最小的一个，是唯一的女孩，最小的哥哥都比她大十岁。她年幼时母亲就去世了，因此，随着她渐渐长大，她实际上就成了她那日益衰老的鳏夫父亲膝下唯一的孩子。她的父亲是个小公务员，经营着一份微薄的产业，而且这两方面都做得相当失败。约瑟法从小就是个天资聪颖的学生，后来获得一份梦寐以求的奖学金，得以进入巴黎圣心女子修道院。她在那里

[1] 古希腊神话中的五大创世神之一，掌管爱欲和生育，在古希腊文献中，更多地出现在同性间的爱恋之中。另一位爱神厄洛斯是阿芙罗狄蒂之子，相当于古罗马神话中的丘比特。此处应指前者。

表现得极为出色，历史和语言课都考评卓异，音乐方面也出类拔萃（她的钢琴弹得炉火纯青，唱歌也不错）；她还负责管理低年级的女生，同样做得无可挑剔。

她只用三年就修完了四年的课程，这时她的父亲叫她回家去照顾他的起居。但是她想着，日后还要靠自己挣钱谋生，就乞求父亲让她在巴黎多待两年（当时学校已经同意给她颁发一项新的奖学金，数额比之前那次更加丰厚），这样她就能在修女们的帮助下做好充分准备，将来可以谋一份家庭教师或陪护的职位。

然而三个月之后，她的父亲饮弹自尽了。有一件事他一直没告诉自己的女儿：他发现自己的心智和肌体正在急速衰退，他即将死于全身麻痹——这是一种恶疾，英国人称之为“帕金森综合征”。约瑟法自然是无力回天的，她甚至连一点儿忙都帮不上。事实上，过不了多久，她的父亲就会连自己的女儿都不认识了。想必她当时十分自责，她一定觉得，父亲的死就是她害的，她一定会在心里狠狠痛斥自己的自私。

“而且，”索别斯基想，“她至今仍无法释怀。这种自行想象出来的罪恶感，无论过多久都不会消退，也没有任何一种理由或逻辑可以平息。”

玛吉特正是在那个时候来到了巴黎——一个孤单、笨拙、惶惶不安的孩子，刚满12岁，就被骤然扔到一群优雅博学的名门闺秀中间，令她自惭形秽、无地自容，同时也被这个圈子摈弃在外。这两个女孩同样来自远离文明的边陲小镇，同样的囊中羞涩，同样的孤苦伶仃，她们会相互吸引、最终走到一起，那是一点儿都不出奇的。对于当时还是孩子的玛吉特来说，在这个格格不入、满怀敌意的世界里，约瑟法就像一个母亲般地保护她、爱抚她，为她遮风挡雨（她生平还是头一回有这么一个人愿意给她慰藉和爱），那么，约瑟法能赢得她恒久的感激之情，也就同样不足为奇了。

然而，玛吉特为约瑟法做的，也许比当年那个年长些的少女为那个小女孩做得更多。

“即便在她们相识的前一年，”索别斯基想道，“在我第一次遇见玛吉特那会儿，她身上就洋溢着一种小兽般的活力、一种对生活的由衷喜悦和天然的勃勃生气，这种性格的光芒能穿透她内心的苦痛和耻辱，照亮身边的人。如果说还有一个人能够让约瑟法摆脱该隐[一]的烙印，把她从自认为弑父者的压抑、罪恶感和自我厌憎中救拔出来，这个人必定是神采飞扬、精力旺盛的玛吉特——那个叽叽喳喳地说着八卦、长着一双察言观色的眼睛、一讲故事就笨嘴拙舌的玛吉特，那个直率得几乎如同异教徒、不囿于道德规范、言谈无忌的玛吉特。约瑟法能为小女孩擦拭眼中的泪水，而玛吉特却能让一个绝望、迷惘的青春期少女重新找回欢笑。”

这大抵也解释了索别斯基从一开始就为之大惑不解的一个因素：在她俩的关系中，玛吉特才是那个领导者，明明白白地处于发号施令的位置。若按常理，这个现象是完全说不通的。无论哪个方面，约瑟法都要比玛吉特优秀得多，这一点没人比索别斯基看得更清楚——玛吉特念书不如约瑟法，语言能力更是瞠乎其后，她只会寥寥一两种外语，还总是把句子砍得支离破碎，简直就跟一个屠夫似的；而约瑟法却精通六国语言，每一种都能说得原汁原味，完全听不出口音。在音乐上，玛吉特也同样相形见绌，她连调都唱不准。而在容貌气质上，约瑟法骨秀神清、风姿卓然，即便只穿一件最朴素的罩袍都遮不住她的美丽和优雅。更何况玛吉特初到巴黎时，约瑟法就已经是一名教养良好的年轻淑女了。

㊀　亚当与妻子夏娃的长子，因嫉妒弟弟亚伯而将其杀害，后成为弑亲者的象征。

“放到现在，”索别斯基想，“约瑟法大上四岁倒也没什么分别。但是那会儿玛吉特只是个还没长开的12岁小姑娘，没胸、没屁股，还一脸青春痘，跟自己一比，16岁的约瑟法简直就是高不可及啊——我12岁时，看到那些给我暖床的16岁乡下丫头，不也是惊为天人的吗！”

“不过，人跟人相处时，真正起作用的不是理性，而是力量，”索别斯基沉思着，“那种令绝望之人重新欢笑的力量，甚至比搂着一个孩子，爱她、抚慰她、哄她入睡所需要的力量更强大。因为让绝望之人重新欢笑，等同于让他们重获新生。”他想，玛吉特当年拥有的就是这种力量吧，尽管那时她才12岁。

精通礼仪的约瑟法深谙进退之道。她很明白一贫如洗的男爵之女与富可敌国的公爵有云泥之别，也总能恰如其分地把握受雇者和雇主之间的距离。她对索别斯基总是秉持着最大的敬意和一丝不苟的礼节，但她绝不会奴颜婢膝。边上有旁人或是奴仆时，她会称呼玛吉特“殿下”，要是只有他们三个在场，她就直呼“玛吉特”；倘若是她俩独处，她们就会用法语交谈，称呼彼此为“你”，就像她们素常喜欢的那样。但她还是会服从玛吉特的每个决定，等候玛吉特开启或结束话题，接受玛吉特的观点，尤其是对人的看法，并且明明白白、全心全意地信赖她——就好像玛吉特才是姐姐似的。

不过，尽管约瑟法对玛吉特的权威地位全盘接受，但她心里明白，她的头脑要比玛吉特好得多——玛吉特也很清楚这一点。每回碰到需要用脑子的事，玛吉特就会退下来，换约瑟法上场。而此时的她，跟夜间在床上侍奉女主人的丈夫的那个她是截然不同的；此时的约瑟法才真正属于她自己，独立自主，无须听命于人。

约瑟法在的那几年，也正是索别斯基在事业上最春风得意的几年。早前，在他还是梅特涅－桑德尔亲王的学徒时，曾认为一个外交官能够达到也应该达到的成就，是成为影响国际事务的中坚力量，做一个历史的缔造者。在那个时期，他几乎就是这样一名外交官。这种状态只维持了很短的时间，但在那几年里，他知道，自己确实被视为年轻一代外交官中最出色也最有可能功成名就的一个。

索别斯基初抵伦敦时，怀抱着一个坚定的决心，要在英国和奥地利之间缔结一种他心目中的“特殊关系”——最好能结成同盟，至少也要达成谅解，以减轻奥地利对德意志帝国的依赖。在1906年的今天看来，这不过是痴人说梦罢了，但在25年前，这种想法并非空中楼阁。毕竟，除了葡萄牙，奥地利可以说是英国最老的盟友了，在17世纪后期欧洲的每一次纷争中，这两个国家始终站在同一边。它们之间并没有冲突不断的边境地带，甚至连细小的摩擦都没有。此外，奥地利没有殖民野心，也没有在海上争霸的欲望和手段。

然而，索别斯基失败了，一败涂地。这并不是因为遭到了反对——几乎完全没有反对的声音。伦敦、维也纳乃至柏林的每一个人都认为他的想法很好，可就是没有人愿意付诸行动。索别斯基一个人花了四五年时间，殚精竭虑地推行这个计划，比以往任何时候都用心，以后也再没这么拼命过。直至眼看着最后一线成功的希望黯然熄灭，他依然还在四处奔走，久久不肯放弃。

那些年，一直都是约瑟法在他身边，跟他讨论他的想法、他的希望、他的忧惧，以及他的战略战术；也是约瑟法一次次地陪他坐下来，共同评估事态的进程。她很实际，从不认为成功的把握有他乐观时所预计的那样大。但是她对这个计划依然充满热忱，因为她本人是个很爱国的波兰人，对德国和俄罗斯都怀着同样的切齿痛恨。她相信，只有依靠索别斯基的联盟计划才能抵挡这两个国家的蚕食鲸吞，从而保护奥属波兰，保护奥地利乃至整个欧洲。在那些夜晚，约瑟法和他商讨着外交事务，玛吉特则静静地坐在一旁听着，她常常一言不发，偶尔开口，也只是为她亲爱的约瑟法或者为索别斯基奉上一两句鼓励的话语。

当时阿维拉公爵刚刚丧妻不久，孤身一人，便时常加入他们的讨论。他非常仰慕约瑟法，钦佩她渊博的历史知识、对政治的深刻理解、透过华丽辞藻直切要害的敏锐反应，以及对人的洞察力，即便这些人她多数都不曾见过，例如索尔兹伯里和俾斯麦。索别斯基想，阿维拉原本很可能要向约瑟法求婚的，只因为他察觉到他们三个人之间那种微妙而不同寻常的关系，不想贸然打搅，这才踌躇不前。

公爵有一次提到，约瑟法拥有一个“男人的头脑”。尽管本意是夸赞，但平时一贯精明的公爵，这回犯了一个错误：约瑟法确实有一流的头脑，她是索别斯基生平遇到过的最聪明的人之一；但她的思维方式完全属于女性——约瑟法本身就是个十足的女人，无论是头脑还是身体。然而，她身上丝毫没有人们在谈起玛吉特时所说的那种“女性的娇柔”，她既不“乖巧”也不“时髦”，而这两个字眼，年轻一辈（比如他的两个儿子，或是欧文·里斯·尼维斯）往往用来描述他们眼中“女人味儿十足”的女人。

“不，她属于一种更古老的类型，”索别斯基想，“她是古希腊戏剧里那种永恒的女性，当所有的男人都消亡殆尽时，她却留到了最后；她拭干眼泪，吟唱着人类的虚荣和愚蠢，而后承担起重新繁衍族裔的使命。此外，”索别斯基沉吟着，“她还让我想起莎士比亚笔下的女性中最有女人味儿的那一个，《威尼斯商人》里的波西亚。”他觉得在所有莎剧里，《威尼斯商人》的情节是最荒谬的：再糊涂、再瞎眼的法官，也不可能把波西亚当作一个男人，哪怕她戴着律师的假发，穿着律师的袍子，再粘上一抹假胡须。但是，尽管这出戏剧就跟所有的意大利戏剧一样荒诞可笑，波西亚这个人物形象却完全真实可信——并且女人味十足。每当他回想起约瑟法的嗓音——银铃般清亮又带着深色蜂蜜般的低婉，他就会想到莎士比亚剧中的波西亚。

和约瑟法的关系最终画上句号，是源于她的怀孕。给他带来这个消息的却是玛吉特。

“约瑟法怀上你的孩子了，”她说，“她很确定，她已经有两次生理期没来了。她欢喜得要命——她一直都想要个孩子。我也很高兴，因为她怀的孩子是你的。”

“不过，”玛吉特平静地继续说道，“我们可不能再有‘私生子’了。有那一个就够了。再说，约瑟法可是位淑女，不是什么贫民区里出来的荡妇。她绝对不可以婚外产子。”

“我们已经安排好了（其实为了以防万一，这件事我们早就商量过），她会嫁给大使馆的警卫长，冯·戈维尔纳（Goellner）中校。他是个中年鳏夫，孩子都已经成年，家境窘迫，所以非常乐意做约瑟法孩子的父亲。我告诉他，我和你会保证约瑟法和这个孩子在经济上能够自立。我还告诉他，你会立刻让他提升为上校，并且在五六年后晋升少将。我会做孩子的教母，等孩子洗礼那天，再把我在匈牙利的一处领地送给他。”

玛吉特和约瑟法都不曾告诉他的是，这个安排意味着他以后再也见不到约瑟法了。

她依然是玛吉特最亲密的朋友。她的孩子是个女儿，也成了玛吉特的孩子，跟那个日本习俗一样。这就像约瑟法在他床上时就相当于玛吉特，只不过换了一副躯壳而已。约瑟法每年会去霍恩阿比庄园跟玛吉特住一阵子，不过都是趁着索别斯基驻留欧洲大陆的时候。她一直把女儿带在身边，但是自始至终，索别斯基只见过这个孩子两次：一次是她在使馆的小礼拜堂里受洗那天；另一次是19年后，她在奥地利一所乡下教堂里出嫁。

约瑟法结婚五年后，冯·戈维尔纳去世了——离晋升少将的任命通过只差几个月。没过多久，玛吉特就为约瑟法找到了第二任丈夫，也是个上了年纪的鳏夫，不过这个人倒是已经有少将军衔了。他第一任妻子的哥哥正好是玛吉特的哥哥巴拉顿－巴拉特亲王的管家。

几年前，他女儿的亲事自然也是玛吉特一手安排的。结婚双方的身份相当：新娘是普热梅希尔公爵的私生女，新郎则是哈布斯堡大公和一个同居30年的女人生下的私生子。大公时任条顿骑士团[一]团长（the Order of Teutonic Knights），作为一名天主教神父，不能光明正大地结婚（法律上，那个女人是哈布斯堡王室总管的妻子，不过众所周知，总管只对年轻男孩有兴趣）。索别斯基想，也只有以普热梅希尔公爵夫人的身份，才能把区区一个冯·戈维尔纳之女嫁给哈布斯堡家的儿子。要出面证明约瑟法的女儿是索别斯基王室的血脉，再没比玛吉特更可信的了。

索别斯基知道这两个女人的打算：一俟约瑟法的第二任丈夫，那个年迈的将军亡故，约瑟法就搬回来和玛吉特住，以后再也不分开了。但是这中间没他什么事：他女儿的养育他插不上手，约瑟法的未来他也没有发言权，无论是他的前任情妇还是他最小的孩子，他都不能有丝毫接触。他不知道玛吉特是不是从一开始就有这样的打算，更想不通她为什么要这么做。这两个女

[一] 条顿骑士团与医院骑士团和圣殿骑士团并称为三大骑士团，是成立时间最晚但影响最大的一个，组建于第三次十字军东征期间，由天主教会武装僧侣组成，效忠罗马教皇。

人是不是早就把一切都计划好了，让约瑟法生个孩子，找个丈夫，再弄一笔钱，好负担这两者的开销？是否她们就是用这个办法来履行年轻时许下的“分享一切”的誓言？或者，这是玛吉特独有的方式，以确保她和她爱的约瑟法紧紧地连在一起？他想得越多，就越是迷惑不解。约瑟法的想法，他想他大致可以把握到，可是玛吉特呢？

还有，为什么玛吉特要把约瑟法送走呢——难道就为了纵情声色，委身于一个又一个的情人吗？

她找的那些情人都是一个样子：漂亮、不中用，转瞬即忘。他们成天无所事事，都是些名门望族里的小儿子[㊀]，年纪比玛吉特还小。他们和玛吉特的关系绝大多数只能维持几个月，偶尔也有一两年的。“对玛吉特来说，他们都是可有可无的，”索别斯基想，“就像我在‘夜间检阅’时挑的那些姑娘一样——不过一个星期，她们的长相和名字我就想不起来了。纯粹是感官的满足，没别的。”

可是后来，欧文·里斯·尼维斯出现了。

“我不能，绝对不能伤害玛吉特，”索别斯基几乎吼了出来，“不能毁掉她跟欧文的幸福！”

㊀ 欧洲贵族奉行长子继承制，长子以下的儿子无权继承爵位和领地，因此大多无权无势。

第 4 章 | CHAPTER 4

欧文爵士

“我不能，绝对不能伤害玛吉特。”欧文·里斯·尼维斯爵士几乎在同一时刻自言自语道。两天来，这句话已经在他的心里重复过无数次了。“不，绝对不能伤害玛吉特——哪怕只是为了亲王也不能啊！”

玛吉特以前从不曾像现在这般柔情似水、热烈如火。她让他体验到了前所未有的兴奋和刺激：她要得更多，给得也更彻底、更放纵。然而两天前的清晨，他从玛吉特那儿回到自己在索恩阿比（Thorne Abbey）的住处，就在回来的那段路上，他终于确定了一件事，一件在他心里犹疑已久的事：他和玛吉特·索别斯基王妃持续了 7 年的关系已经走到了终点。

当然，她都 50 岁了。可是在他的眼里，她比以往任何时候都更充满诱惑、更令人渴望，也更叫人爱不释手。她的肌肤，尤其是眼睛周围那一圈，已经开始显露出年龄的痕迹（尽管她的面容和体态依然像正当韶华的女人般光彩夺目），眼角那点儿细纹只是让她看上去越发趣致、辛辣、风韵撩人。7

年前，欧文被索尔兹伯里爵士任命为保守党内阁的财政部初级大臣，玛吉特的丈夫特地为他举办了一个小型的宴会以兹庆祝，他和玛吉特就是从那儿开始的。他本以为只是无伤大雅地调调情，没想到他俩之间的相互吸引竟然会那么强烈——现在回想起来，真是恍如隔世。玛吉特给他带来了无限的愉悦、幸福和欣喜，他以前从来都想不到，自己的情欲居然能包含这么多种不同的体验。可是，不能再这样下去了，该结束了。

“明天我就做个了断。”这是他回到自己床上，陷入精疲力竭的沉睡前的最后一个念头。

“不能再这样下去了。”几个钟头以后，他的仆人为他端来早茶，放好洗澡水，唤他起床，他清醒后第一时间又想起了这件事。当他一面在7月灰色的晨雾里打着哆嗦，一面坐进劳斯莱斯准备进城时，心里依然转着这个念头：“不能再这样下去了。”

当车子拐进那条两边栽着山毛榉的通往伦敦的快车道上时，他叫司机停下车，向着霍恩阿比庄园凝望良久。

“我以后不会再看到这个地方了。”他想。随后他才意识到，自己居然大声说了出来，因为他看到仆人一脸吃惊——这个仆人在过去7年里，几乎每个礼拜都要开车载他去索别斯基家的乡间别墅。

然而，过去的7年里，在他生活里占据了中心位置以至于他把当初珍而重之的政治事业都抛到一边的，并不仅仅是玛吉特。事实上，这甚至不是他跟玛吉特一个人的关系；她的丈夫在某种意义上也是这段关系的一部分。欧文的祖父和父亲都把索别斯基亲王视为大贵族和绅士的典范、欧文效仿的榜样，时时敦促他与亲王搞好关系。而亲王呢，虽说年纪足够做欧文的父亲，（“真的，”欧文忽然想道，“我老是忘记他已经66岁了，比玛吉特大了整整

16 岁呢。”）却张开了怀抱欢迎他，在伦敦时，每天早晨都会邀他一起去海德公园骑很长时间的马。因此，跟玛吉特刚刚好上那阵子，欧文心里是颇为不安的。但是没过多久（非常快），他就察觉到，亲王对此事一清二楚；实际上他早就预见到他们会发生私情，而那时欧文本人还没这个念头呢，玛吉特多半也一样——对此，亲王不仅完全没有遭到背叛的感觉，反而是抱着一种近乎慈父般的骄傲来看待他口中的“你们年轻人”的快乐。

在伦敦，每个人都知道索别斯基亲王和王妃的婚姻早就名存实亡了。诚然，他们还有三个孩子，不过都已经长大成人，最大的那个只比欧文小几岁。三个孩子都长年住在奥地利，几乎不去伦敦；最小的孩子是他们唯一的女儿，女婿是巴伐利亚皇室中人或者类似的身份，一位跟亲王本人同样显赫的贵族，也是外交官，曾任奥地利驻西班牙大使。事实上，亲王和王妃一向是各过各的，亲王只在周末去霍恩阿比，而王妃也很少去伦敦；而且王妃以前在找那些情人时并没怎么费心掩饰，因此这些事在各国使馆和乡间别墅之间并不是什么新闻，同样，亲王本人无女不欢的名声也可以说是人尽皆知。

不过，让欧文先是惊奇，继而困扰，最后为之着迷的，是亲王对待妻子的态度。这不是男女之爱，而是一种关怀与呵护。他显然很疼宠她，就像宠着个可爱的孩子似的。每逢他们处在同一个屋顶下时（她住在城里贝尔格莱维亚区（Belgravia）的索别斯基府，或是他去霍恩阿比庄园度周末），亲王在结束每天清晨两个钟头的骑马之后，都会在 10 点钟左右正式拜会她一次。那个时候她才刚刚起床，正小口小口地啜饮着她的早间咖啡；他会坐在她的身边，庄重地询问她感觉如何，是否需要他做什么。他倒还不至于像法国滑稽剧里演的那种母亲一样，絮絮叨叨地叮嘱欧文：“对她好一点儿，我的孩子。”但他话里话外不止一次表达过同样的意思，比如有一次，他貌似很随意地说：“王妃近来气色不错，心情似乎也很好，为此，我很高兴呢。”

这种奇特的关系并不含喜剧色彩，更不是荒唐的闹剧。相反，这其中不乏尊严，不乏幽默感和真挚的感情，自然，也不乏无可挑剔的礼仪。任何时刻，亲王都像欧文的祖父和父亲所称道的那样，是贵族当中最有绅士派头的一个。要知道，不管是欧文的祖父卡迪夫伯爵八世，还是他的父亲伯爵九世，对外国人向来都没有太多好感。在年迈的维多利亚女王统治下的最后几十年里，那些美国女继承人或者德国银行家纷纷开始削尖脑袋挤进英国社会，对这帮人，他们怀有一种强烈的、多少有些老派的厌憎。他们对自己古老的威尔士姓氏和血统极为自豪，可是转过头来，对那些伶牙俐齿、头脑精明的爱尔兰律师，他们又嗤之以鼻，不光瞧不起他们一口凯尔特语，也蔑视他们的政治抱负。尽管如此，他们对索别斯基却十分钦仰，对他的一切都欣然接受，哪怕他的名字充满异国风味，而且他在婚姻内外的种种安排也跟英国人截然不同。

而亲王这一方，对里斯·尼维斯家族也抱着同样温暖的感情和关切。

“我有三个很亲近的英国朋友，”那天参加完欧文父亲的葬礼，他们一起从阿普里斯城堡的墓园出来时，他说，“一个是索尔兹伯里爵士，我第一次遇见他是在1878年，当时他作为外交大臣陪同迪斯雷利访问柏林议会，正是在他的建议下，我被任命为奥匈帝国的大使，派驻到圣詹姆斯宫。一个是您的祖父，我初到伦敦时，是他向我敞开了胸怀，也敞开了家门。还有一个就是您的父亲，他待我就像亲兄弟一样。这三个人让我爱上了英格兰，比起我的祖先世代为王的波兰，或者我作为大使为之服务的奥地利，这里倒更像是我的家。如今他们三个都走了，我深感孤独呢。”

然后，亲王做了一个非常亲密的举动（对他这样矜持的人来说，这个举动十分出人意料），他挽住欧文的胳膊，仿佛是在说："好在我还有个英国儿子。"接着，他又用平常说话的语调继续说道："尽管你身负丧亲之痛，但我还是希望这个周末你能来霍恩阿比庄园。我不确定自己能不能赶到那里；不过对于令尊的去世，王妃也同样极为哀痛。"

可是，跟玛吉特的私情必须到此为止，而且是马上。无论她的身体有多撩人，他实在没法忍受跟她一块儿待着了，除非是在床上。她总是用三脚猫的英语模仿小孩子的口气说话，带着一点儿匈牙利口音，时不时夹杂几个法语词，都是多年前她还是少女那会儿在巴黎圣心女子修道院里流行的字眼。她那些孩子气的傻话，在过去这么多年里总是能让他着迷，逗他开心，激起他的欲望，现在却时时刻刻磋磨着他的神经。她跟每个男人寒暄时都带着一股卖弄风情的腔调（一半儿像孩子，一半儿像妓女），这也每每让他恼怒甚至嫌恶。还有她的谈吐……他真的受不了再跟她多待哪怕一个晚上！从她嘴里只听得到那些愚蠢的小道消息——谁跟谁私通了，谁在吃醋，谁又把财产秘密转让给了谁，诸如此类，再没别的了；既没有对艺术、音乐或自然的兴趣，也绝不会提到某本书或某种思想；她唯一津津乐道的就是贵妇人的女仆们私下里嚼舌头的内容。

"可是，该怎么做呢，怎么才能把这事了结掉？"欧文在心里问自己。这时，汽车已经穿过肯特郡，正一路向克罗伊登和滑铁卢大桥[㊀]疾驰而去。

直到车子在卡尔顿府联排[㊁]（Carlton House Terrace）的公寓门口停下，他

㊀ 滑铁卢大桥即为电影《魂断蓝桥》中的蓝桥，横跨泰晤士河两岸，位于伦敦闹市中心地带。

㊁ 卡尔顿府联排（Carlton House Terrace）：卡尔顿府是英国摄政王的府邸，位于伦敦圣詹姆斯区，1827～1832年在其原址上建起两排联排宅邸，即为卡尔顿府联排。位于街道南边，可俯瞰圣詹姆斯公园，在二战前一直是伦敦最高档的寓所。

都还在纠结这个问题。他不能伤害玛吉特。他已经不爱她了，尽管他的身体仍然渴望拥有她；他也无法再忍受她的陪伴，无论他有多贪恋她的爱抚。不过，他还是疼爱她的，就像亲王对她的那种疼爱一样。他这样想着，唇边挂着一丝淡漠的笑意。

“就算只是为了亲王，我也不能，绝对不能伤害她。可是我该怎么办，怎么办，怎么办?”

两天后，这个问题依然在他的脑中徘徊。他也知道，不能老这么没完没了地琢磨这件事，于是他强迫自己去议院，在那儿连着枯坐了两个晚上，听人长篇大论地争论英国在印度的军费开支，以及其他各种同样沉闷的议题。他还去俱乐部消磨了几个钟头，听一帮无聊的年轻人东拉西扯地闲侃。可是自始至终，他的脑子里都回荡着这个问题：“怎么办，怎么办，怎么办?”眼下已经星期四了，玛吉特约他星期六去霍恩阿比庄园共进晚餐。“亲王这周末也会来，”她当时说，“你知道的，他很喜欢你的陪伴——再说，我也需要你。”显然，这件事不能再等了，他得立刻想个办法，既把邀约推掉，又不至于显得太绝情。

有那么一瞬间，他想过给她写封信，就说自己病了；要不打电话也行，霍恩阿比现在已经能跟伦敦通话了。不过真要这么一说，她肯定会立刻赶过来看望他；何况，这种一戳即破的谎言只是懦夫的行径，想不出解决办法就拖延时间。也许最好的做法是拍一封正式的电报：

欧文·里斯·尼维斯爵士向索别斯基王妃殿下致意。因紧急政务，本周末将不克前往霍恩阿比庄园拜访索别斯基亲王及王妃殿下，为此深感遗憾。

这样做彬彬有礼但又毫不含糊，既不失尊严，也不拖泥带水。可是，对一个整整7年都是他生命的中心而且现在仍然爱着他的女人，他怎能如此冷酷无情呢？亲王要是知道欧文这样残忍地对待他那个韶华渐逝的“娃娃”妻子，恐怕永远也不会原谅他吧？

现在，上午已经过去了一半，欧文准备动手发电报了，毕竟还是这个做法后患最少。他打算一发完电报就去众议院的后排椅子上猫着，那个地方无论是亲王还是王妃都找不到，到时候他可以听着空洞的辩论再消磨一个晚上。

“我把自己搞得跟四处寻找避难所来躲避复仇女神的俄瑞斯忒斯[一]似的，其实不过是个厌倦了情人的中年男人罢啦！”他一面自嘲，一面坐下来写电报。就在这时，他的仆人——自打星期二上午他们从霍恩阿比回来，他就一直小心翼翼地离主人远远的，端着托盘进来了，托盘上放着一张卡片：

蒙哥马利·布拉姆莱特爵士（Sir Montgomery Bramlett）向欧文·里斯勋爵致敬，并恳请大人拨冗10分钟，商议一至为紧迫之事。

不知道这个江湖郎中找他干吗？“至为紧迫”——听着就不是什么好事，但还是见见这家伙吧。

“看得出来，大人贵体安康，”布拉姆莱特开口说道，态度一如既往，浮夸的辞藻中掺杂着谄媚。“我深知自己侵占了一位日理万机的政治家的宝贵

[一] 古希腊神话中，俄瑞斯忒斯是阿伽门农和克吕泰涅斯特拉之子，为报杀父之仇，杀死母亲及其情夫。因弑母重罪，遭到复仇女神的纠缠而发疯，最后在雅典娜的帮助下获得解脱。

时间，”他继续拿腔捏调，弄得欧文原本就焦躁的心情更恶劣了，“如果没有充分的理由，我万万不会登门打搅。不过我的使命并不是一桩愉快的事。今天上午我刚从阿普里斯城堡回来。早前您的长嫂——卡迪夫伯爵夫人，应我的本地同行埃文斯医生的敦促，特地请我赶到那里。您可能还记得，令尊生前最后一次患病期间，就是由埃文斯医生护理的。我和他以前同在巴特医院[㊀]受训，就我所知，他是一位能力出众、完全值得信赖的医生。”

“告诉我，欧文勋爵，您最近见过令兄吗？”

“自从四年前先父的葬礼过后就没再见过。”

“那么您一定不知道，近来他的健康状况大不如前了。这几个月里，他的体重下降得很厉害，而且越来越容易感到神困体乏、虚弱无力。埃文斯医生对此很忧虑，便敦促卡迪夫夫人请我过去看看。我去了之后，给伯爵做了一次全面体检——检查的结果很不乐观啊！欧文爵士。”

医生沉默片刻，接着说道：“当然，检查结果我还没告诉伯爵和伯爵夫人：令兄得的是糖尿病，已经到了晚期，而且病情发展得很快。看得出来，大人知道我说的这种病，那么我就无须多作解释了。恐怕医学上对这种难缠的病症还缺乏全面了解，不过我们很确切地知道，这是种不可逆转的不治之症。伯爵还不到45岁，对于他这么年轻的人来说，一旦出现急剧恶化的糖尿病症状，就几乎没什么希望了。欧文勋爵，恐怕令兄最多只有两年的时间了；据我本人预计，他从现在起甚至活不过一年。”

“得了这种病，”说到这里，蒙哥马利爵士换上一副推心置腹的神气，两手指尖相对，搭在臃肿的肚子上，压低了声音悄悄耳语道，“病人随时都有可能陷入深度昏迷，再也醒不过来。”

㊀ 位于伦敦，全名为圣巴塞洛缪医院（St. Bartholomew’s Hospital）。

“有什么是我能做的吗，蒙哥马利爵士?”欧文插进去说道，“我想，您这样紧急造访，必定是有原因的吧。”

医生又一次沉默了半晌。“我很犹豫要不要提起这话，”他缓缓开口说道，“不过我觉得我有责任这么做。令兄有三个女儿，却没有男性继承人，而以他目前的情况，他已经无法履行婚姻的职责了。我确信不出一年，至多两年，欧文勋爵您就会成为威尔士第一伯爵，您不光要继承卡迪夫伯爵的令名和尊荣，还将承担起相应的义务，领导不列颠最高贵、最古老也最富有的家族，使其千秋百代绵延不断。”

医生离开时，欧文已经被他的冒失无礼气得火冒三丈。这家伙竟敢滔滔不绝地劝欧文一脚蹬掉情人，骑上他能找到的第一匹适婚的“小母马”，立即开始生儿育女。他算什么东西?一个名不见经传的商人的儿子，几乎连个绅士都算不上，就凭他是国王的御医，就想对里斯·尼维斯指手画脚?还跟德国小学老师的常用语手册似的，翻来覆去只是念叨两个词——“婚姻的职责”和“传宗接代”——完全是一副三姑六婆的调调!况且，这个夸夸其谈的胆小鬼到底还是弄错了一件事：卡迪夫伯爵可不是威尔士第一伯爵，他阿普里斯男爵倒是第一男爵来着。

不过，欧文不得不承认，抛开这个家伙的莽撞无礼不论，他的话倒也颇有些道理。当然，即便他身后没有嫡出的男性继承人，爵位也不至于取消。家族里还有几个堂兄弟，是他叔祖父的后代，也都是些十足体面的家伙，倘若戴上镶了貂皮的帽子，也不见得会比欧文呆头呆脑[1]。不过，身为卡迪夫伯爵，的确应该承担起一名大贵族的责任，而这种责任说穿了就是一件事：传

[1] 根据英国的贵族传统，在重大的正式场合，伯爵穿着镶有白色毛皮边的深红色丝绒外套，软帽上缝镶着三条貂皮以表明爵位级别，冠冕上有一个镀金银圈，上沿饰有八个银球。

宗接代。

他忽然意识到，要跟玛吉特分手，他现在有了一个无懈可击的借口。对王朝的义务，对家族的责任——玛吉特身为欧洲贵族，又嫁进了前王室家族，对于这些，想必比一般的英国姑娘都更能体谅吧。

好了，玛吉特的问题现在总算是能解决了，尽管到时候还得在她面前装模作样一番，而他又很不乐意这样。

不过，亲王那里怎么办呢？这么多年来，他一直信誓旦旦地说爱她，现在为了保住爵位和领地却要把她甩了，亲王会怎么想他？毕竟，就算没有卡迪夫的领地，单靠他母亲留下的财产，他也够富有的了。再说，他能对亲王撒谎吗？

刹那间，欧文恍然顿悟：旁人都不打紧，真正要紧的是亲王的态度。只要亲王能谅解，他便能忍受其他人的一切嗤笑、闲话甚至酸溜溜的恭喜之辞。随后，一个主意凭空冒出来，砸得他神思不属，怔怔地站了足有10分钟。

“我干吗不去问问亲王，我该怎么跟玛吉特分手？他那么喜欢她，不比我从前喜欢得少，也许还有过之而无不及呢！他肯定理解我并不想伤害她，但他肯定也能明白，我为什么想跟她分手——毕竟，他自己在好多年前就已经不爱她了。”

以亲王和里斯·尼维斯家族之间的老交情，他想必也能体谅欧文身为即将上位的族长，不得不郑重地看待家族责任的苦衷。毕竟，亲王被他的父亲，已故的卡迪夫伯爵屡屡誉为“欧洲头号绅士”，在欧文的认知里，没人比亲王更擅长绅士那种圆融通达的做派，也没人比他更深谙像绅士一样立身处世的重要性了。

可是，真的要去找她的丈夫吗？这可不是法国的闺房闹剧，总不能像斯克里布[一]或萨尔多[二]的剧中人那样，伴着奥芬巴赫[三]的音乐公然高唱“我的情人，您的妻子”。他该怎么说？“先生，我不想再跟您的妻子上床了。”或者更糟的，“先生，我对您的妻子已经毫无兴趣了，只除了在床上。”不过，有句俏皮话是怎么说来着，生活模仿的不是艺术，而是闺房闹剧[四]。这些天，他已经被心头的重负压垮了，所以现在一旦抓住“找亲王谈谈”这个念头，顿觉一身轻松。

他猛地跳起身来，拉铃召唤仆役。“备好汽车，20分钟后我要去阿瑟顿广场的索别斯基亲王府。”

接着，欧文怀着莫大的满足看到：一星期中的第二回，事实上也是10年中的第二回，仆人脸上那副冷静自持的完美面具碎裂了，露出无比吃惊的神气。

㈠ 奥古斯丁·尤金·斯克里布（1791—1861）：法国剧作家，是“佳构剧”（well-made play，亦称情节剧）的开山鼻祖。

㈡ 维多利恩·萨尔多（1831—1908）：法国剧作家，继承了斯克里布佳构剧的风格，创作了大量轻喜剧。普契尼的著名歌剧《托斯卡》即由萨尔多的同名戏剧改编而成。

㈢ 雅克·奥芬巴赫（1819—1880）：法国作曲家，轻歌剧的奠基人，代表作为歌剧《霍夫曼的故事》。

㈣ 这句话脱胎于王尔德的名言“不是艺术模仿生活，而是生活模仿艺术”。

CHAPTER 5 | 第5章

哥尔多尼故事一则

“我不能，绝对不能伤害玛吉特，”索别斯基喃喃地重复道，“绝对不能危及她和欧文的幸福！”

从一开始（很可能还在玛吉特之前，比之欧文自然就更早了），索别斯基就意识到，这回玛吉特和欧文之间的关系颇不寻常，跟她以往所有的风流韵事都迥然不同；这种不同不仅是对她而言，在他这方面也是一样。从一开始，他就知道，这段私情并不是无足轻重的，无论是对玛吉特、欧文，还是对索别斯基自己。说起来，他并不觉得欧文有多么出众的才华和魅力——他不过是个出身名门的年轻人，文质彬彬、教养良好、讨人喜欢，这样的人比比皆是——尽管如此，他对欧文还是抱有一种喜爱，一种特殊的关切；这种感情有些类似于当年他对年幼的玛吉特所怀有的那种无私的宠溺。很显然，玛吉特和欧文他们自己也感觉到，这段关系里有一种特别的东西，超越了销魂荡魄的肉欲享受，也超越了两性之间的相互依赖。他们彼此相爱，爱得那么深、那么动人——与此同时，他们仍然不忘亲近他、信赖他，对他推心置腹。正因为这样，他无论如何也不能伤害玛吉特，不能危及她和欧文之间岌岌可危的幸福，更不能损害玛吉特对他这种无私奉献的全然信赖。

可是，他想，玛吉特注定是要受伤的，而且，恐怕已经是近在眼前的事了。以前每次跟人交往，最后决定分手的总是她。“但是这一次，将会是欧文首先厌倦她、抛弃她。他比她年轻那么多，由于处在不同的年龄段，岁月在他们身上造成的差异一天比一天明显。到时候，玛吉特就会需要我，把她的手再一次放在我的手心里，向我倾诉她的苦恼和羞耻，就跟她小时候一样——只不过那会儿她的苦恼在于年纪太小，而不是年华渐老。”

总有一天，他将不得不答应亨里埃塔的恳求，自请离职。倘若他那样做了，他将永远失去玛吉特的信任。但他很清楚，在某些情势下，他只能辞去大使一职，那时就顾不上考虑会不会影响玛吉特和欧文·里斯·尼维斯的关系了。倘若那帮整天叫嚷着以武立国的家伙，那些追随皇太子弗朗西斯·费迪南德大公的朝臣（诸如总参谋部的赫岑多夫，或是外交部的艾伦塔尔之流）得以在维也纳执掌大权，那么他会立刻自请下台。当然，他们不可能撤他的职；至少老皇帝在位时，他们不敢。但是他们会让他，堂堂一名索别斯基家族的成员，一位亲王，一位公爵，在任职期间无法继续保有自尊和体面；他们一定会想方设法这样做的。而他一贯认为他们奉行的政策根本就是战争狂的那一套，对之报以彻头彻尾的鄙视，自然不可能为了掩护这种政策而跟别国虚与委蛇。玛吉特向来对抽象的理念毫不关心，她也许理解不了他的这些想法，但是她绝对能理解什么是荣誉。

在那样的情形下辞职，也许还不至于害得玛吉特和欧文这段关系告吹。也许有那么一丝可能，玛吉特还可以照着自己的心意，继续待在她深爱的霍恩阿比庄园，像从前那样跟欧文频繁地见面；而他则花上一两年时间独自巡视他的领地和产业——也许他可以一直游历到欧文提出分手为止。这种商务旅行，即便有了火车、汽车和中央空调，依然会很艰苦，不光有许多不便，还枯燥得紧。玛吉特多年来养尊处优，又到了这般年纪，总不能指望她忍受这样的漫漫旅途吧。退一步说，即便他出于政治和荣誉的原因辞职，最后真的导致了他俩分手，玛吉特对他的信任也不会就此消失。分手会带给她伤痛——无论如何，这种伤痛是免不了的。但她会归咎于维也纳那帮政客，把他们当作仇敌般切齿痛骂，却不会来责怪他；相反，她会觉得他才是牺牲品，应当予以同情。

但是如果他为了亨里埃塔跑去辞职，结果破坏了玛吉特和欧文的关系（而且他知道，结果肯定会这样），那就不会有借口，也不会有宽宥；这是彻头彻尾的背叛，她永远都不可能再次信任他了。

玛吉特以前从未嫉妒过索别斯基的任何一个女人，她压根儿就没把她们放在心上，但是自从知道了亨里埃塔的存在，她就陷入了嫉妒之中——凶猛的、顽固的嫉妒。他们结婚时，亨里埃塔最多才六七岁（至于露西尔，早几年前他就给了一笔钱，打发她离开了）。然而，早在玛吉特还没亲眼见过亨里埃塔时，她就已经开始恨她、抗拒她、害怕她；并且她是对的，她的直觉一贯不会出错：别的女人全都无足轻重，只除了亨里埃塔。

“这世上我唯一爱的人就是亨里埃塔，”索别斯基心想，“我很疼爱玛吉特，我想她心里也知道。但是不算早先那两年对波琳（那时候离我第一次遇见童年的玛吉特都还早着呢），我从没爱过谁，只除了亨里埃塔。玛吉特早就感觉到这一点了。在我们婚后头一年，亨里埃塔照例被带来做一年一度的探亲，那时候她才一丁点儿大，被人教着向玛吉特行屈膝礼，嘴里称呼她

‘殿下’——早在那个时候，玛吉特就察觉到了我的心思。打那以后，只要她在的地方就绝不允许亨里埃塔出现。她知道，在我的感情世界里，她连亨里埃塔的对手都算不上。我明知道亨里埃塔自私粗俗、贪得无厌而又冷血透顶……可我还是爱她。为此，玛吉特不能，也不愿原谅她。

“皮埃尔一旦被任命为使馆武官，玛吉特肯定会立刻得知这个消息——只要是跟亨里埃塔有关的事，她的耳朵就会加倍灵敏。她会立刻意识到是谁促成了这项任命——反正这件事儿也保不了密。本来这也没什么，她知道我一直在认命地照顾亨里埃塔。但她绝对无法接受我把亨里埃塔置于她之上，毁掉她的幸福去满足亨里埃塔的愿望，为了亨里埃塔而背叛她。一旦我顺从亨里埃塔的请求辞了职，那么在玛吉特眼里，这只可能意味着一件事：我为了满足亨里埃塔贪得无厌的欲望，为了平息一个妓女生的庶出崽子内心燃烧的怨恨，把她给抛到了一边。”

可是，该怎么取舍呢？索别斯基很清楚，他没法拒绝亨里埃塔。他已经拿定了主意，不可能又出尔反尔。很久以前他就承诺要善待女儿，那时亨里埃塔才刚刚出生，比玛吉特走进他的生命还要早得多；并且，这个承诺不是对亨里埃塔，而是对他自己许下的。不过，他已经学会在说“绝对不行”之前，先仔细权衡两种选择的利弊。如果他不管亨里埃塔的恳求，坚持待在大使的位置上，直到被迫下台，后果会有什么不同吗？那样会不会对玛吉特有益，对他和玛吉特的关系有益？对他自己有益吗？

经过再三思索，他的答案是不会。首先，这样做必然会损害他和亨里埃塔的关系，而且这种损害是不可修复的。虽说不至于彻底决裂——贪心的亨里埃塔绝不会放弃从他身上榨出最后一个便士的机会；可是她会变：此时的贪心，到时候会变成欲壑难填的贪婪；此时的亲昵，到时候会变成全然的虚情假意；此时还能心甘情愿地忍耐他投注的感情，到时候却会翻脸无情，变成妓女对嫖客那种几乎不加掩饰的嘲弄。与其变成那样，还不如一拍两散呢。可他心里清楚，他宁愿低声下气，也不愿忍受跟亨里埃塔老死不相往来的结局。

另外，无论是对玛吉特，还是对他和玛吉特之间的关系，这样做都毫无助益。失去了亨里埃塔，他会忍不住归咎于玛吉特，光是这个原因就足以割裂信任的纽带了。另外，这样做还会硬生生地扯断玛吉特和欧文之间的牵系——不知为什么，他十分确信会有这样的结果。于是他又会没来由地厌恶亨里埃塔。到那时，尽管玛吉特伤心欲绝、哀哀无助（这个时刻已经近在眼前了），他也不会在她身边帮助她，把她的手握在手心里，再一次充当她的“帕菲特骑士”了。

倘若欧文的情人不是自己的妻子，索别斯基早就会出言指点，劝那个年轻人尽快把这桩情爱官司了结掉，就像40年前老犹太人耶德尔斯劝他对波琳斩断情缘一样。每多拖一天，对玛吉特就意味着结束时会多一分伤痛，多一分苦楚，多一分屈辱。诚然，一个年轻男子和一个比他年长得多的女性之间还是有可能痴情不渝，一直把恋爱关系保持到暮年的，尽管这种情况凤毛麟角。迪斯雷利大概可以算是最近的一则例子了。他和妻子相差的岁数相当于欧文和玛吉特相差的岁数；在长达40年的婚姻生活里，他对妻子的忠诚始终如一，甚至在他妻子80多岁辞世后，依然对她深情不改。不过，欧文可不是迪斯雷利，他压根儿没有那么伟大的浪漫情怀，他就是个彻头彻尾的俗人，循规蹈矩，毫无想象力。过不了多久，他就会想要成家立业，娶一个治家有方的贤妻良母，生一堆孩子，而不是满足于待在单身公寓里，同比他年长的情妇和她那年纪更老的丈夫厮混，消磨周末的时光。

反正，欧文是用不着他来操心的。即便他受了什么伤，索别斯基想，那伤口绝对深不到哪儿去，他也会很快就痊愈如初。

他有责任照顾的是玛吉特以及玛吉特对他的信任。正是这个缘故阻止了他向欧文开口劝说。要是他那么做了，玛吉特立刻就会知道，然后她会理直气壮地把这看作一种莫大的背叛，就跟牺牲她而成全亨里埃塔一样严重的背叛。

那么，难道就真的没有办法，没有出路了吗？“当然了，”索别斯基想道，“一般说来，总是会有办法的。不过，这通常只是‘理论上’的解决办法，就跟25年前我设想的奥英联盟一样。”

确实还有一种解决办法能够为玛吉特所接受，也比较适合她的性情。如果在她眼里，她是在为欧文，那个“她深爱的男人”牺牲自己，如果她就像浪漫小说里的女主人公一样慨然放弃自己的幸福、青春和爱，只为了成就欧文的未来和荣誉，为了成全他的幸福——那么，索别斯基很清楚，这将是玛吉特能够接受的唯一一种解决办法。

她将十分欢迎自己这段情缘能有如此凄美的结局。在玛吉特版的《哥尔多尼故事集》里，发生在年长女性和年轻男子之间的风流韵事不胜枚举，她当然很清楚这类关系一般都是怎么收场的；正因如此，她一定很期望自己的爱情能有个与众不同的结局。

倘若这正是玛吉特的“故事集”中的一则故事，有一套固定的人物角色，还有一个三幕剧[㊀]式的大团圆结局，那该多好啊！在那些剧本里，富有的叔父总是死的恰是时候；英俊的牧羊人原来是失踪的王子，因而能把一直忠实

㊀ 三幕剧承自19世纪20年代斯克里布所创作的“佳构剧”，三幕的内容分别为铺陈、危机、高潮，戏剧第三幕的最后通常会有一个合乎逻辑的结尾，剧中一切纷纷扰扰的事件又重归平静，社会又重拾秩序。

爱着他的公主娶回家；机灵的仆人会把主人的心上人打扮成大婶偷偷带到家里，或把主人公深爱的姑娘化装成上了年纪的书记员悄悄送出家门。可惜，这样的结局只会发生在《哥尔多尼故事集》里。

“对我、玛吉特、亨里埃塔和欧文来说，不存在什么富有的叔父、乔装打扮的王子，没有机灵的仆人，也没有现成的解决办法，”索别斯基想，“至少我是一点儿办法都想不出来。可我只有两天的时间了，今天已经是星期四了，晚上我得去参加另一场官方晚宴，明晚还要在自己家里举办一个小型宴会，招待来自维也纳的两位要人。而星期六一早，我就得动身去霍恩阿比庄园，跟玛吉特和欧文·里斯·尼维斯共度周末了。在那之前，我必须要拿定主意才行啊！”

背心口袋里的打簧表响起了报时的声音。现在已经 12:30，该换身衣服，步行去大使馆主持午餐会了。索别斯基只觉得精神委顿之极，暗叹自己果然年事已高、精力不济了，恨不能把午餐会和大使馆都抛诸脑后。然而，多年来的习惯令他还是克制住了自己；他强迫自己费力地从椅子上站起身来，起身时不由一阵晕眩。

他把亨里埃塔的信放回到秘密抽屉里，这时他的贴身男仆端着托盘走进房间，托盘上有一张卡片。“很抱歉打扰您，殿下，”仆人说，“但是勋爵阁下十分坚持。”

卡片上写着：“欧文·里斯·尼维斯勋爵。”在他名字下方，欧文写道：

> 我必须见您一面，并占用您五分钟时间。
>
> 此事至关重要。

2

第二篇

辛　　顿

THE LAST OF ALL
POSSIBLE WORLDS

第 6 章

恐惧

第 7 章

弗雷迪·班克罗夫特

第 8 章

黎曼的曼特罗

第 9 章

哥廷根

第 10 章

梅莉莎

第 11 章

伊莱恩

第 12 章

决定

第6章 | CHAPTER 6

恐　　惧

从杰明街（Jermyn Street）转向马车房之间的广场[一]时，他就预感到了。穿过广场的私人花园时，他甚至闻到了那股气息，连法国紫丁香盛开时的浓郁芳香都掩盖不住——她最爱紫丁香，这些花都是20多年前他们刚迁居这儿时，他特意为她种植的。在他登上拴马柱之间那些三级宽大的台阶之前，他就已经感觉到了一切——无论是内心的战栗，还是空气中的声音。还没来得及按门铃，门就开了，扑面而来的呻吟声立刻淹没了他。这不像是人发出来的，甚至比动物的哀号更悲切凄惨，仿佛就是从四周的墙里迸发出来的：低沉、撕心裂肺般直透心底，无处不在。房子里弥漫着一股腐烂的恶臭，充满死亡、悲痛和恐怖的气息。男仆托着一只盘子，悄然走到他的面前。托盘上是一封短笺，是用中小学女生那种略显僵硬的笔迹写就的。当然，他不用看就知道其中的大概内容：

㊀ 根据作者描述的情况，这里的广场可能是指伦敦的圣詹姆斯广场。

先生，夫人又开始疼痛了。我请其他护士来帮忙照顾。我请蒙哥马利先生的助手来检查夫人的病情，蒙哥马利先生本人会在上午亲自过来。我建议您回来后马上到夫人房间里来。护士萝洁丝敬上。

辛顿循着呻吟声上了两段楼梯，来到她的套间。自从他第一次带她来伦敦后，她就一直住在这儿足不出户。可是（一个念头在他脑海中一闪而过），她很快就不得不离开这里了，而这回带走她的，是死亡。楼梯和走廊上灯火通明。原先梅莉莎一直点着暗淡、充满神秘色彩的蜡烛，萝洁丝护士一来就换上了最明亮的电灯，似乎亮堂堂的灯光能驱除死亡和痛苦。但卧室里还是黑沉沉的，只在角落里亮着一盏夜灯，他只好停了一会儿，等眼睛适应了光线，这才看见床已经被移到了卧室中央。

床上躺着的那一堆物事，已经不能称之为女人了，只有那高一声、低一声的呻吟还能让人听出性别来。就在几个月前，他去美国做年度旅行，那会儿她还胖得不成样子，浑身的赘肉在被子底下高高隆起，简直像座小山一样，那样子恶心极了。而现在，护士用毯子像裹尸似地把她紧紧裹住，他几乎辨认不出毯子下那具萎缩了的躯体就是他的妻子。

安娜仍然坐在床边，姿态一如既往：脊背挺直，一动不动，一声不出。很久以前，在艳俗的夜总会的更衣室里第一眼看到她时，她就是这样坐着的。她那双猫绿色的眼睛在黑暗中闪烁着，一眨也不眨地注视着她的上帝，她的女主人，她那垂死的妹妹。

有人拽了一下他的袖子，一个护士在低声急促地说着什么。但他已深陷在恐惧中无法自拔，他跌跌撞撞地逃下了灯火辉煌的楼梯，一路上视而不见，经过似乎还没挪过窝的男仆，穿过绿色台面呢包着的门，一头扎进自己的书房，好似婴儿回到了子宫一般。他喘着粗气，浑身颤抖，瘫坐在椅子上，仿佛耗尽了全身的力气。直到这时，他才发现自己还戴着手套，抓着伞，戴着高顶礼帽，穿着大衣。

然后他的手指碰到了大衣口袋里的一张纸条。他盯着看了半天，才发觉纸条的形状很眼熟，原来是一封电报。恍惚间，他还记得之前已经看过，还记得电报似乎很重要。但他就像是一个人在做梦时梦见自己必须醒来，而且梦见自己确实已经醒来，可就是睁不开眼睛。似乎竭尽全身之力，花了无限长的时间，他的眼睛才终于辨认出电报上自己的名字："麦格雷戈·辛顿先生。"他就像个喝醉了酒的人似的，拼命集中注意力，终于看清了电报内容："请乘坐晚上的火车，于明天上午10点在班克罗夫特公寓（Bancroft Terrace）会见班克罗夫特（Bancroft）夫人、谢尔登（Sheldon）、辛肖（Hinshaw）、埃尔德里奇（Eldridge）和我。班克罗夫特。"

然后，突然间，他完全清醒了过来，白天所发生的一切如潮水般地涌现在眼前。

CHAPTER 7 | 第 7 章

弗雷迪·班克罗夫特

自从妻子病重以来，上午去上班前，辛顿总是要等医生来看完病后才走。今天上午（不，现在已经过了半夜，应该说是昨天了），蒙哥马利·布拉姆莱特先生应邀去了乡下，于是派自己的一名助手过来看病。医生看病的时间比平时更久，看完病，他一脸严肃地从楼上下来。

“我担心吗啡不再有效了，女士的疼痛很快就不能控制了。”辛顿不无揶揄地注意到，虽然现在经常来这儿，但这位医生还是称梅莉莎为“女士”，而不是“辛顿夫人”或“您妻子”。

“萝洁丝护士知道该怎么做，也知道去哪里找我，”医生继续说道，“明天上午蒙哥马利先生回城，他会亲自过来。”

接着，辛顿刚要坐上汽车去银行，就被喊回去接电话。这可是前所未有的事，因为他下过命令，银行里不得打电话给他，而其他人按理根本不知道他有电话。

“罗杰·史密瑟尔斯（Roger Smithells）爵士打来电话，”银行的私人秘书告诉他，“请您立即前往外交部。”辛顿能听出秘书很激动，“罗杰爵士还请您不要告诉其他人。”

20分钟后，辛顿赶到白厅，被立即带到助理外交大臣（assistant secretary）的办公室。他发现已经有两人等候在那里了：埃尔德里奇老先生，他是班克罗夫特家族连续三代人的诉讼律师；另一个人又高又壮，似乎在哪里见过，但一下子又想不起来了。

“这是从苏格兰场㊀来的总督察布雷顿（Brayton）先生。”史密瑟尔斯介绍说。

哦，辛顿记起来了。六个星期前，英格兰银行发现印制20英镑纸币的部分手工纸不见了。为此，有关部门召集苏格兰场的政治保安处（Special Branch）、英格兰银行行长和理事会开了一次秘密会议，他就是在那儿遇见了这位警官。一星期后，他又一次见到布雷顿，这位总督察在会上报告：英格兰银行纸张仓库一名已经退休的监理不知去向了——而他本该住在里士满（Richmond）的农场小屋，种植玫瑰或者卷心菜什么的。

“先生们，”史密瑟尔斯开口说，“今天总督察恐怕有非常糟糕的消息要向各位报告。”

只见这位警官从公文包里取出一张纸。“这是封加密电报，”他说，“是我手下一名督察深夜3点发来的，他在法国安全局任职，目前负责里维埃拉（Riviera）这一带的情报。”电报内容如下：

㊀ 苏格兰场（Scotland Yard，又称New Scotland Yard，The Yard），是英国伦敦警察厅总部所在地，负责维持整个大伦敦地区的公共治安及交通秩序。

昨天（星期三）晚上8点，法国安全局政治保安处派出一队警察，根据尼斯（Nice）预审法官签发的搜查令，突击搜查了弗雷德里克·班克罗夫特勋爵的别墅。弗雷德里克是比奇赫斯特·班克罗夫特勋爵的长子和继承人，是伦敦班克罗夫特兄弟商业银行的董事会荣誉主席。在别墅的地窖里，警察找到了最新设计制造的印刷机、用来印制钞票的大量特种纸张（与英格兰银行遗失的面额20英镑钞票纸的特征完全相符）、标有英格兰银行印记的管装特种印刷油墨、一套完整的镌刻制版工具、973张面额20英镑的钞票（其编号在英格兰银行没有记录备案，且与安全局掌握的伪钞完全一致）。在别墅中逮捕的有弗雷德里克勋爵本人、理查德·亨布雷斯（Richard Humbreth）上尉（沃里克郡亨布雷斯庄园的威廉姆·亨布雷斯准男爵阁下的兄弟，前几年是弗雷德里克勋爵的忠实伙伴）、两名男仆和一个自称史密斯的人（真名为安东·米斯（Anton Mees），系海牙利杰克斯银行（Rijks Bank）的前镌版工人，因伪造假币被欧洲几个国家的警察通缉）。弗雷德里克勋爵声称对别墅内藏有印刷机、镌版工具和印钞纸张并不知情，但亨布雷斯上尉和所谓的史密斯先生已经供认，弗雷德里克勋爵策划了英格兰银行印钞纸的监理以及镌版工人的失踪案，还购买了印钞机，是伪造货币的主谋。他们计划印制20英镑面额的伪币，总价值为10万英镑。本人在场时，供词已呈交警方和英国驻尼斯领事馆的副领事。以上被捕的嫌疑人将在拘留所度过周末，并在下星期一下午交预审法官提审。法国安全局提议嫌疑人在审判前不得保释。

“法国警方不能武断地怀疑英国贵族的长子和继承人。这太荒唐了！”埃尔德里奇先生突然插话抗议，但声音显得底气不足。

“我担心，先生，”总督察回答道，“他们不仅仅是在怀疑他，而是有充分的证据证明他有罪呢。”

“对于弗雷德里克勋爵和亨布雷斯上尉，里维埃拉警方已经关注好长一段时间了，”总督察布雷顿继续说，“正如罗杰爵士所知，我的工作是和欧洲大陆的警方合作。四年前，这两位先生迁居里维埃拉后，法国警方就不断向我通报他们的情况。当然，之前在伦敦发生了那样的事——诸位应该知道我指什么——蒙特·卡罗赌场（Monte Carlo Casino）已经不允许这两个人进入了。但是后来又有各种流言传得沸沸扬扬，传的都是弗雷德里克勋爵别墅里的离奇事件，还涉及男女关系。法国警方当然不希望里维埃拉卷入这样的丑闻，有段时间他们千方百计想要劝说弗雷德里克勋爵迁居到其他地方。坦率地说，他们一直担心其中某些更为龌龊的详情会传到法国和美国的新闻记者耳中，这些人本来就喜欢耸人听闻，而里维埃拉又总是记者云集，尤其是在冬季。我本人则十分担心有人会利用这些丑闻进行敲诈勒索，尤其像贵行这样知名的银行，最容易成为他们下手的目标了，辛顿先生。

“当然，那时还没有人怀疑到伪造纸币这样的事。事实上，就在今天上午我给罗杰爵士打电话之前，我手下的督察又发来第二封电报。电报上说，亨布雷斯先生和自称史密斯的人都已供认，该团伙之所以动了这个念头，恰恰是因为埃尔德里奇先生刚刚表达的观念，即弗雷德里克·班克罗夫特勋爵那样有身份的人不容怀疑。

“几周前，就在英格兰银行第一次找我后不久，尼斯一所私宅[1]的老鸨向

[1] 此处的私宅实际为妓院。

警方报告了一桩极其丑恶的案件。弗雷德里克勋爵雇用了她那儿的一个姑娘，为期一周，这个姑娘回到私宅时竟是遍体鳞伤，惨不忍睹。先生们，具体细节我就不讲了，不过在庭审时这些细节恐怕还是会展示出来——这是我28年警界生涯里见识过的最令人憎恶的兽行了！当然，姑娘们做这种事情是有报酬的，并且我怀疑老鸨很清楚那些客人想找什么样的乐子，那个姑娘应该也知道。但无论如何，她伤势很重，接连几天生命垂危，而且身上的疤痕这辈子都去不掉了。当时老鸨担心她活不下来，就到警察局报案，她还承认自己曾经向弗雷德里克勋爵抱怨，结果拿到一笔100英镑的封口费，都是20英镑面额的纸钞。

“这些钱表面上看起来没什么问题，但当时我们刚刚向几处主要度假胜地的警方通报过20英镑印钞纸遗失的情况，于是，法国警方检查了弗雷德里克给老鸨的那几张钞票的编号，发现其中有7张的编号从未在英格兰银行记录过。

“在我见过的假钞中，这一批是做得最逼真的，”从这位警官的语气里，辛顿隐约听出了一丝钦佩之情，“我们派了最好的专家去验钞，一开始他费了好大的劲儿都发现不了任何瑕疵，但那的的确确是假钞。

“当然，后来巴黎的安全局接管了案子，我们也派了一名警察前往协助工作。警方对弗雷德里克勋爵以及别墅里的每个人都进行了监视。此后三个星期，这些人又使用了另外20张20英镑的钞票，都是银行没有记录过的编号。弗雷德里克本人也经手了其中几张钞票，恐怕在庭审时，他很难让法官相信自己对本案毫不知情了。”

“那么，接下来会发生什么？”片刻的停顿后，史密瑟尔斯问；辛顿则早就打定了主意要三缄其口。

“法国法律允许警方拘留嫌疑犯三天，周末不计在内。在这三天里，警方不必对外公布情况。”布雷顿回答说，“这就是为什么警方要选择周三晚上进行突击搜查。这样一来，法国警方可以将这五名在押犯秘密拘留至周末，不过下周一下午他们就必须公布案情了。幸运的是，现在是旅游淡季，6月的里维埃拉游客不多，记者更少。不过不出48小时他们就会蜂拥而至，届时全世界所有的报纸都会报道这一丑闻。弗雷德里克的别墅里发生的那些淫乱细节，即便在采访时没有曝光（当然，我觉得这不太可能），在庭审过程中，也必然会抖落个一干二净。一名法国公诉人遇到这种发生在上流社会的性变态事件，绝对会把它的诸多细节挖个底朝天，特别是如果还有英国爵士牵涉其中的话。”

“我该怎么跟他家里说呢？”埃尔德里奇先生用颤抖的声音问道。他看上去似乎一下子苍老了许多。

“恐怕他家里要做好最坏的打算了，”警官冷冷地说，“一旦罪名成立，弗雷德里克爵士将和普通犯人一样，被流放到卡宴㊀（Cayenne）或魔鬼岛㊁（Devil’s Island）坐牢。”

在这一天接下来的时间里，辛顿心如乱麻，怎么都平静不下来。他既不想待在家里，也不想去银行上班。把埃尔德里奇先生送回律师事务所后，他便独自驱车前往邱园㊂（Kew Gardens）。在这里，他的精神往往最集中，思路也最清晰，从他最初刚到伦敦那阵子到现在一直都是如此。现在是6月初，正

㊀ 卡宴：法属圭亚那的首府，曾建有法属圭亚那监狱。

㊁ 魔鬼岛：位于法属圭亚那的外海，自1852年起被法国政府建为关押重犯的监狱，100年间共有约8万名犯人死于此处，魔鬼岛由此得名。

㊂ 邱园（Kew Gardens），又译为基尤植物园、基佑园等，正式名称为皇家植物园（Royal Botanic Gardens，Kew），座落于英国伦敦三区的西南角，原是英国王家园林，种了约5万种植物。

是一年中景致最好的时节，邸园里姹紫嫣红，杜鹃花、鸢尾花和紫丁香争相吐艳，初夏的天穹晴空万里，一碧如洗。然而这一次，眼前的胜景没能让他凝神静气。

他直觉地知道，弗雷迪[㊀]（Freddie）·班克罗夫特这个人，包括他过去犯了什么罪，将来要受到什么惩罚，并不是需要他深入思考和解决的问题。然而，他没法不去想这个可怜可恨的家伙。听到消息，他虽然感到很震惊，但并不意外。这么多年来，弗雷迪一直都在以一种致命的精确度，一步步迈向自我毁灭的深渊。他已经堕落得太久，最后落到这个下场早在意料之中，唯一无法预测的是他具体会采用什么方式毁灭自己。说起来，这个方式还真够有想象力的，辛顿不无揶揄地想。

除此之外，弗雷迪的整个一生都毫无悬念可言。自从进入青春期，他身边就围绕着各种阴暗的传闻，有人说他整天跟一帮同性恋厮混；有人说他喜欢无缘无故地欺负比他年幼的男孩，下手特别狠；还有人说他老是对厨娘大发雷霆。伴随着这些传闻，他一次又一次地被学校开除。今天的结局其实从那时起就能预见到了。后来他到牛津混了三年，再度被除名，没有取得学位。辛顿有一个大学时代的老朋友，当时在弗雷迪所在的学院担任高级导师，他曾含蓄地向辛顿提到过一个邪教组织，据说弗雷迪在教中担任大祭司，经常举行黑色弥撒，纵欲狂欢、吸饮人血，还鞭打从市区招来的妓女，以此作为祭祀的仪式。后来，班克罗夫特家族花钱把他送进警卫队，他的父亲希望部队的军事化管理能“把他掰直了”。然而四年后，同样的故事再一次重演，军方要求他主动退役，并且他还添了一个新的毛病：打牌作弊。

他的家族又做了一次努力，这回他成了英国驻圣彼得堡大使馆的一名初

㊀ 弗雷德里克的昵称。

级专员。然而，要不是他享有外交豁免权，他就要被俄国人送上被告席了，罪名是谋杀——在一次弗雷迪举办的淫乱聚会上，一名受雇的妓女被他活活鞭打致死。事后，在埃尔德里奇先生的敦促下，即便弗雷迪的母亲流着泪苦苦哀告，班克罗夫特家族还是改立了遗嘱，剥夺了弗雷迪的长子继承权，他不再有资格继承家族财产，也不得继承家族银行的股份或担任其中的职务，只能领一笔固定的生活费，尽管数目倒是不小。

此后不久，他又同亨布雷斯上尉勾搭在一起。这个家伙也是个恶棍，同样被军队开除过，后来被自己的家族逐出了门户。过了三四年，两人闹出一桩天大的丑闻，这回就连班克罗夫特家的钱加上辛顿家的势力都捂不住了——他俩在怀特赌场出千被抓了个现行，从他们身上当场搜出若干套灌铅的骰子和做了记号的纸牌。两个难兄难弟只得立刻躲到欧洲大陆，不然必定逃不脱刑拘、起诉和坐牢的命运。

事到如今，辛顿不得不同意埃尔德里奇先生的看法——谁也救不了弗雷迪，而且辛顿不得不赞成他的预言：更糟的事情还在后头呢。

“我就把话撂在这儿，辛顿先生，”在离开外交部驱车前往律师事务所的路上，埃尔德里奇说，“弗雷德里克勋爵肯定会在魔鬼岛活下来。他还会像其他那些刑满释放的犯人一样，娶个卡宴当地的黑人妓女，同她生一堆孩子。啊，想想都受不了！”埃尔德里奇哀号着，“一个判了刑的恶棍和一个黑人妓女生的孽种，居然要作为比奇赫斯特的班克罗夫特勋爵，在上议院占一个席位！”

弗雷德里克天资聪颖，才气纵横，俊美如堕落天使。他风流，极富魅力，无论男女都为之心折；他的父母，尤其是他的母亲，对他更是爱若珍宝。这样的一个天之骄子，为什么从童年开始，内心就充斥着自暴自弃的狂躁怒火，竟至于一心要毁灭自己和家族?

针对弗雷迪之谜，辛顿以前就和埃尔德里奇探讨过很多次。

“在科学昌明的现代，”埃尔德里奇有一次曾这样说过，“我们不再像父辈那样采用悖德性精神错乱的说法。如今学术上认为这是由大脑损伤引起的，随着科学的进步，迟早可以通过纠正性手术来治疗。还有一种说法，胎儿或婴儿受到重大的心理刺激也可能引起这种症状，而这迟早也可以由心理医生通过纠正性教育来进行修复。”

“可是，埃尔德里奇先生，”辛顿回答说，“这些说法只不过是换了一种时髦款式的遮羞布，用以徒劳地遮掩人们对未知的恐惧罢了。对于弗雷迪·班克罗夫特这一类人，过去的人们出于无知，管这叫‘中了邪’，试图用铃铛、经书和蜡烛祛除附体的魔鬼，其实现在我们所知的也并不比那会儿更多。”

“正是因为有弗雷迪这样的人，”辛顿补充道，“而不是因为死亡，人类才需要宗教，需要感觉到超自然的存在。死亡是我们和一切造物共有的自然现象。德国好多童话故事里都有格言提到‘死神教父’[1]，从我们出生那一刻起，他就与我们在一起，照料我们一辈子。真正让我们的灵魂不得安宁的是邪恶，那种无法仅仅用自然现象来解释其存在的邪恶。”很久以前辛顿就认定，弗雷迪身上表现出来的神秘，其深奥之处超过了他探究过的任何秘密，即便以他训练有素的分析能力，亦毫无解开谜底的希望。

坐在邱园他钟爱的欧洲紫叶山毛榉下，辛顿明白了弗雷迪的问题并不是他需要思考的。弗雷迪的悲剧在于他自己既是加害者，同时也是受害者，既是因，也是果，会按照命中注定的逻辑走向必然的结局，不是悲剧，而是埃

[1] 德文“Gevatter Tod”，即英文“Godfather Death”。

尔德里奇先生所领悟的那样，血淋淋的黑色闹剧。在第二天和班克罗夫特家族坐下来讨论前，弗雷迪及其命运既不是他需要思考的核心内容，也不是他需要解决的问题。辛顿需要思考的甚至不是弗雷迪的劣行令深爱他的人——他的母亲蒙受的巨大伤害和耻辱，也不是其劣行对与班克罗夫特家族相关的任何人，特别是他，辛顿自己，作为班克罗夫特兄弟银行的总裁，将会产生的影响。不，这些都是次要的，都是细枝末节。那么，什么才是真正的问题？

在那天下午的中间时段，辛顿驱车前往俱乐部等待班克罗夫特勋爵发来的电报。不出所料，电报要求埃尔德里奇先生参加家族会议。参加会议的家族成员有弗雷迪的父母——班克罗夫特勋爵和夫人，留在银行的两位家族合伙人，弗雷迪的堂兄弟谢尔登 · 班克罗夫特勋爵和弟弟辛肖 · 班克罗夫特阁下。谢尔登是弗雷迪的伯父——克莱蒙特子爵的长子和继承人。克莱蒙特子爵 80 多岁了，已经从银行退休，不再参加公共活动了。而辛顿则是他们的救星，他们都期望他能找到解决方法。大约在 25 年前，他们把他从维也纳召回伦敦，请他拯救濒临破产、陷于丑闻的家族和银行。从那时起，每当出现危机，他们都一直指望他能解决问题。然而，现在他似乎还是不能集中思想，确定核心问题。在 6 月长长的黄昏时分，他离开俱乐部，走在回家的路上。他家里还有一位奄奄一息的女人，他名义上的妻子。这时，他还是不能集中思想确定核心问题。

CHAPTER 8 | 第8章

黎曼的曼特罗

“不要去确定问题，而应构建集合。”在麦格雷戈·辛顿第一次参加哥廷根大学的研讨会时，伟大的数学家黎曼如是说。当时辛顿还很年轻，刚从牛津大学数学专业毕业，获准参加了这次研讨会。研讨会在黎曼的卧室里举行。当时，这位数学大师的肺结核病已经很严重，无法上讲台授课了。三年后，黎曼就因病去世了。

这句简单的话，发自病重的大师那嘶哑微弱的嗓子，却令辛顿醍醐灌顶：犹如索尔[一]在通往大马士革的路上，突然被一道闪电击中，从此同样一双眼睛，看到的世界却迥然不同了。

多年后，在梅莉莎的房间里，辛顿偶然看到一本乱扔在那里的哗众取宠的神智学小册子，其中提到印度教“丝瓦米”[二]向信徒传授的“曼特罗”[三]。

㊀ Saul，即圣保罗。

㊁ 梵文“swami”，意为大师、哲人。

㊂ 即经文，真经。

当时他就意识到，黎曼的教诲就是他自己的“曼特罗”，只不过是西方而非东方的曼特罗。印度圣人向信徒传授曼特罗，让他们以此来进行冥思静修，从而反省和理解自己；而黎曼的“曼特罗”则是辛顿行动的工具而非冥思的方法，是他认识世界的途径而非了解自我的手段。每当需要思考、理解和决定的时候，他就会迫使自己去确定集合而非问题。

辛顿知道，黎曼的“曼特罗”成就了他，使他取得了杰出的业绩，成为非常成功的银行家。在同一代人中，只有两个人比他更成功：纽约的约翰·皮尔庞特·摩根（John Pierpont Morgan）和柏林已去世的乔治·西门子（George Siemens）。

30 年前，辛顿和朱利叶斯·冯·莫森索尔（Julius von Mosenthal）一起创建了伦敦 – 奥地利银行。这是辛顿最为成功的创业。毫无疑问，莫森索尔是谈判桌上的顶级高手。他在这方面的天赋令人望尘莫及，每次谈判都会让辛顿惊叹不已。他有不可思议的预见能力，甚至在坐下来之前，他就能知道最终谈判结果的具体金额和协议条款细节。他凭直觉就能洞察秋毫，了解对方立场态度的微妙变化，观察到对方意见分歧的细微信号。而麦蒙 – 马尔堡银行（Maimon & Marburg）的欧内斯特·马尔堡（Ernest Marburg），辛顿则坦然承认，他在金融交易方面棋高一筹。他在运用各种不同金融工具创作其所谓的“金融交响曲”方面，是一位难得的天才。

然而，这两个人可能因为是行家里手，所以都倾向于一个一个地解决问题，一次一次地进行交易，一笔一笔地处理业务，而不是运用“集合”这一基本的长期战略，或根据乔治·西门子所谓的“创业使命”来加以系统地解决处理。辛顿认为，摩根是银行业巨头、伟大的洛伦佐（Il Magnifico）[㊀]，受到

㊀ 文艺复兴时期的意大利政治家，佛罗伦萨共和国的实际控制者。

广泛的报道宣传，堪称金钱和权势的象征。而对普罗大众甚至绝大多数银行界人士而言，西门子的知名度则远不如摩根，但西门子实际上是一位更成功的银行家。大家都认为德意志帝国是俾斯麦的杰作，但西门子其实做出了同样的贡献。他在1870年创建了德意志银行（Deutsche Bank），使当时还是农业主导的德国实现了工业化。他创建了工业和技术强国，如果没有他的杰出贡献，俾斯麦的德意志帝国就会缺乏坚实的基础，可能只是个外强中干的花架子。而从早期开始，西门子一直都把一个一个的问题、投资和交易当作结构中的一个因素、整体的一部分或“集合”的一个元素。

摩根的愿景是创建工业化的美洲大陆，而西门子的目标是通过工业发展来实现国家统一，创建经济强大、政治民主自由的社会。辛顿知道自己的创业使命没有两位大师那么宏大，但他自己是基于构建集合、确定创业使命而非投机取巧的。从这方面来看，还是与两位大师颇有相似之处的。事实上，无论是摩根还是西门子，都只有一个集合，他们毕生只有一个创业使命；而辛顿则有两个。

虽然有牛津大学的文凭和哥廷根大学数学博士的学位，但辛顿刚加入班克罗夫特兄弟银行的时候还很年轻，只不过是个银行职员而已，但他已经开始思考和运用黎曼的“曼特罗”了。当时他就已经认识到，像班克罗夫特兄弟银行之类的传统商业银行，因陶醉在其以往的成功里，已经逐渐过时落伍了。辛顿的上一辈人，弗雷迪的祖父，即第一代的克莱蒙特子爵，大胆采用传统的商业银行模式，即对国际贸易和国际投资进行融资，从而把他继承下来的小公司（惨淡经营的巴尔迪克（Baltic）木材批发商）逐渐发展成为金融业的巨头，其财富只比最富有的罗思柴尔德（Rothschild）和巴林（Barings）略逊一筹。但正如辛顿很快就看到的那样，巨大的成功使传统的商业银行发展过快，超越了本身的资金实力。因为不管合伙人多么富有，家族银行的财力都不再足以对国际贸易和投资进行融资。年轻也没有什么从业经验的辛顿很快就认识到，如果要像 19 世纪上半叶的商业银行家那样成功经营银行业务，在 19 世纪下半叶，就需要一种很不一样的经营方式。这就需要吸收新兴的中产阶级的资源，通过迅速发展的国际贸易和投资来创造财富，或至少也要适应这一发展趋势。

在柏林的乔治·西门子也没有银行从业经验，他是一位受过正规训练的公务员，不是数学家，但也看到了同样的变化发展趋势。他成立了一家新的银行，把大众的存款投入工业发展和国际贸易中。然而，辛顿已经有了一家银行，也就是班克罗夫特兄弟银行，因此，他把他的“集合”，即“创业使命”，定义为运用诸如班克罗夫特之类成功的商业银行的资源来创建和控制银行，像西门子的德意志银行就是其中的典范一样，他要成为银行家中的银行家。因此，莫森索尔向辛顿建议在维也纳建立这样一家银行，来为奥地利的工业发展提供资金，也就是自然而然的事情了。而要这样做，就需要请非常富有但其资产完全缺乏流动性的大贵族来合伙，如索别斯基亲王之类，请他们用不动产来入股合伙，并成为银行的第一批信托客户。

15 年后，也就是在维也纳待了 5 年之后，辛顿又回到了伦敦。在此期间，他和莫森索尔成功地创建了伦敦 - 奥地利银行，并把银行发展成为奥地利和匈牙利最赚钱的金融公司之一。这时候，他已经意识到，由于非常成功，他原先的创业使命已经过时落伍了。于是，他又运用黎曼的教诲，描绘了第二个更成功的“集合”：以西方国家为中心，以非工业化国家、原材料输出国和殖民地为市场的世界经济。

辛顿曾对摩根说：“我们这一代人不仅见证了经济的发展，最重要的是，我们还亲历了社会的变迁。欧洲和美国走的是同样的发展道路，不会落在太后面，也正在向城市工业化社会转型。但我们（英国）开始（转型）的时候，欧洲基本上还是乡村，处于前工业化时期。在 1850 ～ 1860 年，我们去那里读研究生的时候，哥廷根还是一个乡村，从镇中心只需要几分钟就能走到边上的田野和森林。那时，到处都是像我当时寄宿的茅草屋顶的房子，而饮用水则是用院子里的水泵从地下打上来的。但就在 15 年后，我前往哥廷根凭吊黎曼，在他墓前停留过一会儿。在那里放眼望去，哥廷根已是座颇具规模的现代化城市了。电气化的有轨电车奔驰在大街上。在崭新繁忙的巴恩霍夫斯普莱茨（Bahnhofsplatz），大约有五六座德国人喜爱风格的五六层高的大型银行大楼。而最令人难忘的是，在市镇的四周，到处都是工厂和高耸的烟囱。我们在那里读书的时候，这些地方原来可都是麦田和苹果园。”

就在那次去哥廷根的时候，辛顿的脑海里突然浮现出一幅欧洲的远景：欧洲就像一只巨大的肠胃，贪婪地吞咽着非工业化世界的产品，城市人口爆发性发展，迅猛发展的制造业需要越来越多的食品、纤维、金属和工业材料。就在那时，他切身感悟到了一个全新的创业使命：为工业化世界及其城市人口和工厂企业提供金融支持。

摩根立即领会了辛顿的创业使命。他采纳了这一构想，并付诸实施。他一直为辛顿的成功创业提供信用贷款，并在这一过程中，组织美国的原材料即工业化前的（pre-industrial）资源，供给东部和中西部呈爆发性发展的无数城市人口，供应迅猛发展的美国制造工业。

乔治 · 西门子也理解了辛顿的创业使命，但他自己并不能真正加以运用，甚至也没有充分领会。他毕竟是一个德国人，从来都不能彻底地接受海洋，把海洋看作交通干线，而一直视之为障碍，总是把自己局限在内陆上。

辛顿沉思着，西门子毕生追求巴格达铁路，犹如鬼迷心窍般执着。他知道，建造这一铁路需要面临几乎难以逾越的障碍：荒凉无路、难以穿越的连绵群山，炎热的沙漠，但他觉得至少铁轨是铺在坚实的地面上，由坚硬牢固的道钉紧紧地联成一体的。西门子也知道，无论在经济、政治，还是军事上，他的巴格达铁路都是一个庞然大物，但他还是从来都不太能接受军队运输船会比铁路更多、更快和更可靠地把士兵运送到巴格达。另外，作为欧洲大陆人，他认为进口贸易对经济是不利的。因此，德国银行只对出口贸易提供融资服务，仅仅西门子的德意志银行就占总额的 1/3 以上，而把德国的进口贸易的融资服务让给伦敦的银行家。这应该不是巧合。

尽管西门子不能分享辛顿的愿景，但至少他还能理解；而辛顿的绝大多数金融业同行，即使是其中最聪明的马尔堡，却连理解都谈不上。为了解决交易问题，马尔堡所做的只是增加合伙人而已。他只看到辛顿进入那么多令人困惑的投资领域：船坞、码头和港口；孟加拉的黄麻种植园和加工厂；把牲畜运到阿根廷布宜诺斯艾利斯的牧场，把加拿大的小麦运到五大湖或蒙特利尔的铁路；发电厂；澳大利亚、非洲、智利和美国西部的铜矿和金矿。另外，德国人在 1900 年开始率先采用石油作为商船的动力之后，辛顿还投资了缅甸、印度尼西亚、墨西哥及俄罗斯里海的石油开采、管道和油轮运输项目。

“您为何不专注于一个领域，如谷物出口、金属开采或船坞码头呢？”英格兰银行（巴林、戈申（Goschen）或其他老牌商业银行）的同行曾这样问过他。

“班克罗夫特兄弟银行投资的不是谷物、牲畜、港口或铜矿，”辛顿回答，“我们投资的是作为市场的工业化世界，我们对其爆发性发展的城市人口和工厂企业进行投资，谷物、牲畜、港口或铜矿只是通向市场的平台或渠道而已。”同行听了之后还是一头雾水，困惑地摇了摇头。

辛顿知道有很多人对自己持批评态度，但即使是这些批评者，也不得不承认他的成功。他们不得不承认他把班克罗夫特兄弟银行打造成了伦敦金融业的领导者，只是比世界私人银行界无可争议的领导者——纽约的摩根公司略逊一筹。

辛顿的创业使命，他的基于黎曼“曼特罗”的“集合”论也使他积累了巨额的个人财富。据美国的一些新闻记者报道，他觉得自己可能是英国的首富。

几年前，在辛顿出席的一次学术会议上，黎曼的公认继承者、德国数学界领袖乔治·康托（George Cantor）扬言：“不存在应用数学。”

听到这里，辛顿走到康托面前说：“您错了，当然是有应用数学的，那就是银行业。”

康托困惑地看了看他，似乎觉得他疯了。“黎曼可能会理解我的意思。”辛顿这样想道。

辛顿也把自己在班克罗夫特兄弟银行的主要发展归功于黎曼的训诫：“不要去确定问题，而要构建集合。”他出身于贫寒的牧师家庭，身无分文，但凭借黎曼的训诫，获取了有效经营银行业务所需的资源。在班克罗夫特兄弟银行的头两年，虽然他的一些想法（当然，在当时还是很不成熟的）会让传统银行家，如他的上司或同事感到惊恐不安，但他做得非常出色。那时，他还只不过是一个中级职员。有一天，当时刚受封的克莱蒙特勋爵召见了他：“有位从纽约来的摩根先生在伦敦城里，你应该听说过他吧？你知道，我们在纽约遇到了关税问题，那是我已去世的父亲在加拿大的投资项目所碰到的问题。我觉得摩根先生也许能帮我们摆平。我了解到摩根先生和你一样在哥廷根大学学过数学。因此，你愿意去见见他吗？我知道他在哥廷根的时间比你要早一些，不过，你们还是有共同之处的，何不去见见他？”

当时摩根也才 38 岁，只比辛顿大几岁，但已是金融界冉冉升起的明星了，其地位可谓举足轻重。他在哥廷根大学没有取得学位就主动退学了，但像彗星闪过天穹留下了长长的尾巴一样，他给人留下的印象是罕见的数学天才。大家都非常奇怪，他为什么要放弃前途无量的大学教职，而去单调乏味的银行业谋求发展？

他彬彬有礼地接待了辛顿，答应回纽约后会关照一下关税问题（后来确实也帮忙处理好了）。然后对辛顿说：“你是不是在哥廷根大学取得了博士学位？但你可能知道我没有取得学位。我还听说你颇受黎曼青睐，是他的关门弟子。不过，我对黎曼感到很失望。能否给我说说，你从黎曼那里究竟学到了什么？”

“不要去确定问题，而要构建集合。”辛顿回应道。

他那双半睁半闭的眼睛长长地探究了一番辛顿。眼皮耷拉是摩根非常鲜明的脸部特征，他的脸粗糙、沉重，配上病态的紫色鼻子，显得颇为难看，像是遭受过永久性毁容似的。然后，他非常镇静地说道：“那么，你也学到了这一点。”说毕，就把辛顿打发走了。

但 3 个月后，摩根给克莱蒙特勋爵拍来了一封电报：他牵线组建了一个非常重要、获利极为丰厚的金融辛迪加，请班克罗夫特兄弟银行合伙参与，提出的条件是由麦格雷戈·辛顿管理欧洲方面的业务。克莱蒙特别无选择，只好把辛顿提升为合伙人。先是初级合伙人，在和摩根做了三四次业务后，又提升为全面合伙人。因此，辛顿明白，黎曼最终还促进了他的职业发展。

然而，黎曼也让辛顿招致了阿米斯特德（Armistead）的嫉恨。当然，这其中也有摩根的一份功劳。阿米斯特德做了10年的资深合伙人，在辛顿被提升之前，一直是班克罗夫特兄弟银行唯一的非家族成员合伙人。几年后，阿米斯特德的敌意和嫉恨迫使辛顿离开了银行。当时，他觉得自己正处于成功的顶峰。坦率地说，是阿米斯特德致使他被解雇了。

有几年的时间，他既是班克罗夫特兄弟银行的合伙人，又是新成立的伦敦-奥地利银行的董事长。因此，他两头奔波，忙得不可开交。这时，摩根又给班克罗夫特兄弟银行提供了一个极具吸引力的机会：组建欧洲投资者联合集团，收购在美国中西部的大型新煤矿1/3的股权。对当时的欧洲人来说，美国中西部似乎远在天边，什么肯塔基、西弗吉尼亚、印第安纳或俄亥俄，几乎闻所未闻。而摩根只提了一个条件：投资者至少5年内不能在公开市场出售所持有的股份。

他写信给辛顿："我们看过太多急不可耐的贪婪所造成的损害，这一次我们应把握好成熟的上市时机。"

对辛顿而言，这显然是不言自喻的，而事实上却需要费力推进。阿米斯特德强烈反对。"我们需要的是更快速地获取利润，"他说，"不管投资多么具有吸引力，我们也不能把资本长期锁定在某一项目上。"

"但是，阿米斯特德先生，"辛顿据理力辩，"这违背了商业银行经营的基本理论。商业银行家只有充分开展常规业务维持日常开支，并获取稳定的股利，才能把自有资本长期投资到回报很高的项目上，从而真正盈利。那是罗思柴尔德家族走到今天的原因，也是乔治·西门子把他的德意志银行打造成欧洲大陆金融业领导者的原因，更是纽约的摩根做得非常成功的原因。"

“辛顿先生，”阿米斯特德冷冰冰地回答，“商业银行是英国没有博士学位的从业人士设计的，而且我们并没有做得很糟糕。因此，我需要说明的是，我们应该从犹太人和外国人那里吸取教训。”

两天后，克莱蒙特勋爵把他叫到私人办公室。他到达时，发现丹尼斯也在那里。

“辛顿先生，”克莱蒙特开口道，“阿米斯特德先生使我们相信，你不应该同时兼管伦敦的班克罗夫特兄弟银行和维也纳的伦敦－奥地利银行的业务。新的银行需要你全力以赴。当然，你名义上还会保留班克罗夫特兄弟银行的合伙人身份。另外，如果你认为合适，随时欢迎你回来。我们兄弟俩一致希望你能够尽快回到这里来贡献你的聪明才智。但现在你最好能够把精力集中到维也纳那边的业务上，伦敦这边的合伙人实际身份暂停一段时间。因此，我们兄弟俩决定买断你在这边的合伙人股份。”

克莱蒙特提供的买断金额让辛顿大吃一惊，几乎是他期望的最高的合伙人公平价格的三倍。然而，隐含在甜言蜜语和丰厚的金钱背后的真实意图是解雇。阿米斯特德想必是这样说的：“要么辛顿走，要么我走！”班克罗夫特选择了阿米斯特德。

有好几个月的时间，辛顿内心感到非常痛苦。他唯一可依赖的家也不要他了，他又成了孤儿。但后来他渐渐地认识到，被迫离开班克罗夫特兄弟银行，那可是他遇到的最幸运的事情了。他把班克罗夫特兄弟银行付给他的每一分钱都投资到了美国中西部的煤矿中，因此，在摩根获利最丰厚的投资项目中，辛顿是最大的欧洲股东。这笔投资奠定了他个人财富的基础。10年后，他卖掉了煤矿的股份而发现自己已经非常富有了。

但更重要的是，他因此可以独立自主了，可以独立行使投资权力了，而不仅仅是个合伙人。“如果没有被赶走，”有一次辛顿对摩根说，“我可能一直是‘班克罗夫特兄弟银行的那名聪明能干的年轻人’。我离开后，柏林的乔治·西门子和麦蒙公司（Maimon & Company）的所罗门·麦蒙（Solomon Maimon）同意以小型合伙人的形式加入采煤的投资项目，立即支持我成为未来跨大西洋投资的欧洲领导者。”

“而那，”辛顿想，“虽然不是那么直接，但我还是应该归功于黎曼的‘曼特罗’。”

辛顿惊慌失措地跑下楼梯后，跌坐的那把椅子是他最早的财产，是他在哥廷根大学的四年中购买的一件家具。虽然椅面已重装了很多次，但他仍执拗地保持了它原来的样子：价廉质次，又大又丑却又厚又软，地地道道的日耳曼风格，会令人不禁想起19世纪中叶德国学生喜欢使用的海泡石烟斗，当时他们戏称为克纳斯特（knaster）的令人怀念的刺鼻烟草，大号的啤酒杯子，用穗装饰的吸烟帽（smoking cap）。这把椅子现在就摆放在18世纪正规典雅的亚当藏书室内，似乎也并没有什么不协调。辛顿当初在广场边购置这座房子，就是因为看中了这间藏书室，因此，他把它精心修复成原状，作为他工作和思考的地方。

在椅子的对面，隔着整间房子的宽度，是新古典主义风格的壁炉。150年前，亚当兄弟（Brothers Adam）围绕壁炉设计了这间房子。在壁炉上方，辛顿安放了他最珍惜的遗迹：黎曼的遗容面模（death mask）。作为大师最亲近的关门弟子之一，他得以获赠这一珍贵的礼物。在黎曼临终前的一段时间里，辛顿和另几名学生还能获准去探望大师。面模下方的墓志铭就是由他们为黎曼撰写的（当然，大学当局拒绝了他们撰写的墓志铭，认为他们写得过于晦涩，甚至可能有亵渎之意）：

Sein Leben war zu kurz um das Gebaeude zu vollenden doch lang genug um dem Weltall ein neues Fundament zu ermauern.

他的一生短暂而漫长，短到来不及构建整个大厦，却长到足以为宇宙奠定崭新的地基。

在壁炉的两边，分别悬挂着辛顿万神殿的另外两幅肖像，他们是现代数学的另外两位奠基者。一边是卡尔·弗里德里希·高斯（Carl Friedrich Gauss）亲笔签名的钢板雕像。高斯是黎曼的朋友、老师和前辈。在高斯去世后的第 10 年，在离开哥廷根之前，辛顿购买了这幅钢板雕像，为此他还啃了 3 个月的土豆。另一边则挂着威廉·哈密尔顿爵士（William Hamilton）的墨汁素描肖像。哈密尔顿发明了四元数的一个重要方程，由此奠定了其在现代代数领域的创始人地位和声誉。他的肖像是辛顿当年向牛津大学年迈的导师辞别时获赠的离别礼物。两幅肖像的每一侧都有亚当兄弟设计的书架，书架上只有 14 册《数学纪念文集》(*Monumenta Mathematica*)，“M. 辛顿主编”的：5 册《黎曼著作拾遗》(*Opera Inedita of Riemann*)（其中包括论文、笔记和信函)、5 册《高斯著作拾遗》和 4 册《哈密尔顿著作拾遗》。最后一册刚在几个星期前出版。

对辛顿来说，这是一个神圣的地方，不容世俗生活的搅扰和玷污。在这里，他直接接触的是纯真的东西、终极的真理、宇宙的规律。这些是在上帝诞生之前就已存在，在上帝走了之后还将长存的：纯数学、数字和形式、符号和比率的永恒不变的终极真理。那是从毕达哥拉斯以来每位数学家都知道的真实的宇宙、真实的大千世界[⊖]，而其他所有的东西只不过是虚幻的错觉而已。

⊖ 原文为德语“Weltall”，意为“world all”(事象世界)。

除了辛顿自己，只有男仆可以出入这间房子，每周打扫一次卫生。即使是辛顿雇来协助编纂《数学纪念文集》，对相关资料进行查找、收集、筛选和编辑工作的年轻数学家也从来未曾踏足一步，甚至不曾往屋子里看过一眼。他们只是把整理的资料通过墙里的狭孔放到房间偏远角落的桌子上而已。

辛顿看到桌子上已经放了很多资料了，想必是下一系列文集的第一集文选。下一系列要整理的是17世纪数学巨匠的论文，几乎可以肯定的是，莱布尼茨（Leibnitz）的数学通信会编辑在第一集中。辛顿认为，莱布尼茨是西方自古以来最伟大的思想家，同时也是最敏感急躁、最晦涩难解的，在编辑工作中是最具挑战性和困难的。如果是在其他任何时候，他都会丢下任何事情去整理这些信函，但今天莱布尼茨可要等一等了，因为他必须先构建集合。

现在，至少他已经准备好了，他可以运用方法、规则和程序进行思考了。

黎曼病得很厉害，他想用一个代数表达式概括所有集合的最终逻辑关系，但他自己已经无力构建这一宏伟的理论大厦了。辛顿认为，该表达式可以让人类更容易理解这一领域的和谐关系，打开人类对其进行感知认识、分析和证明之门。每当发烧有所减缓，黎曼就召见几位他所器重的学生，和他们探讨如何构建集合的程序方法。

第一步是弄清问题所在：系统地列出所有不适合解决问题方法的现象，特别是那些非同寻常的奇特现象——能够感知认识到，但无法归类到同一集合，因为不能确定问题。

其实，那是很简单的。不能纳入集合的现象，如弗雷迪是一个问题，而最独特和最难解释的现象，则是几分钟前在楼上奄奄一息的梅莉莎的病房里，辛顿莫名的恐慌。辛顿以前可从来没有恐慌过，他曾经害怕过、震惊过、恶心过、受伤过、沮丧过，但从来没有恐慌过。对梅莉莎的病情也绝不感到突然和惊讶。因为几个星期以来，辛顿已预料到了现在这种状况，他已经做好了充分的准备。

大约 3 个月前他从纽约回来时，和往常一样去看望梅莉莎，可她还是不欢迎他，也不太在意他的探望，但她名义上还是他的妻子。他马上看出她病了。她脸色死灰，脸上涂抹了浓重的化妆品，但更突出了苍白的脸色。她全身浮肿，却又极为憔悴消瘦，浑身上下散发出一股奇怪的恶臭。即使是安娜，虽然平时她一直不让任何人接近梅莉莎，但在他建议请医生看看时，也不再阻拦了。医生来看了一下，立即派人请来了蒙哥马利·布拉姆莱特先生。当时辛顿马上就明白妻子的病情确实是很严重了。他经常听到伦敦医生中流传的一句笑话："如果垂危的病人是基督徒，就去请神父；如果是位有钱人，就去请布拉姆莱特。"

布拉姆莱特的检查花了很长时间，最后他从楼上梅莉莎的房间走了下来，对辛顿说："女士的病情确实很严重，我建议您立即通知她的亲属。"这时，辛顿自己也感到很奇怪，他居然会说出平时肯定不会说的话："除了我，她没有其他亲属，她是我妻子。"

他感觉到布拉姆莱特惊讶地退缩了一下：有钱有势的辛顿先生居然已经秘密结婚了！而夫人居然不是英国人，也不是欧洲人，而是一个有不少黑人血统的女人！但这位医生嘴上只是说："那么我就把病情如实告诉您。在病人的子宫中长有大量的癌细胞。数量太多，已不可能用手术切除了，更谈不上治愈。手术治疗恐怕不会有什么效果了，现在癌细胞已扩散到全身了。脖子和腋窝里的淋巴结已肿胀得很厉害了，病人感到很疼痛。腹部的器官肿得很大，也非常疼痛。只有死亡才能解除可怜的夫人的痛苦。这一天不会太久了，我估计最多也就三四个月的时间。辛顿先生，您唯一能够做的事情是祈求她的痛苦早点儿结束，而医生能做的只是止痛而已。我会派护士来照料，我或助手每天也都会过来看一看。”

“但辛顿先生，”医生压低声音，虽然边上并没有什么人在听，“到时候可能最大剂量的止痛药也不会有什么效果，无法控制住疼痛。幸运的是，那时候，最后一天也就很快了，也许只有几天，最多两周，但对家庭来说则是种煎熬。我一般都会建议，除了最亲近的人，其他亲人都不要待在边上。他们都无能为力，只能遭受痛苦。我觉得家属比垂危的病人还更痛苦，因为病人除了少数时间，基本上已经没有什么意识了。病人通常不希望任何人在场，也认不出什么人了。病人到了那一天，我或助手会再提醒您。”

一星期前，布拉姆莱特先生已经告诉他，最后的时刻即将来临；而就在那天上午，布拉姆莱特先生的助手告诉他，最后的时刻来了。在面对这样的痛苦时却无能为力，当然有理由难过、恐惧甚或悲愤，但恐慌——他为什么会感到恐慌？

当时他是否已经准备好黎曼的第二步：“假设不可解释的奇特现象和不可解决的问题都属于同一集合，那么，那是个什么样的集合？”

弗雷迪和在梅莉莎卧室感到的恐慌只适合一个集合或领域，两者之间的唯一共同点或相关之处，他们都属于的唯一领域，就是辛顿自己及其生活。

辛顿立即意识到这可能是对的。他感受到了美的愉悦，心情非常舒畅。在构建集合的时候，一般都会产生这样的感觉。

“你们以后可能会发现，”在第一次召开研讨会时，黎曼曾这样说道，“即使产生豁然开朗的感觉，那也不一定是正确的集合。但如果没有这样的感觉，所构建的集合肯定是不正确的。至少对我来说是这样的。如果你们有了这样的感觉，就必须假设那是对的，继续探索下去。”

然后，黎曼注意到了这个年轻的英国人。他是那天上午拿着牛津大学导师的介绍信来参加研讨会的。于是，他转身问他：“辛顿先生，那么下一步该怎么办？”

“确定集合的真正独特之处。”辛顿几乎不假思索地回答道。在牛津的最后三年，他一直沉浸在哈密尔顿及其四元数中。因此，对他来说，这是显而易见的。黎曼粲然一笑。从那时起，黎曼就接受了辛顿，对他另眼相看了。

那么，麦格雷戈·辛顿这一集合有何真正独特之处呢？他是男性，英国人，63 岁了，但成千上万的人都有这样的属性，没什么独特之处；他是一位银行家，非常富有，这也没有什么稀奇的；甚至他的数学博士学位，虽然对银行家来说并不是很普遍，但至少在英国，肯定不具有独特之处。当然，有一位身患癌症、生命垂危的妻子就更谈不上有什么独特之处了。

只有一点是麦格雷戈·辛顿这一集合真正独有的：“在我人生的每一关键性时刻、每一转折点，都会被刻上侵占或重大经济犯罪之类的烙印。请注意，是被刻上烙印，而不是由此引起。我自己没有犯过法，甚至也没有本来就针对我本身的犯罪活动。但我身边有侵占或类似的经济犯罪活动，对我产生了影响。如果把弗雷迪的伪造纸币包括在内，前后共有三次这样的情况。

“根据伯努利定理（Bernoulli’s Law），”辛顿大声说道，“三个很不寻常的事件发生在同一对象身上的概率实际上应该是零。它们必定是种模式或结构，必定是集合的独特之处。要理解集合，根据黎曼的教诲，我必须重构这些事件的每一要素，仔细思考这些涡流中的每一气流和结构中的这些转折点。这就是约翰·麦格雷戈·辛顿的生活。”

CHAPTER 9 | 第9章

哥　廷　根

那当然是他第一次来到哥廷根，时间是1867年。

从一所小型公立学校毕业后，因数学成绩优异，辛顿获得了牛津大学的奖学金。他的父亲勉强同意继续供他念3年书，但定期供给的生活费用少得可怜，还喋喋不休地抱怨：他是一位贫穷教区的牧师，收入微薄，辛顿读书的负担压得他喘不过气来。后来，在数学荣誉学位考试中，辛顿获得了一等荣誉学位。在大学导师的敦促下，他的父亲才很不情愿地答应再供他读4年。

一年50英镑勉强可以应付。当时是汉诺威王朝统治时期，还没到普鲁士王国阶段。那时，哥廷根是一个乡村，还不是城镇，因此，这点儿钱还能使他勉强支撑下去。但后来，在刚刚通过黎曼考试的时候，父亲去世了。过了几个星期，同父异母的兄长才通知他父亲的死讯。辛顿对此也不觉得有什么奇怪的，他和父兄都不亲近。辛顿出生时，父亲已经老了，兄长快20岁了，已经在英国殖民地公职机构（Colonial Service）任职。兄长写信告诉辛顿，随信附寄一张25英镑的支票，这是最后一次给他汇款了，因为辛顿应该知道，父亲身后没有留下什么遗产。

那时，辛顿的学位论文已经快写好了。黎曼原来希望他写哈密尔顿四元数方面的研究。当然，哈密尔顿研究四元数已经是几十年前的事了，但他在都柏林，离德国很遥远。在哥廷根，知道他的人寥寥无几，更不要说有谁对他进行过研究了。但黎曼马上就认识到这一研究的重要性，如果能将他的理论运用到自己的集合论和数论领域，那么必然会产生新的重要成果——这就是现在非常热门的矩阵代数。辛顿心里这样想着。

因此，黎曼让辛顿写了篇四元数方面的学期论文，然后要求他把论文扩展成博士论文。他是对的，辛顿心想，在哈密尔顿发现新大陆20年后，写这方面的论文至少也还不错。

但那时辛顿已经对数学史产生了浓厚的兴趣，于是他决定写内接四边形的历史方面的论文。从毕达哥拉斯到17世纪的耶稣会数学家阿塔纳斯·基歇尔（Athanasius Kircher），再到数学家、炼金术士、巫师、占星家和哲学家都对内接四边形很感兴趣。"我的论文，"辛顿思忖，"现在已经成为经典了，被各种学术论文选集一再收录刊印。现在，数学史研究很时尚，我是这一新领域公认的先驱。康托在一次学术会议上宣布应用数学已告终结。然而，当时感兴趣的人寥寥无几。"

因此，在找工作时，他想请哥廷根大学的指导教授帮忙，但对方的回答让他颇感气馁："除了到中学任教，年轻的数学家一般很难找到工作。德国的大学更不会聘请数学史专家。我也许能帮你找份图书馆管理员的工作，但在哥廷根大学恐怕不行。在这里，和你情况类似的人太多了。我也许能帮你联系一下汉诺威技术大学（Technical University in Hanover），在那里找份工作。在前面几年，你当然只能担任编外讲师，以后也许能升任教授。但我希望，亲爱的辛顿博士，你还可通过其他途径找到工作。图书馆管理员的年薪大概只有 100 英镑。我认为很难找到专业性质的工作，我劝你别在这方面多费心思了。”

牛津大学年迈导师的一席话也一样令人泄气：“亲爱的孩子，我可以帮你找份初级导师的工作。在 3 年之内，学校会给你提供食宿。如果你愿意接受圣职，我们也可给你介绍一份大学教堂助理牧师的工作，年薪 25 英镑。工作职责是，当礼拜天主管牧师不在时，帮他做几次服务性工作。除此之外，牛津大学恐怕不太会对数学家有多少兴趣。如果你能像我那样坚持 10 年，情况可能会有所转机，但我还是建议你另谋高就。在 10 年间，为了博得校长、院长和资深导师的青睐，我曲意逢迎，才得到了今天的职位，但这让我身心交瘁。

“我本来可以做一名出色的数学家，虽不如你出色，可能永远也比不上你，但我来这里时也是颇有才能的，而且还是威廉·哈密尔顿的学生。遗憾的是，我没有什么成果，但我至少还有份说得过去的个人收入。亲爱的孩子，如果是我的话，就会去做那份初级牧师的工作，我也很欢迎你留在这里，陪陪我这老头子，虽然你会觉得我很落伍了。我确实已很久没有探讨过数学问题了。但如果你还有其他机会的话，我实在不能鼓励你待在这里。”

然后，这位可怜的老人，眼里噙着泪水，从起居室的墙上取下威廉·哈密尔顿爵士的墨汁素描肖像：“这个送给你，做个纪念。去吧，孩子，去找份体面的工作，不必像我那样留在这里委屈自己，处处看人脸色行事。”

辛顿立即动身前往伦敦。第二天上午就去拜访了奥利弗·班克罗夫特勋爵。他时任班克罗夫特兄弟银行的老板，现在则称克莱蒙特子爵。他和辛顿的兄长是牛津大学的同窗好友，兄长替辛顿写了一封介绍信。奥利弗随即把他的兄弟丹尼斯叫来，他们当场就拍板聘用了辛顿。丹尼斯现在已经封爵，称班克罗夫特勋爵。辛顿的工作是合伙人的私人秘书，负责业务方面的外语交流。他的德语很流利，法语也还过得去。他们给他提供的年薪是150英镑。对辛顿来说，这可是一笔很可观的收入，要知道，他的父亲一年给他的费用可从来没有超过50英镑。

几年以后，大约就在克莱蒙特勋爵让他去见摩根的时候，他突然收到一封从格拉斯哥寄来的信。写信的女士文化程度不高，但辛顿对信中内容记忆深刻，一个字都不会忘记。写信人署名玛格丽特·麦格雷戈·克劳森（Margaret McGregor Clawson）。信中这样写道：

> 你可能从没听说过我。我是你母亲的远房堂姐妹，和她一起在赫布里底（Hebrides）长大。她是我在麦格雷戈家族唯一的亲戚。我来信是请求你帮一下我这个贫穷可怜的寡妇。我只有一个女儿，今年19岁了，生了场大病。医生说，如果不做手术治疗，她可就没命了。治疗费用需要50英镑。你母亲是我小时候的朋友，我知道你从母亲那里继承了一笔遗产，肯定有50英镑的余钱拯救你唯一的表姐妹的生命。

辛顿勉强凑足了这笔钱。但他在回信中说明，他并没有从母亲或其他人那里继承过遗产，他是靠银行职员的薪水过日子的。

他收到了回信，然而得到的不是感谢，而是严厉的谴责：

> 请别装穷了，麦格雷戈·辛顿。我知道你母亲给你留下了1800英镑的遗产。这笔钱是从她叔祖父那里继承来的。她叔祖父是卡莱尔（Carlisle）的小五金商，他去世时，你母亲是辛顿牧师的管家，后来牧师娶了她。但我们都很奇怪，我们甚至不知道她居然还有这么一位叔祖父……

一开始，辛顿认为这是老妇人的一派胡言乱语，但后来一想，苏格兰人说过，不能轻率地处理钱财，于是他到萨默塞特宫（Somerset House）查阅他父母的遗嘱。他父亲的财产虽然不多，但都留给了第一次婚姻的两个孩子，即辛顿同父异母的兄姐，但父亲的遗嘱中还有一句令人费解的话："我对约翰·麦格雷戈·辛顿的责任由他同父异母的兄姐承担。"

在他还不到8岁时，母亲就因肺病去世了。在去世前几个月，她立下了遗嘱。母亲在遗嘱中明确说明：

> 1841年，我从叔祖父威廉·麦格雷戈那里继承的1800英镑留给我唯一亲爱的儿子约翰·麦格雷戈·辛顿。这笔钱所产生的收入用来支持他的生活和教育，本金则供他在21岁之前完成教育。

他现在明白了，父亲很不情愿汇给他的收入，一直声称是从他那里拿走的收入，其实都是辛顿自己的钱。实际上，父亲只给了一半的钱，因为1800英镑至少能产生一年100英镑的收入。

现在他终于弄清楚了父亲为何要娶母亲。他知道父亲从来没有爱过母亲，一直把她当佣人看待，他对此始终愤恨不平。父亲娶母亲的唯一理由是想侵吞钱财：她继承了那笔意外遗产之后不到3个月，他就娶了她。

但他毕竟没有过分胆大妄为，只侵吞了一半，还不敢侵吞所有的钱财。他同父异母的兄姐可没有什么内疚感。他们从来就没有接受过父亲的第二任妻子，更不用说她的孩子了，还公开对辛顿母子俩表示了蔑视。他们认为，父亲虽然是教区总教堂所在城镇里一名小商人的儿子，但被委任为牧师，因此是一位绅士；他们经常在私底下提醒他，他的母亲是佃农的女儿，而他们的母亲则是一位淑女，是本地绅士的女儿。这位绅士把贫穷教区送给了他的女婿，让他借此为生。

辛顿知道，他们对他没怀好意。因此，在收到兄长介绍他到班克罗夫特兄弟银行工作的介绍信时，辛顿颇感意外。但他确实连做梦都不会想到，他们居然会恬不知耻地窃取他的遗产。事实上，如果没有收到已故母亲的远房亲戚从格拉斯哥寄来的那封信，他可能永远也不会发现他们的盗窃行径。

在发现这一厚颜无耻的盗窃行径时，辛顿怒火中烧，气得发抖，但他马上意识到自己无能为力。他先想到了打官司，可打官司会两败俱伤，即使兄姐能逃脱牢狱之灾，也足以毁了他们；但这也会毁了他自己。那时，他已经见过很多事情了，知道许多银行家不会同情丑闻，不喜欢惹是生非的人。如果他提起诉讼，班克罗夫特兄弟银行就会立即开除他，其他银行也都不会要他。钱财毕竟已经失去了，而此时兄姐都已经债务缠身，除了从他那里窃取的1800英镑，已然身无分文了。

不妨设想一下，如果在哥廷根找数学方面的教职时就收到这笔钱财，他会怎么办呢？100英镑的年薪确实不多，但如果再加上图书馆管理员的收入，在德意志帝国以前生活简朴的年代，就相当于德国小型大学教授的薪水了，能够过上一般的生活了。

在牛津，虽然 100 英镑的年薪也不算太多，可能还不如德国，但如果大学免费提供膳宿，再加上助理牧师的薪俸，虽然微薄了点儿，但至少可以度过初级导师的 3 年任期。然后呢？谁知道！不过，在外地，如曼彻斯特、里茨、杜伦（Durham）或伯明翰，当时这些地方都在筹建大学，也许可以在这些地方找到讲师的教职，这些大学也许愿意聘请牛津的导师，何况还是鼎鼎大名的黎曼的学生呢？他们也许愿意付 250 英镑的年薪，请他给本科生反复灌输微积分方面的知识。

但这时辛顿已经认识到，对他而言，银行工作比学术研究和教学更为刺激、更具挑战性，也更令人满意。那时，他已经知道，银行工作可让他施展数学才华。但如果兄长没有窃取遗产，他是否还能认识到这一点？兄长是否还会写介绍信，让他到班克罗夫特兄弟银行找工作？他的兄长当然就不会写那封介绍信了，之所以写介绍信，是出于不良的动机。然而，颇具讽刺意味的是，花 1800 英镑请人帮忙写封介绍信和找份班克罗夫特兄弟银行的工作，确实还是挺便宜合算的。

第10章 | CHAPTER 10

梅　莉　莎

十五六年后，他再次面临人生的转折点，在离开班克罗夫特兄弟银行5年以后，他又从维也纳回到了伦敦；他也再次遭受了侵占，而这次侵占他的是梅莉莎、阿米斯特德和伊莱恩（Elaine）。

那是一个春意弥漫的晚上，穿过维也纳的环城大道，辛顿来到了外城区，但他已经记不起自己怎么会走到了一家三流歌舞餐厅，也忘记了自己为什么会走进去。也许是因为演出海报上那个惹人心动的“梅莉莎”的名字吧，那是这家歌舞餐厅惹人注目的招牌明星，令人春心荡漾，联想起百里香和野花蜂蜜。那天晚上，梅莉莎按照通常套路，先跳了一段令人乏味的肚皮舞，然后又用疲惫的嗓音唱了几首风骚撩人的法国小调——而在顾客畅怀豪饮的喧哗声中，几乎什么也听不清楚。他也记不起在她演出之后，为什么会把名片送到艺人更衣室。总之，他们很自然地一起回去了。一路上，安娜相隔几步，在后面影子般地跟随着。梅莉莎把他直接带到了她的房间里，带上了床。

然后的一切，就像每次和女人在一起厮混那样，很自然地发生了。然而，就在令人销魂的那一刻，他心中又涌现了一股强烈的厌恶、羞耻和反感，一下子就泄了气，难以为继。

他又想起了14岁那年。当时，他在上一所三流的公立学校，因数学成绩优异而获得了奖学金。大学的一名指导学生深造研究的男性数学教师很快就相中了他。在其房间里上了两三次研讨课后，这个男人就悄悄靠近了他，抱住他，把他拉过去脱下了衣服，然后就强暴了他。他一下子就瘫倒了，感到很恶心，也很疼痛，心中充满恐惧。他模糊地意识到，如果抵抗的话，那名教师会毫不犹豫地使用暴力。但最糟糕的是，他意识到自己居然在轻轻地迎合着。那名教师想必也注意到了这一点。后来，教师就打发他走了。辛顿一下子就冲了出去，然后生了场大病，在床上躺了好几个星期。后来，只要一碰到这名教师，他就会恶心呕吐，吃不下东西。但他什么也没说，过了一学期，这名教师就离开了那里。

然而，从此以后，每当辛顿和女人在一起销魂的时候，那段令人恐惧的记忆就会不由自主地从心底里冒出来，他的心中充满羞耻、恶心、痛苦和堕落的感觉，难以自拔。这几乎彻底毁了他。他当然知道，和他在一起的那些女人想必也注意到了他的异常反应，她们可都是阅人无数的风尘女郎，但每次她们都拿到了钱，也就很识趣，没有说三道四。

但梅莉莎不一样。她立即停了下来，关切地问道："我是不是没做好？伤害你了吗？我有什么让你不舒服了？"

尽管在一小时前，他们还是互不相识的陌路人，他还是向她倾诉了内心深处的恐惧不安。他不知道她会做出什么样的反应：厌恶、同情还是羞辱？他当然不希望这样的回应。

“唉，这个可怜的人！”她说道，“哦，不！我讲的不是你。在成长过程中，我们几乎每个人，不管是男人还是女人，都会碰到坏人。你的经历也只是如此而已，别纠结了，忘了吧！要知道，那名教师才是可怜的人，居然会找不到合适的发泄方式，去侵犯一个混沌未开的小男孩，这又满足不了他的需要。你们英国真是个残忍的国家，会让这样的人找不到发泄的地方，竟然会让他不顾羞耻，冒着丢掉工作、受到恐吓敲诈的风险去做这种事情。而在我们的国家，我是希腊人，你知道的，不过我出生在埃及——我们都知道如何谨慎适当地提供服务，满足这种需要。但现在，忘了那个可怜的人吧，”她抱着他说，“来，我们继续。”于是，他们继续鱼水之欢。

她替他祛除了心病。然而，一想到很久以前的那个晚上，他心中还是五味杂陈，感到强烈的恶心、羞耻和反感。但从此以后，在跟女人做爱时，他再也不会萎靡泄气了。因此，他开始替梅莉莎和安娜支付房租，成了替她们挡风遮雨的保护人。但这样做，主要是出于感激之情，而非男女之爱。

不久，他又成了她们的救星。几个星期后，这两个女人就要身陷困境了。想当年，青春妙龄的梅莉莎性感迷人，一度风光无限，几乎登上了她这个行业的巅峰。作为一名颇有异国情调的舞女和歌手，她的足迹遍布地中海和中欧各地的歌舞餐厅，包括热那亚、巴塞罗那、布达佩斯、君士坦丁堡和维也纳。那些年，她肯定赚了很多钱，但一个子也没留下来，“想必都挥霍在男人身上了，”辛顿这样想着，“她就是个天生的冤大头。”但如今她徐娘半老，风韵不再，脸上长出了皱纹，身材也开始发胖，原本就不怎么样的歌喉，现在更是嘶哑难听。梅莉莎和这家三流歌舞餐厅签订的合同，到夏天餐厅歇业时就到期了，而且不再续签。时间只剩几个星期，到时候她就只能流落街头了。辛顿想，不出一年她就会死于非命，不是死于梅毒、酗酒和鸦片，就是死于皮条客的拳头之下。

辛顿知道，梅莉莎的故事其实很平常。但安娜呢？她是谁？有什么故事？无论是白天还是晚上，她都会守候在梅莉莎起居室或卧室的外面。她长着一双绿色的眼睛，静静地坐在那里，不动声色地看着。每当梅莉莎需要给人一顿臭骂或让人帮她捡手帕时，她都会在那里恭候。

他当然无法从这两个女人那里了解到详情。安娜沉默寡语，什么也不说；而梅莉莎的话又不能相信。不过，他正巧认识维也纳警察局的几位官员。要知道，世界上无论哪里的警察都对梅莉莎和安娜这一类人了如指掌。从他们那里，辛顿了解到她们是同母异父的姐妹。她们的母亲是一个希腊肚皮舞娘，也是一个暗娼。安娜的父亲是一个常驻亚历山大港的爱尔兰船具用品经销商，所以她长着绿色的眼睛、奶白色的肌肤；而梅莉莎的父亲则是地中海东部的商人，祖母有苏丹努比亚人的血统，因此，梅莉莎的头发和嘴唇有黑人的特征。

没有人知道她们母亲的下落，也许又找了个情人私奔了，也许被那个埃及商人无情地抛弃或残杀了。但不管怎样，在埃及商人家中，姐妹俩渐渐长大了，没有什么人关照她们，她们受尽了各种欺凌和虐待，甚至还可能受到过性侵，但至少还有个吃饭和睡觉的地方。安娜是姐姐，比梅莉莎大五六岁，因此，她承担了照料梅莉莎的责任，做了小妹妹的保护人，为她挡风遮雨，为她挺身而出，还让她学会了母亲做过的肚皮舞营生。而现在，如果没有辛顿的帮助，她们就要厄运临头了。

但他对梅莉莎很快就感到厌倦了，他觉得梅莉莎对他始终抱着无所谓的态度。事实上，她对谁都一样，对什么都无所谓。不过，他还是一直在为她支付房租，时不时地去看看她，虽然次数越来越少。他甚至决定替她投保一笔数额不大的终身年金。然而有一天，他去看她时，发现她在歇斯底里，一看见他就紧紧抱住他，又哭又笑。

“我怀孕了！”她哭道，“麦格雷戈先生，”她总是这么称呼他，可能不知道他还有其他名字。“请让我生下这个孩子吧，我一直想要个孩子，做梦都想当个母亲。我以前怀孕过，但那些男人每次都让我把孩子打掉了。哎，求求你了，麦格雷戈先生，让我生下这个孩子吧！我保证不会打扰你，从此走得远远的，你再也不会见到我的，我不会成为你的负担的。但无论如何，求求你，麦格雷戈先生，请让我生下这个孩子。我知道我年纪大了，不会再有其他孩子了。哎，麦格雷戈先生……”她在他的面前跪了下来，想吻他的手。

他设法让她平静下来，使她相信他会让她把孩子生下来的，在怀孕期间，还会请医生照料她，以后还要专门为她和孩子设立一笔供养基金。这个可怜的女人哭得那么伤心，他发现自己也情不自禁地哽咽了起来，想起了年幼时母亲去世时那种悲痛欲绝的感觉：母亲把他孤零零地丢在一个充满敌意的世界里，他觉得仿佛天就要塌下来了。但从那以后，他就再也没有这么伤感过了。这时候，连平素面无表情的安娜都动了柔情，屈膝俯身吻了他的手，恳切地祈祷：“愿上帝保佑您！”

梅莉莎的妊娠反应很强烈，他请奥格斯堡（Augsburg）医生来悉心照料她。奥格斯堡是维也纳公认的最好的医生之一，当时他的女儿刚嫁给莫森索尔。然而，梅莉莎虽然身体不好，但心情很好，宛如妙龄少女，脸上洋溢着幸福欢乐的神采，浑身上下散发出千娇百媚的女人味。也许正是这种气质，使她在15～20年前风靡整个地中海的海滨歌舞餐厅，处处受到追捧。

对辛顿来说，梅莉莎的孕期为他的离开设定了最后的日期。他在维也纳已经待了五年，这是努力工作、充满挑战、收获成功的五年，也是乐在其中的五年。现在，他准备离开了。莫森索尔不再需要他了，伦敦 – 奥地利银行已经建立起来并步入正轨，开始盈利了。

他完全可以继续留在维也纳，过富足闲适的生活，弄个奥地利男爵的头衔，让身家和身材一块儿发福。可他才刚刚 40 岁，还没准备退休，不管那种生活有多么舒适安逸。现在他决定了，等到梅莉莎生下孩子，他就离开维也纳。离开之后该怎么办，他心里还不是很有底。确切地说，他还没有完全决定要追求什么样的机会，但他肯定是要走的。

可惜最有吸引力的那个机会他却始终得不到：加盟麦蒙公司，成为所罗门·麦蒙爵士的合伙人。他知道这位老人需要他，他也喜欢和敬重这位老人。麦蒙公司是整个伦敦最好也是历史最悠久的银行，创建于克伦威尔（Cromwell）刚允许犹太人回到英国之时，已有 200 年的历史了。所罗门爵士从来没想过要找一个合伙人，更不用说把公司领导权交给一名非家族成员了。他有五个活泼可爱的女儿，但只招犹太人做女婿。

“时代不同了，”辛顿沉思着，“现在贝琪·麦蒙（Becky Maimon）为欧内斯特·马尔堡生的两个女儿都嫁给了贵族，最年轻的那个身份不亚于皇室公爵的孙辈。但这毕竟是 25 年之后的事了。25 年前，我所能做的就是找到马尔堡，把他引荐给所罗门爵士。这个办法很好：马尔堡是准男爵、国王的银行家，是位值得信任的好朋友。是他，而不是我，成了麦蒙公司的所有人，现在他们已改称麦蒙 – 马尔堡公司了。”

然而，如果加盟摩根公司就没有这样的障碍，辛顿只要拍发这样一封电报就可以了：

我准备以合伙人的身份加盟，请告知合伙条款。

他知道，其实大家都知道，摩根先生从不招有业务往来的其他银行的员工，更不用说聘请合伙人了。他与伦敦－奥地利银行的业务往来，比辛顿曾经工作过的班克罗夫特兄弟银行要多得多，但他还是毫不掩饰地向辛顿伸出了橄榄枝。尽管在伦敦和巴黎都有自己的银行，他还是经常把在欧洲最大和最重要的业务委托远在维也纳的辛顿处理。摩根每年都会来欧洲至少一次以上，而每次到欧洲，他都会召见辛顿，通常是请辛顿到巴黎畅谈几天，最后一般都会达成重大的合资项目。

辛顿最近去过纽约，回来时发现梅莉莎已经病得奄奄一息了。就在这次纽约之行中，摩根证实了辛顿23年前的猜测：他想请辛顿做合伙人，就等辛顿跨出第一步了。

去年2月的一个晚上，在摩根刚建好的用来收藏艺术珍品的精致图书馆里，两人坐在那里一起欣赏一幅精心装饰过的手稿。他非常了解和喜爱这幅手稿。这时，摩根开口说："辛顿先生，你在职业生涯中犯的一个错误，是在准备离开维也纳时没到我这里来。我已经拟好了接受函，只等你拍电报来。我觉得跟我做合伙人会比在班克罗夫特兄弟银行更刺激些。"

"如果你加盟，我们一起应对繁忙的商务，那么，"摩根微笑着补充道，"在你每年来纽约的6个星期里，我们就会有更多的见面机会，我们可以每个晚上都在一起畅谈。"辛顿每年到纽约，晚上一般都是和摩根一起度过的。先是在他在大都市俱乐部的私人包间，然后是在摩根图书馆，他们无所不谈：艺术、数学、世界大事，但很少涉及银行业。

"确实，"辛顿心想，"每年在纽约和摩根度过的6个星期及在维也纳度过的6个星期是我真正的生活，而不是什么《数学纪念文集》。在伦敦，我一般只在就餐时外出，而在纽约和维也纳，才是享受真正的生活：在美国纽约时，与摩根倾心畅谈；在维也纳时，要么到剧院听马勒演奏交响乐，要么去参加沃尔德-莱夫尼茨男爵夫人的社交音乐会。但在23年前，在准备给摩根先生拍电报时，我还不知道这一点。当时我在办公桌上已拟好了电报，就像摩根先生已写好了回复电报一样。”

就在那时，又出现了一个机会：这是一份困难得多也艰辛得多的工作，但也可以独立决断，而不用像作为摩根先生的副手那样受制于人。这个机会就是组织和经营伦敦国际工业银行（International Industrial Bank）。

他与西门子和麦蒙讨论过这一想法，两人都颇感兴趣，愿意各自投资30%的股份。他相信摩根先生也一样会感兴趣。因此，辛顿就将持有剩余的10%的股份。这是世界上第一家国际银行，辛顿将出任董事长兼管理总监（management director），银行将网罗各种资源和世界上最优秀的银行业创业人才。

“这是个很好的创意，”辛顿经常对摩根先生说，“我应该采取行动付诸实践。如果我不做，其他银行也会去做，大概10年后，他们就会自己去做，他们会做得很好，西门子可能会做得最好，他会在意大利南方成立银行进行发展，然后到西班牙北方建立银行，再到南美洲发展。但现在各大银行都在互相竞争，难以集中力量，做得很辛苦却获利甚微，而我将集中精力做一项真正重大的发展事业。”

在梅莉莎怀孕期间，他在维也纳唯一要做的决定是与摩根携手合作还是自己创业。一旦梅莉莎生下孩子，他准备马上就走。他已经很肯定地告诉过莫森索尔，他准备在年底离开维也纳。

就在梅莉莎临产前几天，他收到了丹尼斯·班克罗夫特拍来的一封电报。丹尼斯现称班克罗夫特勋爵为弗雷迪的父亲。电报内容很简短：

速至伦敦，切勿张扬。

他与班克罗夫特几乎已经没有任何瓜葛了。当然，从法律上而言，班克罗夫特兄弟银行在任何时候都得接受他回去担任全面合伙人；但实际上，他已经离开了，与之没有任何经济关系了。

克莱蒙特勋爵和丹尼斯兄弟俩几乎拥有公司的所有资本，但他俩对公司经营都不积极。当时正是保守党执政的最后几年，克莱蒙特担任财政大臣，处于政治生涯的巅峰。兄弟丹尼斯也已经涉足政治，当选下议院议员，并出任初级大臣（junior minister，如议会秘书之类），因此，在下议院开会期间就会很忙。

这样公司业务就由阿米斯特德负责了，而阿米斯特德不喜欢辛顿。当初两人都是合伙人，在伦敦坐同一间办公室，那时他就不喜欢辛顿了；现在辛顿远在维也纳，但他们的关系并没有什么改善。辛顿多少还了解阿米斯特德的经营方式——非常自负、贪婪，极不明智，他同样不喜欢阿米斯特德。阿米斯特德一直很少利用伦敦－奥地利银行，成立时就持反对态度，总是抱怨股利太低（当然，当时伦敦－奥地利银行还没开始盈利），很想撤走股份，这样就可以与辛顿撇清关系了，而辛顿也已经决定买断班克罗夫特兄弟银行的股份。如果加盟摩根银行，他就会请麦蒙来收购班克罗夫特兄弟银行在伦敦－奥地利银行所持股份，麦蒙和马尔堡都想收购这些股份；如果创建国际工业银行，那么就由他自己来收购这些股份。

尽管如此，他还是立即动身，乘上最早的火车从维也纳赶到伦敦。让他大吃一惊的是，当渡轮靠近多佛码头时，迎接他的竟然是丹尼斯和伊莱恩夫妇。夫妇俩让仆人扮作“辛顿先生”将行李送到伦敦，然后马上把他带到偏僻街道的一座小旅馆里。在楼上的一间房子里，克莱蒙特爵士已经恭候多时了。

“阿米斯特德死了，”伊莱恩急不可待地说，两个男人则瘫坐在那里，“验尸官会裁定那是一起意外事故，但其实他是饮弹自杀的；他把银行都搬空了。你必须立即回来，只有你才能救我们！”

班克罗夫特兄弟银行破产了，合伙人的资本早已被挥霍一空，没有充足的现金支付流动负债了，其中许多已经过期了。更糟糕的是，阿米斯特德大肆挪用了信托基金，诸如英国教会基金、牛津大学下属学院的基金、伦敦多家医院和一些殖民政府的基金等；而克莱蒙特爵士还担任英国教会基金的政府财务主管。

然而，最糟糕的是，至少从道义上讲，真正的罪魁祸首并不是阿米斯特德，而是班克罗夫特家族。阿米斯特德挪用的银行资金基本上没有落入自己的口袋，绝大多数都用来满足班克罗夫特家族无尽的需求了。克莱蒙特爵士以大政治家自许，因此，在生活上他一直参照大政治家的做派。在担任财政大臣的这些年里，他期许自己是未来的首相，所以就在生活开销上参照首相的标准。但真正的挥霍者是他的兄弟丹尼斯和伊莱恩夫妇俩。辛顿突然明白，五年前迫使他离开的实际上并不是阿米斯特德，而是伊莱恩。她向公司伸手讨要的数目越来越大，结果遭到了他委婉的拒绝。

是她把丹尼斯推向仕途的。在离克莱蒙特 25 英里[⊖]的威尔特郡的比奇赫

⊖ 1 英里 =1609.344 米。

斯特，她购置了都铎建筑风格的巨型豪宅。她的公公，家族的第一代爵士，在克莱蒙特营建了宏伟的维多利亚风格的宅邸。她以此为平台开展交际活动，把畏缩无能的丈夫打造成政治明星，并获取了贵族头衔。

“她毕竟成功了，”辛顿苦笑着想，“虽然时间比她预期的要长得多。在丹尼斯受封为比奇赫斯特的班克罗夫特勋爵后不到六个月，在冬季选举中，自由党气势如虹，保守党大败，他也因此永远地退出了政治舞台。”

面对伊莱恩越来越大的胃口，阿米斯特德开始在股票、商品和证券交易中投机。失手后，他又陷入了更疯狂的投机活动：胡椒期货交易，短线销售西西里水银，芝加哥猪腩交易。虽然班克罗夫特家族理所当然要承担财务责任，但可以避免法律的制裁。然而，大家都知道，从道义上讲，他们才是罪魁祸首。

只有一条出路：破产清算。在伦敦－奥地利银行的股份是阿米斯特德唯一没有用以抵押担保或出售的主要资产，可能是因为他顾忌辛顿吧。这些资产可以抵偿信托账户的亏损，因此可以防止丑闻的曝光和犯罪指控。至于其余债务，可以说服债权人再宽限一年，这样他们的债务就能得到全额偿付，不会蒙受损失。在银行之外，班克罗夫特家族还有充足的财产。当然，克莱蒙特和比奇赫斯特的家产是保不住了，政治生涯也无法顾及了。

两个男人接受了破产这一现实，他们想必达成了同样的结论。但伊莱恩拒绝面对现实，她不能接受破产的结局。她认为，班克罗夫特兄弟银行可以而且应该继续照常经营下去，不应该破产清算。如果运气不错的话，银行还能够起死回生。

但辛顿认为这样的可能性微乎其微，而且风险极大。这是件倒霉的事情，他们可能会因欺骗性破产而身陷囹圄。当然，他们很可能会得到这样的结局。即使能够摆脱困境，也需要用5年的宝贵时间来拯救银行，而这样的结局完全是班克罗夫特家族一手造成的：他们极不负责、贪婪、玩忽职守。总之，咎由自取。而在这5年的时间里，他则无法做自己建设性的工作了。

他差点儿就决定了要回绝伊莱恩的要求。他打算告诉班克罗夫特家族，他唯一能做的就是把他们在伦敦－奥地利银行的股份卖个好价钱，尽量避免犯罪指控。这个时候，他发现自己孤身一人坐在班克罗夫特兄弟银行的合伙人办公室里，面前只有形容枯槁、脸色苍白的伊莱恩。

"我觉得事情已难以挽回了。"他这样对他们说。但伊莱恩把手从桌子对面伸了过来，紧握他的双手："麦格雷戈，请你不要这样说。请你不要抛弃我和孩子，请你不要抛弃我和弗雷德里克！"

她从来没有叫过他的教名，也从来没有握过他的手。他心乱如麻，深受感动，含含糊糊地虚应着："不要担忧，一切都会好起来的。"他马上看出来，伊莱恩显然认为自己已经答应她了。

但他心里一点儿底也没有，于是急忙离开，想摆脱她的诱惑。

当回到他们为他安排的不显眼的旅馆时，他发现有封从维也纳拍来的电报。临行前，他让安娜把梅莉莎生下孩子的消息拍电报给他，并告诉她如何写密码电报。从电报上看，梅莉莎生了个男孩，母子平安，但电报上还有明码德文内容："请您接电速返。"电报署名的是奥格斯堡医生，而不是安娜。

他乘早上的火车离开伦敦前往维也纳，在维多利亚车站拍电报给克莱蒙特爵士，告诉他自己会在48小时内做出决定，然后从维也纳西站（Westbahnhof）直奔梅莉莎的居所。

安娜想阻拦，他一把推开她，进入梅莉莎的卧室。梅莉莎躺在床上，哭肿了脸，他几乎认不出来了，旁边是她精心准备的摇篮，摇篮里躺着一个令人恐怖的怪物：畸形的大脑袋，覆盖着一层灰色薄膜的双眼，扭曲的身体。梅莉莎一看见他就惊叫了起来，一把将他推开……从此不再让他靠近，更不用说接触了。

“这是我作孽的报应，”她抽噎着说，“不要靠近我，我应受上帝的诅咒！”

“高龄产妇第一次生小孩时，”奥格斯堡轻轻地劝说，“这种事情时有发生。幸运的是，婴孩一般都活不长。”

但这一次奥格斯堡错了。在维也纳北方，奥格斯堡医生找到了一个农民，他愿意收养这个可怜的畸形儿。这个孩子活了 11 年。

就在那天，他做了两项决定：一，与梅莉莎结婚；二，接受拯救班克罗夫特兄弟银行的工作。两星期后，他回到了伦敦。再过了 6 个月，他在广场边租了间房子，把梅莉莎和安娜接了过来。两个女人木偶般地任人摆布，仿佛丧失了所有的自主能力。但梅莉莎几乎不再跟他说话，并决口不问婴孩的消息。后来他告诉她孩子死了，她也无动于衷、充耳不闻。她躲在房子的顶楼，不跨出房门半步。她身上的脂肪一层层堆叠起来，仿佛要筑起一堵肉墙来抵御外部世界似的。她源源不断地招来希腊神父、印度教丝瓦米、身披宽松莎丽的波士顿女神智学家、占星家、手相师和巫师。

而辛顿则让自己沉浸在工作中。在长达 5 年的岁月里，充满艰难困苦。他很少在晚上 10 点前离开办公室。如果没有伦敦 – 奥地利银行的股利，他就无法成功地挽救危局。在这些年里，他和莫森索尔开拓的行业开始成熟了，他们准备以高价抛售这些行业的股份：甜菜加工厂；盈利极为丰厚的木材公司（开发了大贵族索别斯基及其女婿沃特瓦拥有的波西米亚广袤的森林）；两三家利用这些木材提炼出的纸浆造纸的纸业公司；羊毛和棉花制品加工厂、鞋类制造公司和快速发展的化工企业，既向纺织企业供应染料和腐蚀剂，也向纸业公司提供碱性苏打和氯气。

有一年的盈利状况非常好。那是危机后的第三年，伦敦－奥地利银行分派的股利丰厚，达到了前所未有的800%，这使他一举偿清了班克罗夫特兄弟银行的所有债务。他也得到摩根、西门子、麦蒙和马尔堡等朋友的鼎力相助。他不知道他们是否怀疑哪里出了问题，但他们还是尽可能给他提供各种业务，提供班克罗夫特兄弟银行所需的各种帮助，不仅仅是现金的拆解，帮助银行获取利润，还提供信誉方面的各种支持。

他花了五年时间力挽狂澜，扭转了银行的局面。在这一过程中，他成了银行的主要所有人。在他同意接管时，他要求得到银行1/3的股份。另外，还签署了一份协议，要求班克罗夫特家族如果出售他们的股份，必须先卖给他。那时他就明白了，他得靠自己而不能再相信班克罗夫特家族的诚意和判断能力了。

然而，他们甚至比他原先担心的还不负责任。在第一年，他们确实尽力控制开销，然后很快他们就恢复原状，重新过上气派的贵族生活了，似乎危机从没有发生过。那时，弗雷迪也开始大手大脚地花钱。有一年年初，在和禁卫军军官打牌赌博时，他用做了记号的牌骗取了大约15 000英镑，事情败露后又还了回去。伊莱恩又开始力促丈夫的仕途发展了：操办政治聚会，招待各界名流，比奇赫斯特的豪宅又成了政界食客、新闻记者、年轻议员以及其他能够帮助丹尼斯仕途发展的三教九流的荟萃之所。

班克罗夫特家族只能靠出售银行股份来维持开支。即便在协议中没有相应的条款，除了辛顿，其他人也不会收购他们的股份：只要其他人一看财务账本，交易自然也就告吹了。因此，辛顿发现自己只能四处筹钱来购买当时并不值钱的班克罗夫特家族的股份。他收购了大量的股份。因此，在这些年的绝大多数时候，他的生活极为清贫拮据，如同20年前在哥廷根大学求学时一样身无分文。但到了19世纪80年代末，班克罗夫特兄弟银行终于摆脱了破产的困境，重新恢复元气，开始盈利了。另外，辛顿二度创业投资的收入，如铜矿、用作肥料的智利硝酸盐、谷物码头和海外屠宰场等，开始源源而来。辛顿所持有的银行股份已经超过2/3，而班克罗夫特家族手中的股份还不到1/4。

从那时开始，他就全面控制了班克罗夫特兄弟银行。丹尼斯，即班克罗夫特勋爵，为了从政，实际上已经离开了银行，虽然还挂着董事会主席的头衔，但到1899年加入内阁时，他就辞去了这一头衔；而克莱蒙特勋爵则退休得更早。

两位年轻人，谢尔登和辛肖只是名义上的合伙人。谢尔登甚至很少来办公室，即使来，也只是使用一下电话，和当时他送钻石献殷勤的交际花在电话里窃窃私语。其他时候，就成天赛马和打猎，他还是猎狐队的负责人（Master of Hounds）。辛肖倒是基本上每天都来银行，老老实实地从上午10点待到下午5点。辛顿认为，他可以在如贝斯沃特（Bayswater）或伊令（Ealing）等地做一名称职的支行经理，如给当地的商人授权50英镑的透支额度等。事实上，他总是为一些琐事操心，班克罗夫特兄弟银行还保留着一些细琐的传统银行业务，如信用证等，这牵扯了他的大量精力，但从效益上看，得不偿失。

后来辛顿提携温德姆（Wyndham）担任初级合伙人（junior partner），开始把他培养成银行家。他又授予主任职员洛弗尔（Lovcll）合伙人的头衔，给了他少量的股份。辛顿自己经常要出差，就让洛弗尔在他外出时签署相关的业务文件。

“为什么我不能像马尔堡那样做呢？至少可以把银行改名为班克罗夫特-辛顿银行啊！”他突然想到了这一点，“我为什么没有摆脱班克罗夫特家族的这些无能之辈？那样一来，弗雷迪的毁灭就不会造成这么恶劣的影响，而我许多年前就料到必然会有这么一天的呀！”

然而这个问题刚一提出，他心里就知道了答案——伊莱恩。

第 11 章 | CHAPTER 11

伊 莱 恩

“我爱她爱了 40 年，”辛顿突然朗声自语，“当年跟摩根银行做成第一笔业务后，我被提拔为初级合伙人，第一次受邀参加班克罗夫特家族的晚宴。就在那天晚上我爱上了她。当然，她也知道我一直在暗恋她。其实，所有人都知道我爱她，除了我自己。”

难怪，当她恳求他不要抛弃她和弗雷迪时，她就笃定辛顿一定会全力以赴；他对她一贯如此。难怪，当她紧紧抓住他的手久久不放时，他会如此心烦意乱，如此感动，紧张得不知所措。她已经把自己送上门了……而他当时甚至没发觉她有这个意思。

辛顿突然放声大笑，笑得前俯后仰，笑得气喘吁吁。原来自己一直都是里特·托根伯格骑士（Ritter Toggenburg）——那可真是绝妙的讽刺，天大的笑话！

对哥廷根大学的学生来说，如果未来能成为某一德国大学的教授，那可是人世间莫大的幸福和荣耀。所以，他非常努力，渴望自己成为一名有教养的德国人。他的德语非常地道，连维也纳人都以为他是一个来自北部的“纯正的德国人”，他们在得知他原来是英国人后都大感惊讶。另外，他还熟读德国经典名著，特别是德国诗歌。对于一个曾经沉迷于湖畔派诗歌（lake poets）和 17 世纪玄学的英国男孩来说，德国诗歌就像淡啤酒一样：肤浅、迂腐、伤感和啰唆，其韵律犹如跛脚人的拐杖笃笃地敲击木地板，发出单调而刻板的声音。当然，这也可能是他耳朵有问题，要知道，德语毕竟不是他的母语。

但即使真的成为德国人，他恐怕也没法迫使自己热爱席勒的诗歌，尽管他那些德国朋友都记得滚瓜烂熟，还喜欢反复引用。当母亲还在世时，她经常给幼小的他吟诵苏格兰民谣，令他充分领略了苏格兰民谣的慷慨激昂和热情奔放。相形之下，席勒诗歌就似乎显得有些迂腐虚伪和矫揉做作了。其中最糟糕的一首叫作《里特·托根伯格》，讲的是骑士里特的故事。里特非常崇拜一位女士，而伊人却可望而不可即。于是，他在她居住的城堡外面造了一间小屋，天天坐在那里凝望她卧室的窗户，数十年如一日，至死还坐在那里痴痴凝望。

辛顿觉得这首诗就是一篇无病呻吟的废话（正好当作德国人称之为 Kitsch[㊀]的经典范例），完全就是胡编乱造。要他说，这个崇拜者呆头呆脑，整天只会跟榆木疙瘩似地傻坐着，那位女士想必很快就会厌倦，于是就和另一位情人从城堡的后门远走高飞了。而里特·托根伯格则终日浑浑噩噩，沉湎于自己的伟大和苦痛中，居然没有发现城堡的前门上已经挂出了“求租”的大牌子。

德国朋友对他的揶揄感到极为震惊。“他算老几，居然敢调侃伟大的席勒，简直是大逆不道。”辛顿觉得他们心里一定会这样想的，他们肯定会对

㊀ 德语，意为“媚俗”。

他的冷酷无情和刻薄挖苦感到震惊和恼火。“这就是英国人，”在哥廷根大学，他最亲密的朋友曾这样说道，“那个民族骨子里就是商人，灵魂深处压根儿没有诗情画意。”

现在，辛顿意识到，自己那个说法其实还不够刻薄呢。那位佳人一直在卧室里等待托根伯格：她用炉火烤暖了拖鞋，抖松了床上的羽绒枕头，在冰桶里冰上了香槟，翘首企盼他的到来。可他依然呆呆地坐着，痴痴地望着窗户，尤其是他还望错了窗户——那可能是某个储藏室的窗户，里头堆放着城堡的账本或备用的长戟。因此，尽管她在窗户里探出身子，招手要他进去，敦促他别让她一直等候，他却一点儿也没注意到。

当然，伊莱恩从来没有爱过他，甚至根本就没对他动过心。然而倘若让辛顿占有她的身体就能换来自己和弗雷迪的得救，她会毫不在意地付出这个代价。她已经做好了献身的准备，而他却扮起了里特・托根伯格。想到这里，他又情不自禁地大笑起来，直笑得热泪盈眶。

除了弗雷迪，伊莱恩从来就没有爱过谁。但有传闻说，在婚前甚或婚后，她曾与一位浪漫时髦的骑兵军官，也有人说是个眼睛又黑又大、满脸络腮大胡子的意大利歌手，爱得死去活来。辛顿还曾听人窃窃私语，弗雷迪并非丹尼斯・班克罗夫特的儿子，而是传说中那位神秘浪漫的情人的儿子。

毫无疑问，弗雷迪确实是班克罗夫特家族的孩子。弗雷迪的相貌极像家族的第一代子爵——他的祖父。他祖父的肖像就挂在银行合伙人的办公室里。坐在办公室里，辛顿每次一抬头就会看见弗雷迪，这使他恼火得干脆取下了肖像，免得老是看见弗雷迪。在个性和思维方面，弗雷迪也简直就是他祖父的翻版。他祖父将班克罗夫特兄弟银行打造成领导型银行的策略，简直与弗雷迪造伪钞的手法如出一辙：天才般的想象力，极为严谨周密的计划，大胆、闪电般迅速贯彻执行。

弗雷迪在其他方面的脾性也很像他的祖父。“但在自我放纵这方面，弗雷迪为什么不学学祖父的体面做法。”埃尔德里奇老先生曾这样抱怨。究竟什么是体面的做法，看一看每个季度付给埃尔德里奇先生的律师事务所的账目金额就可以猜出个大概了。账目名称是“第一代子爵的捐赠款”。在阿米斯特德自杀后，辛顿接管了班克罗夫特兄弟银行。他问过第一代子爵的儿子，这些捐赠对象究竟是谁。

“都是给女人的。”子爵的儿子冷冷地说，并让辛顿把这些账目移交到他的私人账户名下。后来是否继续支付，还是重新商议，或者停止支付，辛顿就不得而知了，他再没过问。

祖孙之间唯一的差别是做事的方向不同：弗雷迪是破坏性的。祖孙俩的价值观其实是一样的，但一个是建设性的，而另一个则是破坏性的。他们的行事方式很相似，其背后的个性和脾性也几乎一模一样。

弗雷迪的身世其实是伊莱恩凭空想象并故意散布的。因此，辛顿想，所谓的神秘情人也应该是杜撰的。伊莱恩·辛肖是独生女，其母亲早早就去世了，父亲是英国海军部军事法庭法官，晚年才封爵。她一直都很清楚自己想要的是什么。她想要的并不是身无分文的情人和浪漫，而是权力、财富、地位和头衔，但最重要的还是要有个孩子。不过，在伊莱恩的生活中确实有个男人，那就是弗雷迪。

她对另外几个孩子都是一副勉强忍受的态度。她有一个女儿，嫁给加迪夫（Cardiff）伯爵已经有十多年了，性格温驯之极，样子就像伊莱恩的褪色照片，却没有她母亲身上火一般的激情和动物般的精力——正是那些特质，使伊莱恩无论进入哪个房间，都会立刻成为众人瞩目的焦点。伊莱恩对这个女儿很不耐烦。她的第二个儿子辛肖则很体面，也很孝顺，对他母亲言听计从，近乎崇拜，但有点儿笨拙。伊莱恩一直庇护着这个儿子，就像庇护她那个同样崇拜她、同样体面但也同样不能干的丈夫一样。

她对弗雷迪却是全身心的、强烈的、充满了占有欲的爱。早在辛顿第一次见到弗雷迪时，她就已经是这样的了。当时他受邀参加班克罗夫特家庭宴会，弗雷迪被人从育儿室里抱出来，他那时还是个4岁的小不点儿，只套着罩衫，没穿裤子。母子俩久久地粘在一块儿，似乎完全没有顾及房间里还有其他人。

他还记得，大约一两年前，维也纳有位医生——叫什么名字来着？对了，是费伦齐，桑多尔·费伦齐（Sandor Ferenczi），一个机智诙谐的匈牙利人。谁都知道，匈牙利人向维也纳供应盐和胡椒粉，就像爱尔兰人向伦敦供应盐和胡椒粉那样。当时，费伦齐医生谈到了一种新的心理学理论，名为“俄狄浦斯情结”（Oedipus complex），即小男孩会出于性的本能恋慕母亲、嫉妒父亲。辛顿平静地说：“当我还是个小孩子时体会过这个。晚上躺在床上睡不着的时候，我总是非常憎恨父亲，恨不得杀了他，这样我就能睡到母亲的床上了。”医生听了一脸惊讶。

然后辛顿继续说道：“医生，请告诉我，对俄狄浦斯情结是不是应该有这样一个补充，我称之为‘伊俄卡斯忒情结’（Jocasta complex）。我总觉得俄狄浦斯王故意隐瞒了部分故事情节。那个仆人没有伤害俄狄浦斯而让妻子把他抚养长大，我从不相信他这样做是出于同情。我认为他之所以这样做，是因为俄狄浦斯的母亲伊俄卡斯忒买通了他。我从不相信一位母亲会对自己的孩子不闻不问，不知道孩子的生死，不知道他在哪里，不去悄悄地看望他。因此，我觉得是伊俄卡斯忒精心安排了这一切，在孩子长大后，让他去杀了父亲。她的目的之一是为她自己报仇，因为莱耳忒斯（Laertes）夺走了她的孩子，其二是为了嫁给她自己的儿子俄狄浦斯。我从不相信在真相大白时她会感到罪孽深重，或因为乱伦而羞愧难堪。”

费伦齐困惑地看了看他——当初在他说银行业就是应用数学时，康托就是用这样的困惑眼神看他的；当他谈到“创业使命”时，绝大多数银行家也用同样的困惑眼神看他，然后马上走开了。当然，医生不可能知道他讲的是伊莱恩和弗雷迪。

然而，他又想，肯定不只伊莱恩一人是这样的。

梅莉莎就是这样的人。除了那个毁了她的孩子，梅莉莎从没爱过什么人，甚至连安娜也不爱。除了想要个孩子，当个母亲，她什么都不要。

那么，他自己的母亲是不是也这样？还有什么其他理由可以解释为什么她会嫁给年迈的父亲？当初她继承了遗产，完全可以独立生活，可以住到南方某个地方，如意大利的里维埃拉、马德拉或里斯本周边的葡萄牙南方等地方。在那些地方，一年 100 英镑可以过得很好，何况还有可能治好肺病，恢复健康。对于自己要嫁的这个男人，她不可能抱有什么幻想，毕竟作为管家和他女儿的陪护，在他家里住了那么久，早就了解得清清楚楚了。其实，辛顿在还很小的时候就知道，母亲不爱父亲。她想必早已知道，他在床上抱她其实抱的不是女人，而是 1800 英镑的进账。因此，除了极度渴望有个孩子，还有什么理由可以解释她为什么会嫁给他？

“我不愿接近女人，是因为害怕再度遭受痛苦，就像我还不到 8 岁，母亲去世，把我孤零零地丢给父亲时所遭受的痛苦一样。令人难以置信的是，父亲从没亲过我，也没抱过我。母亲一去世，他就迫不及待地把母亲的遗物卖掉，立即把我送到寄宿学校了。除了不断提醒我在花他的钱，他从不给我写信。但也许这并不是唯一的原因。也许那时我就意识到了，母亲之所以委身于父亲，是因为想要个孩子。也许那时候我就害怕她对我的那种充满强烈占有欲的爱，就如同伊莱恩紧紧抱住 4 岁的弗雷迪时，她那种拥抱情人似的令人窒息的挚爱。”

“伊莱恩，”辛顿若有所思地说，“根本就没有什么伦理、法律观念，和弗雷迪一样无法无天。如果能够帮助弗雷迪，她会毫不犹豫地跟我上床，就像伊俄卡斯忒和俄狄浦斯乱伦那样，内心不会有什么罪恶感。只不过碰到了我这个忠心耿耿的里特·托根伯格，她用不着这样做罢了。要不然，我又何必跟梅莉莎结婚呢？”

辛顿突然认识到，他和梅莉莎结婚就是为了不让自己有什么其他选择，只能为班克罗夫特兄弟银行、伊莱恩和弗雷迪效劳。和梅莉莎结婚，他就不能再加盟纽约的摩根公司，因为他们完全没法想象他会娶一个有黑人血统的妻子。要想创建国际工业银行，势必要款待各方来客，这就需要他购置大型豪宅，娶一位门当户对的美貌娇妻，善于交际应酬，上得了台面。一旦娶了梅莉莎，哪怕是以最隐秘的方式，他也只能为班克罗夫特兄弟银行工作了，这样一来，他就可以远离社交场所，无须抛头露面，他可以一心一意地照顾家庭，全身心投入银行业务，为班克罗夫特家族争取更大的社会荣誉。

梅莉莎并不希望和他结婚。事实上，她对此十分抗拒。她不愿再见他，不愿再提到他，不愿再让他介入她的世界，她的悲伤烦恼，她的痛苦和自责。他不得不强迫她走完结婚的程序，但他那时想和梅莉莎结婚，不过是为了让自己别无选择，以确保自己能够履行对伊莱恩和班克罗夫特兄弟银行做出的承诺。

直到这时，他才意识到，在 9 个月前，他就已经做出了承诺。如果阿米斯特德没有抢劫银行，然后自杀，班克罗夫特家族就不会召他回来。但他决定等候梅莉莎临产，这样他就有充分的时间，可以从容决定，让班克罗夫特家族有机会请他回去。也许他早已隐约感觉到班克罗夫特家族遇到了麻烦；也许他只是在放任自己的痴心妄想罢了。早在梅莉莎怀孕前，他就准备离开维也纳了：无论是与摩根先生的合作关系，还是国际工业银行的进展都很顺利，一切都在他的掌控之中，他干等在那儿其实于事无补。而梅莉莎，从她本身的角度，并不希望他留下来，也不需要他待在身边。她所需要的只是静静地等候肚子里的孩子顺利地生下来。她甚至可能害怕他回来会要她把孩子打掉，就像以前其他那些让她怀孕的男人那样。

如果没有阿米斯特德，他不会和梅莉莎结婚。如果没有阿米斯特德，他也不会回到班克罗夫特家族，但这只是因为他们不需要他。然而，他还是做出了承诺，在知道梅莉莎怀孕的那一刻，他就已经做出了承诺，他要抓住这个机会，再拖延 9 个月的时间，希望班克罗夫特家族有可能召他回去。

他现在终于认识到，在他第一次经历侵占事件，即他母亲的遗产受到侵占的时候，冥冥中也有一股同样的力量在推动着他。那时，他其实早已下定决心，而遗产侵占一事只是推波助澜，推动着他执行几个月前早已做出的决定。早在他选择数学史而非数学本身或哈密尔顿的四元数来撰写学位论文的时候，他就已经做出了决定。

但他并没有意识到那意味着放弃大学教职，虽然他记得哥廷根大学的老教授曾善意地警告过他。他只是下意识地做出了抉择。遗产受到侵占只是使他别无选择而已。

那么，他现在是否面临类似的情况？是不是远在弗雷迪被捕这一丑闻之前就已经做出了决定，而现在弗雷迪的犯罪只是推动他采取在潜意识中早已决定了的行动呢？

第12章 | CHAPTER 12

决　定

他立刻明白过来。三个月前，他曾对布拉姆莱特医生说："这位女士是我的妻子。"那时，他就已经做出了决定，这就像他在把学位论文的选题从数学改成历史，把离开维也纳的时间推延到梅莉莎临产以后那样，他的心意早就暗中定下了。

实际上，当时完全没有必要对医生说明梅莉莎的身份。她的称呼一直是"帕帕斯夫人"，结婚证上他们的名称是"帕帕斯先生和夫人，希腊公民"。她从未称呼他"我的丈夫"，而是一直称他为"麦格雷戈先生"。除了安娜和那位奥地利医生，再没人知道他们结婚了，还有个夭折的孩子。无论是为了梅莉莎还是辛顿自己，他们都一直对这些情况闭口不谈。

那么，为什么他会突然对蒙哥马利·布拉姆莱特脱口而出呢？要知道，对他说了，可就意味着对所有人都说了。在伦敦，可没有比这更令人津津乐道的流言蜚语了。当然，在病人尚未去世的时候，也许直到医疗费用结清之前，他都会守口如瓶。可在那之后，伦敦的每一间餐厅，在女士们撤离之后，都会沸沸扬扬地传播这一富有刺激性的小道消息：某位著名银行家有一位黑白混血的神秘妻子，这位银行家“与伦敦的某一政治领袖家族有着密切的关系，大家还一直以为他是位钻石王老五呢”。

辛顿对布拉姆莱特如何传播小道消息早已耳熟能详了。他可能会把辛顿的秘密婚姻刊登在《时代》杂志的“排忧解难”专栏上，也可能会事先并不想披露，而一时兴起说漏了嘴。但他一定会散布这一消息，一定会使之广为流传。毫无疑问，他在当时当场就已经决定了。弗雷迪的犯罪，就像他同父异母的兄长侵占遗产和阿米斯特德的自杀那样，只不过起了推波助澜的作用罢了。

他的决定只有一个意思：他决定不再扮演里特·托根伯格的角色，他要离开班克罗夫特家族，离开银行业。他在这样自言自语的时候，感到浑身轻松舒泰，心情非常愉快，有一种明确了方向后飘飘欲仙的放纵感。因此，这就是他要做出的决定了，而这也解释了傍晚时分的那种恐慌感：就在那时，心中的恶魔告诉他，他已经改变了整个生活，动摇了他安身立命的核心基石。因此，他感到恐慌，一种本能的恐惧感，强烈地震来临前的那种惶恐感。

很快地，在他眼前闪现出一幅远景：10 卷，也可能是 12 卷用浅蓝色封皮装订的《数学纪念文集》，书脊上印着伯努利（Bernoulli）和欧拉（Euler）的名字。他沉浸在想象中，几乎要伸出手去抓住这些书籍，轻轻抚摸它们。17 世纪的数学巨匠笛卡儿（Descartes）、帕斯卡（Pascal）和莱布尼茨的文集都已经编辑完毕，准备付印了，甚至辛顿要写的导言（这是他最主要的贡献，也是最艰巨的工作）都已经完成了。

现在他可以着手处理18世纪的数学文集了。这是第一代纯粹意义上的数学家。17世纪的伟大数学家其本质还是哲学家，他们用文字勾勒理论系统，数学只不过是他们的副产品而已。但仅仅在18世纪的瑞士，伯努利家族就有七八位数学家（父子、叔伯、堂兄弟等），还有欧拉，这标志着纯数学真正开始发轫了。这些数学家的视野中只有公式、比例、符号和数字，哲学不过是遮蔽视线的障碍罢了。

伯努利家族的数学家把世界从因果关系推进到具有概率、分布和其他数学统计特征。他们甚至用规律来约束命运女神堤喀（Tyche），使之变得理性，可以进行预测。在他们的数学统计中，单个的现象，无论是分子还是人，都是自由随意的，但总体则受到严格的规律约束和支配。在欧拉之前，所有的物质和形式都已在空间中存在，而空间本身却并没有什么性质可言。但欧拉的拓扑学则认为空间是有性质的，如空间有曲面、边界、角度和维度等。在拓扑学中，物质是空间的延伸。

在哥廷根求学时，辛顿第一次偶然遇见了18世纪的数学家。他一直很喜欢他们，认为他们的价值被低估了，没有得到应有的重视。现在，他可以开始到巴塞尔、圣彼得堡和欧洲其他各国的档案馆收集他们的文献了；现在，他可以追寻探索他们的远见卓识了；现在，他可以让他们作为数学家、思想家和普通人展示在世人面前，让世人更容易理解他们。

当然，他已经63岁了，也许无法在有生之年完成这一工作。不过他出生时，父亲也不过比他现在年轻一两岁而已，之后还活了25年，直到临终的最后几个月才开始生病。他的母亲去世得早，但那是由于患肺结核的缘故。她的家族都很健康长寿，给她留下1800英镑遗产的叔祖父去世时已经快90岁了。无论如何，他至少可以开个头，如果不能在有生之年完成这项工作，还可以培养年轻人来继续完成。辛顿感觉热血沸腾，就像赛跑选手听到发令员高喊“各就各位”的那一瞬，侧腹的肌肉都激动得微微战栗起来。

然而，虽然现在他知道自己已经决定了，但对麦格雷戈·辛顿及其生活这一集合和结构还知之甚少，而每做一次决定都需要重大的灾变（如侵占遗产或自杀等）来加以推动似乎确实太过残酷。他那当教区牧师的父亲会把这归结为上帝的旨意。辛顿知道牧师假设的这种神秘的宗教力量，与物理学家在他们领域中假设的无形重力是一样的，会通过极不寻常的灾难（如畸形儿）和灾变发挥作用。然而，在数学统计中，一般不关心因果关系，而是强调统计的显著性和相关性。

但没有什么人，当然也包括辛顿，可在分析之后写上“证明完毕”（QED）。没有人可以证明或证伪这一点。辛顿知道那是对的，但每次面临这种情况，即使在银行业范畴内，他也只是觉得更可靠罢了，而非坚信那是对的。这就像有人觉得 100 的 80% 必然大于 1000 的 12%，这是因为，80 难道不是大于 12 吗？因此，只能说，对他而言，那似乎是对的。当然，他的集合和结构没有什么预测价值，也没有什么概率分布规律。

在私下交谈中，摩根先生极少谈到哥廷根和数学。但有一次，摩根用手指着辛顿身后墙上镀金框内鲜艳夺目的文艺复兴时期的名作，曾这样对他说：“我觉得数学是很空洞的，不能解释真正重要的东西。”

辛顿后来在写学位论文时决定改写数学史，这是否也是他当时决定放弃数学的原因？无论在什么情况下，数学本身并没有什么历史可言。无论是史前还是史后，数学本身是一直存在的。但数学家是有历史的，辛顿心想，因此，他编辑的系列专辑其实应该叫作《数学家纪念文集》（*Monumenta Mathematicorum*）。他放弃数学也是因为数学不能解释真正重要的东西：男人、女人及其行为方式、痛苦、喜悦、思想和情感等。然后，他自言自语地说，这可是对数学演算和集合系统的公然挑战。印度教男教师的“曼特罗”把这些东西当作错觉而不予考虑，黎曼的“曼特罗”则认为这些东西是不相关的，因此，也不予考虑。

但至少现在他已经知道自己做出了什么决定，也知道自己应该采取什么行动了。于是，他伸手抓起笔在本子上写下了几个大字：行动。

首先，明天，不，应该是今天早上7:30，他要给马尔堡打电话。这时候，马尔堡总是在研究思考这一整天的工作。

“班克罗夫特兄弟银行持有伦敦－奥地利银行的18.5%的流通股，”他对马尔堡说，“请你立即按照维也纳证券交易所昨天的收盘价收购，务必在中午之前完成收购，并在今天交易结束前用现金付清股金。为了避开晚报的报道，请在下午4点后对外宣布这一收购消息，同时还宣布现年63岁的约翰·麦格雷戈·辛顿辞去伦敦－奥地利银行的董事会主席，稍早召开的执行董事会选举你接替董事会主席的职位。”

马尔堡会说：“是的，辛顿先生。”他已经说过无数遍这样的话了，从来没有后悔过。

然后，他会在9点整到达班克罗夫特兄弟银行，从金库里取出这些股票，送到位于奥斯汀－弗莱斯（Austin Friars）的麦蒙－马尔堡公司。这会让他有充分的时间回到伦敦西区班克罗夫特公寓出席10点的会议。这一次甚至要求谢尔登也必须准时出席，他要等每个人都到场之后才开始发言。

“在班克罗夫特家族发生丑闻之际，”他将这样开始发言，“作为班克罗夫特兄弟银行的董事会主席，我的责任是尽力使各位老朋友免受耻辱。因此，我已经出售了本行在伦敦－奥地利银行所持的股份，股票业已移交给买方，我在今晚将辞去该行的董事会主席的职务。

“但我本人也不应与班克罗夫特兄弟银行有任何关联了。

“下周一上午 9 点，我将在位于利德贺街（Leadenhall Street）的本行总部召开股东特别会议，第一项议程是提请大会接受我辞去本行董事会主席一职。

“如果我比现在年轻 20 岁，我可能会把本行改成自己的名称，继续经营下去。但我已 63 岁了，还有其他事情要做。因此，我打算将资产变现，给班克罗夫特家族成员的变现金额是截至上周三，也就是弗雷德里克勋爵被捕之前，本行净资产价值的 24.5%。”说到这里，辛顿匆匆记下数据，他对银行净资产值了如指掌。

“这与家族在本行所持的 24.5% 的股票是相对应的。如果诸位家族成员接受我的提议，相应数额的现金将在下周五，距今刚好一周的时间，也可能会稍早些，支付给各位。而其他小股东的股份，包括温德姆先生的 7.5%、洛弗尔先生的 0.5%，也会以同样的方式变现，并在同一时间支付。我提议家族成员保留洛弗尔先生财务主管的职务。他是个非常尽忠职守的员工，对你们的情况也很熟悉。

“至于其他年长资深的少数员工，我建议在遣散前，请埃尔德里奇先生给他们购买退休年金。他处事之公正是信得过的。银行的办公楼因为时间很久了，通过折旧，在账面上只值 1 英镑了，应该很容易出售，所得金额也足以支付所需的退休年金了。

“如果家族决定继续经营下去，那就必须以相同的条件买断我所持的 67.5% 的股份，我觉得可能还应包括温德姆先生 7.5% 的股份，并立即变现。

“我希望在周一上午 9 点的股东会议上获知你们的最终决定。当然，也可以请埃尔德里奇先生传达，我充分理解你们的苦衷，为了避免新闻媒体的纠缠，也许你们不愿意待在伦敦。但如果你们到周一上午9:15前决定既不变现股票，也不以同样的条件买断我的股份，我将立即变现银行资产。你们知道，我有权力这么做。

“这次会议的其余议程，”他继续说道，“是讨论家族事务。我感到非常荣幸，过去你们经常让我参与处理家族事务，但我怀疑参与处理今天的家族事务是否合适。在慎重考虑弗雷德里克勋爵的情况后，我找不到什么有效的解决方法。但即使有对策，我也不愿意去做了。过去每当出了事情，我们都竭尽全力挽救弗雷德里克勋爵，但结果是，既伤害了他，也伤害了我们自己。

“我担心，”他最后说，“今后我们不能再见面了。但我确实希望我们大家都能记住以往长期相处中很多令人愉快的时刻，而非留下现在这种不太愉快的记忆。”

然后，他就得走了，即使伊莱恩再次紧紧抓住他的手。但他确信，她不会再这么做的。从此，她不会再搭理他，不会再对他心存感激了。

他将直接回家探视奄奄一息的妻子。今天是周五，晚上他还得到外面就餐，因为索别斯基亲王刚抵达伦敦，刚好莫森索尔也会出席晚宴。这样，他就可以向索别斯基和莫森索尔正式递交辞呈，辞去伦敦－奥地利银行董事会主席的职务，因为前者是银行的荣誉董事会主席，后者则是总经理。下周一上午，他还得外出参加班克罗夫特兄弟银行的最后一次会议。除此之外，他会一直待在家里，直到他们运走梅莉莎的遗体。

考虑好这一切后，他从椅子上站了起来，走回房子，上了楼。还要再等两小时才能给马尔堡打电话，但6月清晨灿烂的阳光已经透过前门的扇形窗直射了进来。

梅莉莎房间的窗帘仍然拉得紧紧的，房间里一片漆黑，他几乎看不清坐在角落双人座椅上的护士。但他坐下后，看着梅莉莎在床上低沉缓慢地呜咽着，而对面床边上，安娜那猫绿色的眼睛在黑暗中闪烁着，一眨也不眨，炯炯有神地盯着梅莉莎，就像很久以前，在俗丽的维也纳歌舞餐厅的第一个晚上那样闪烁着，一眨也不眨，炯炯有神地盯着梅莉莎。

3

第三篇

莫森索尔

THE LAST OF ALL
POSSIBLE WORLDS

第 13 章

银行家

第 14 章

谢拉

第 15 章

苏西

第 16 章

回家

第 13 章 | CHAPTER 13

银行家

晚餐早早就上桌了。在座的有银行家朱利叶斯·冯·莫森索尔和他的几位客人：他的弟弟，解剖学教授理查德；理查德的妻子玛丽安朵；还有铁道部前部长、电报电话方面的知名权威，保罗·沃尔德－莱夫尼茨男爵（Paul Wald-Reifnitz）。这是一个 6 月初的傍晚，通往巴黎再经加来港（Calais）开往伦敦的西线快车，挂着银行家的私人车厢，于正午前几分钟驶离维也纳，至此已经奔驰了 6 个钟头；管家把晚餐端上餐桌时，太阳还高挂在一碧如洗的天穹，列车正徐徐减速，准备停靠慕尼黑站。

晚餐并没有花太长时间，尽管菜式十分可口——康士坦茨湖的新鲜鲑鱼配嫩芦笋，尾食是新上市的草莓淋着鲜奶油。

火车还没离开慕尼黑中央车站，理查德和玛丽安朵就最先告退了。“理查德下礼拜要在国会宣读一篇论文，英译稿昨天才刚拿到，”玛丽安朵解释说，“当然，他会用德语宣读，不过最好还是先把英译稿过一遍。我也得再检查检查做好的幻灯片。我还没在这么多观众面前放过投影仪呢——还都是外国观众——所以有点儿紧张。”

玛丽安朵走后，沃尔德-莱夫尼茨抽了一支雪茄，随即也起身离开了。他说他也要在国会上宣读论文，题目是《超越马可尼的无线技术》，也得准备英译稿。“我跟我的朋友理查德不一样，我那会儿一时狂妄，竟答应了要用英语宣读论文，所以得预先花些时间练一练。”

银行家本人也有急事。沃尔德走了以后，他又稍稍逗留了一会儿，以免造成他早就盼着客人离席的印象。之后他便三两步走进他的小办公室（原本是这节车厢的第四间卧室），在身后紧紧关上了门。

这顿晚餐不光吃得早，还吃得快，不太像大银行家待客该有的排场啊！朱利叶斯心想：这倒更像30年前他跟谢拉在英国乡间小镇上（海沃兹西斯[一]周边的新森林[二]或是萨塞克斯[三]）吃的那种傍晚茶。不过，席间气氛很好，大家都喜气洋洋的，因为他的客人们这趟和他一道去伦敦，是要去领取莫大的荣誉——沃尔德-莱夫尼茨获得了英国皇家学会法拉第奖章，理查德则获得了同样卓越的英国皇家医学会西登哈姆[四]奖章——而且他们在各自的领域里都是第一位获此殊荣的奥地利科学家。不过等待着玛丽安朵的荣誉甚至更加辉煌。她将被授予一次特别嘉奖，“这是为了表彰她的杰出贡献：她对大脑和神经系统的摄影作品和临摹绘画，出色地弥补了她卓越的丈夫所做的开创性研究，并大大增强了其学术著作的教育效果”。在英国任何一个学术团体里，这都还是第一次有女性获此殊荣。

㈠ 位于西萨塞克斯郡，距离伦敦58公里。

㈡ 新森林地区位于人口稠密的英格兰东南部，但仍保留着广袤的牧场、荒原和森林，后在此建立国家公园。

㈢ 萨塞克斯为英国旧郡名，位于英格兰东南部，现分为东萨塞克斯和西萨塞克斯两个郡。

㈣ 西登哈姆（1624—1689），现代临床医学之父。

为此，朱利叶斯挨个儿向他的三位客人敬了酒，先是玛丽安朵，再是沃尔德－莱夫尼茨，最后是理查德。不过等他们重新坐定，沃尔德－莱夫尼茨（身穿他那套灰色粗纹绸的高雅“旅行服”）又再次站起身来，敲了敲酒杯，说道：“大家可别忘了，今天我们最应该敬一敬这里的主人。晚餐过后，我们亲爱的朱利叶斯又将全心投入他的工作。他不肯告诉我们他手头正在做什么，对此他总是三缄其口；不过我敢打赌，他的努力尽管不为人知，其重要性却绝不会亚于我们三个几天后将为之领取荣誉的那些成果。我们三个探索的是自然界，而您，亲爱的朱利叶斯，则是把自然资源和人类的工作结合到一起，使我们所有人乃至我们的子子孙孙都能享有更好的生活、获得更多的成就，而我们的祖国也能变得更加富强。我提议，大家一起举杯，向朱利叶斯·冯·莫森索尔致敬，因为在我们这一代里，没有人可以超越他对奥地利工业、商业和农业的贡献！”

大家都鼓起掌来，而玛丽安朵——那个腼腆内向甚至鲜少跟人握手的玛丽安朵，居然一把抱住他，毫不犹豫地在他嘴上亲了一口。随后，他们便在一种友善的静默中用完了这顿晚餐。

“沃尔德－莱夫尼茨总是喜欢夸大其词，”莫森索尔一面思索着，一面坐到椅子上，打开公文包取出一沓文件，“不过，我正在尝试的这件事，他究竟是怎么猜到的？我从没跟人说起过，除了辛顿——那也是好多年前了。克劳伯（Klauber）也许知道内情，可他毕竟跟我共事了20多年。还有宾斯托克（Bienstock），那家伙很了不起，说不定立刻就猜到了，但他当时有充足的理由细细研究我的银行记录，猜中也不稀奇。可是沃尔德－莱夫尼茨……除了心爱的电学，他对旁人的事压根就不上心，他是怎么猜到的？

“要说我今晚的工作，他那番话倒兴许没错，”莫森索尔想，“如果这次旅行取得成功，我就有能力去完成我的大业了。30多年前，我第一次踏上去伦敦的旅途，当我在人满为患的三等车厢里无法入睡，开始思考自己的未来和生活目标时，我就瞄准了这项事业，尽管那会儿还只是模模糊糊地一瞥。这项事业在当时只是个遥不可及的梦，我不过是个24岁的办事员，奔赴伦敦去担任维也纳一家默默无闻的银行——莫里茨·赫茨菲尔德（Moritz Herzfeld）公司的代表。然而这个梦从未远离我，它指引我找到了伦敦的辛顿，5年后，我和他一起创建了伦敦–奥地利银行。

“假如这次旅行取得成功，假如仁慈的上帝允许我健康地活着，那么15年之后，我将使奥匈帝国具备强大的经济实力，远远超越法国，紧随德国之后。帝国的各个组成部分将在经济上相互依存，谁也离不开谁，人们讲捷克语、德语、匈牙利语还是克罗地亚语将不再重要，他们对自身经济利益的关注将远远超过那些民族主义分裂势力的影响，或是社会主义者们喋喋不休所鼓吹的‘阶级’的隔阂。我知道，这一切是可以做到的；我还知道该如何去做。

“这一趟伦敦之旅，”莫森索尔继续沉思着，“也许能让我得到我最需要的东西：一支干练的银行领导团队。之后我就能全心致力于真正重要的事务了。”

他很清楚这些事务是什么：开发廉价的水力发电，使奥地利贫困的山区省份具备发展工业的潜力；在波希米亚西北地区大力发展化工业，使其具备与德国竞争的能力；此外，还要开采奥属波兰境内的油田。发展旅游业要做的事也很多，并且同样有利可图——卡林西亚湖区、蒂罗尔山脉和亚得里亚海滩这些地方作为旅游胜地，绝对不会比瑞士和里维埃拉逊色。匈牙利南部和亚得里亚海沿岸地区则非常适合种植水果和酿酒，那里出产的红酒品质至少会跟法国南部的红酒一样优秀，而且还便宜得多。

“有人说，”莫森索尔思索着，“发动战争必须具备三个条件：‘钱，钱，还是钱。’实现和平大业，需要的却是‘时间，时间，还是时间’。我现在还是时间不够。克劳伯回到维也纳后，我总算能腾出手来，至少不用整天围着银行转了。不过总体的计划和思路还得由我来制订，跟那些经理、银行家和公司客户打交道也很耗时间；只有等宾斯托克加入，把这些事务都交给他，我才能真正脱身。有了宾斯托克，我需要的团队就齐全了。”

伦敦－奥地利银行正是莫森索尔第一次前往伦敦途中梦想着要建立的银行。等到这个梦想终于成为现实，由辛顿出任董事长，他自己担任总经理，他便立刻开始着手打造他的团队。他第一个看中的是雅各布·克劳伯（Jacob Klauber），当时克劳伯才20多岁，就已经在陈旧的莫里茨·赫茨菲尔德银行里当上了主任科员，早年莫森索尔被派往伦敦前就是坐这个位子。莫森索尔把他挖到自己飞速壮大的银行里，让他把所有的管理业务逐个实践了一轮，并在5年前任命他为银行驻伦敦办事处的主管。这是第一次由奥地利人担任这个职位，而他干得十分出色。于是，就在5个月前，1906年元旦那一天，克劳伯从伦敦调回维也纳，担任银行的副总裁，成为莫森索尔之下的第二号人物。把他培养到这一步花了整整25年，但很值得。

莫森索尔认为，在现今的欧洲，雅各布·克劳伯可以说是能力最为全面的银行家了。人们信赖他，无论碰到什么问题，他总能找出解决办法。年轻些的那几个人也都不赖，比如多伊奇，他接替了克劳伯在伦敦的工作；还有盖尔布、阿尔特曼和布莱特纳——在欧洲，哪儿也找不出比这更精干的队伍了。不过，克劳伯最多只能做二把手。他的想法总是脱不开具体的问题、单笔的业务、近在眼前的局面，而不是着眼十一两年之后——他做不到，也不会去那样做。他甘于做一名追随者，无意充当领头人。布莱特纳倒是眼光长远，但他才33岁，还要过10来年才能进入最高决策层。因此，莫森索尔眼下是脱不开身的，除非他能说服宾斯托克加入，担任他手下的另一名副总裁。

然而，说服戈特弗里德·宾斯托克博士（Gottfried Bienstock）的希望极其渺茫。一年前，宾斯托克以47岁的年龄被任命为奥地利财政部的司长，跻身于最高行政级别，比任何一届前任都要年轻近10岁。他向人们介绍银行家协会的那次演说，内容不落窠臼，和莫森索尔一贯的理念极为契合，以至于后者在离开会场时忍不住想："要是能把他争取过来就好了！"

这个念头颇为荒唐，至少乍一看很不靠谱。身为奥地利的高级公务员，能做到司长这个级别而被人尊称为"阁下"的，多半会自持身份，瞧不起商人这一行，在他们的心目中，自己比一家大银行的高管可要矜贵得多，而且金钱同样吸引不了宾斯托克。他的妻子出身于阿恩施泰因，这是从事银行业的最古老的犹太家族之一，其受封男爵甚至还在罗思柴尔德家族之前。

然而，莫森索尔就是摆脱不掉这个念头。他十分确信，真要是提出这个建议，宾斯托克必定会断然拒绝，甚至会觉得深受冒犯。不过有一天上午，就在宾斯托克做完那次演讲后过了十来天，莫森索尔还是让秘书给这位新任司长打电话预约了时间，随后去财政部登门拜访。他开门见山地问："您有没有可能和我一起管理伦敦－奥地利银行？"

宾斯托克一动不动地端坐着，仿佛过了无限久——实际上总共也就5分钟左右。随后，他把转椅转过来，眼睛睁得极大，直直地凝视着莫森索尔的脸，说："总经理先生，从现在算起的一年后，如果您仍然对我的答案感兴趣，能否请您到那时再来听取我对这个问题的回答？眼下，承蒙部长对我表现出如此巨大的信任，我甚至听都不该听这一类提问的。”

一年后的同一天，莫森索尔旧话重提，宾斯托克回答道：“换作其他任何一个人，总经理先生，我都会立刻说‘不’。我是个公务员，并且打算一直干下去。然而我研究了您的银行记录，发现您所实践着的，正是我一直以来只能在口头上宣扬的。何况我在政府部门的作为也已经到顶了，不可能更进一步。如果您委派给我的工作，可以使我以一名银行家的身份，为奥地利的经济和工业发展添砖加瓦，那么我会非常严肃地考虑您的提议。我和我的妻子讨论过这件事——当然了，我没提您或您这家银行的名字——我妻子也非常赞成。”

这是刚刚6个星期前的事。自那以后，一切就进行得很快了。下一步是把宾斯托克和克劳伯捏合到一块儿，因为他俩在工作中的关系将是最紧密的，然而这两个人看上去实在不像是能够合拍的样子。

宾斯托克家族上溯三代都是教养良好的中产阶级。他的祖父是奥地利最大的棉花进口商；父亲是律师，专为几家最大的纺织品公司服务，最近才刚刚过世；戈特弗里德·宾斯托克本人则以班级第一名的成绩从法律学院毕业，博士论文写的是银行法，被一家声望素著的出版社出版，与此同时还拿到了艺术史专业的博士学位。他和他的妻子都是热诚的艺术爱好者，时常慷慨资助年轻的画家和建筑师。

与之相反，克劳伯只是个洁食[一]肉贩的儿子，出生于偏僻的莫森索尔村。这个村子坐落在匈牙利的崇山峻岭之中，莫森索尔这个姓氏便是由来于此。35年前，14岁的克劳伯徒步走到维也纳，浑身上下除了一件破旧的羊皮外套、一条裤子和一双靴子（这双靴子他舍不得穿，便把它挂在脖子上，自己

[一] 指所供食物合乎犹太教教规中关于饮食的戒律。

光着脚走)，就只有一封介绍信，写给莫森索尔的父亲，那位做了律师的约瑟夫·莫森索尔。后者给他找了一个容身之处，又给他在莫里茨·赫茨菲尔德手下谋了一份听差或杂役之类的活，几年前他自己的儿子就在莫里茨手下见习。当然，这些都已经是很久以前的事了。不过直到现在，克劳伯在说德语时，童年时代那种硬邦邦的意地绪语口音还依然很重。

宾斯托克夫妇会款待每一位来到维也纳的知名艺术家，无论作家、画家还是音乐家；克劳伯夫人则秉持犹太教徒的家庭生活，从不在公共场合露面，也从不在家里招待任何人。宾斯托克有两个博士学位，常在大学里做货币和银行主题的讲座；克劳伯则缺乏正规教育（事实上他根本就没受过学校教育），这一点已经成了他的心结，令他耿耿于怀。宾斯托克爱好众多，兴趣广泛；克劳伯则只懂银行业这一件事，也只关心这一件事。宾斯托克长袖善舞，仪态优雅，能言善辩；克劳伯则极其腼腆，只有在相交几年的熟人面前，才会从他躲藏的壳子里钻出来。

不过，莫森索尔为介绍他俩认识而特地举行的晚宴从一开始就极为成功，这都要归功于宾斯托克。他们刚一坐定，宾斯托克就开口说："我真羡慕您，克劳伯总裁，您在伦敦这个世界银行业和国际金融的中心度过了整整5年，不像我们这些人，一直待在一潭死水里。对于货币和银行业的最近趋势，还有那些最新的理论，您知道的肯定要比我们多得多。"

于是克劳伯（那个腼腆羞涩、沉默寡言的克劳伯）立刻打开了话匣子，开始滔滔不绝、畅所欲言，事实上，他的发言相当出彩。后来他提到一些新的货币理论作家（几个瑞典人，一个法国人，还有一对德国夫妇），宾斯托克插话道："他们的著作我听说过，不过还没弄到手呢。"

"这些书我都放在银行，阁下，"克劳伯顿时心花怒放，脸上简直要放出光来，“希望我能有这个荣幸，明天上午把它们送到部里。”

会面结束前，宾斯托克说了一番话，这番话令克劳伯终其一生都对他崇敬有加。他说：“在这儿我年龄最小，论理我来提这个建议不合规矩；不过既然大家要一起工作，难道我们非要恪守奥地利人刻板的礼仪，整天用一大堆头衔来称呼彼此吗？这家银行既是奥地利的，也是英国的，两边的分量不相上下。我们何不效仿英国人，直接称呼对方的姓氏呢？”

不过，莫森索尔在向宾斯托克发出正式邀请前，还得先经过两个人的首肯，一个是索别斯基亲王，奥匈帝国驻伦敦大使；另一个是辛顿，伦敦班克罗夫特兄弟银行的最大股东。他们分别是伦敦－奥地利银行的名誉董事长和董事长。更重要的是，他们手中持有银行近50%的股份。

“辛顿那里不会有多大问题，”莫森索尔曾经很肯定地告诉克劳伯，“他把银行的管理完全放手交给我了。可是亲王总是极力反对我给任何人支付一份像样的薪水。而我打算付给宾斯托克的数目可远远不止是‘像样’而已，那必须是非常丰厚才行。”克劳伯对此完全赞成。

“我亲爱的总裁先生，”莫森索尔会听到亲王用他那不愠不火、“通情达理”的外交官语气说，“为什么要为您这位新同人支付这样一个令人难以置信的数目呢？就按我们的政府为身负重任的高级公务员支付的薪资发放，或者再加上一点儿，那样难道还不够吗？我真的完全无法理解。”

然后他就得花上15分钟耐心地向他解释：“是的，高级公务员的薪资足够了，甚至可以说相当丰厚，但那是对一般的公务员而言。将宾斯托克这样出类拔萃的人才和普通公务员混为一谈，这本就是行政体系的失误，但也恰恰是这个原因，我们才能争取到这样的人才。”接着，亲王就会在这一点上偃旗息鼓，转而发起下一轮令他无言以对的辩论。

“我的总管伯恩鲍姆，”他会说，“承担的责任绝不比一位银行家少，也许还要更多。我亲爱的莫森索尔，请不要认为我这样说是在针对你，不过索别斯基家的产业比您的银行大了可不止一筹。但我付给他的薪水还不到您建议付给宾斯托克司长那笔薪资的 1/3，而我的总管看上去完全没有什么不满。”

“要不了多久，”莫森索尔想，“我就会忍无可忍了，到那时我就要把正确的答案告诉亲王：‘您支付给那位总管的也许要少些，可他实际花掉的要多得多；他正肆无忌惮地窃取您的财产呢。’”索别斯基家的总管盗用家产中饱私囊，这已经是公开的秘密了。无论是谁为索别斯基家族的产业工作，他都会伸手捞取回扣，无论是谁想跟索别斯基家做地产买卖，或是哪家公司想为索别斯基家族的府邸、工厂和办公大楼投保，他都会张嘴索要贿赂，毫无顾忌、毫无廉耻。

然而莫森索尔知道，把这个告知亲王没什么意义。他压根儿就不会听，或者只把这当作无伤大雅的斗嘴；尽管亲王这个人睿智、冷静，对商业有着极其独到的见解。

莫森索尔明白，想说服亲王给一般人像样的报酬，而给人才极高的薪资，光靠摆事实、讲道理也同样没什么用。数年前，在评论亲王反对给人支付高薪的态度时，辛顿引用了他的一个美国朋友——大银行家摩根平时最爱说的一句话：“假如你雇用的人使你变得富有，那么你最好能让他过得宽裕。”

他大可以把摩根先生的这句话说给亲王听，毕竟摩根是本世纪最伟大的银行家，但他完全能预想到亲王会怎么回答：“我亲爱的莫森索尔，”语气是那么富有魅力、暖人肺腑，“我是个无可救药的欧洲人。美国人的东西唯一对我有点儿用处的就是哈瓦那雪茄和土豆。”第一次听这话的人会觉得他风趣之极，可莫森索尔已经听过太多次了，一点儿也不觉得好笑。

于是，作为最后一招，他只好强迫自己拾起唯一能让亲王屈服的武器——阿谀奉承。

“最最尊贵的殿下，”他会这么说（严格意义上，亲王并不能被称为“最尊贵”[㊀]，但他喜欢别人时不时地这么称呼一次），“您的总管有这样的荣幸和体面，得以为一个古老尊贵的家族和一位伟大仁慈的亲王服务，这本身就已经是一种莫大的酬报了，绝对是用钱都换不来的啊！”

然后，如他所料，亲王将放过这个话题，只稍稍抱怨几句，之后便转向议程上的下一事项。

不过，即便正式聘任了宾斯托克也还是无济于事，除非莫森索尔能成功地改变银行的所有权结构。银行发展到这一步，已经不适合继续操控在索别斯基亲王和辛顿这两位富豪手中了：他俩谁都不会，也不能积极地投入管理。早先他手上这支顶尖的领导团队尚未成形，也没必要提出如此艰巨甚至可以说是危险的一项争议。不过现在，克劳伯已经进了董事会，宾斯托克也愿意加入进来，他就势必要解决这个问题了，并且要快。三个星期前，宾斯托克在与银行谈妥薪资之后，便以他那种率直的方式坦言相告：“您肯定明白，我放弃国家公务员的身份，绝不是为了做索别斯基亲王的仆人。”此外，他手下那批年轻人中最能干的两个，盖尔布和布莱特纳，已经迅速在银行界崭露头角，他们对银行的现存结构也心怀不满——而另外几家维也纳银行正对他们垂涎三尺，力图把他们挖过去担任高层管理。

早在1878年，他和辛顿在构想伦敦－奥地利银行时，他们的第一个投

㊀ 原文为“Your Royal Highness”，其中“Royal”是皇室的意思。亲王并非直系皇室成员，因此只应称其为“Your Highness”，莫森索尔在称呼中加上“Royal”是为了讨好亲王。但中文里对此并没有相应的区分，一律统称“殿下”，因此翻译得十分勉强。

资者并不是辛顿所在的班克罗夫特兄弟银行，而是麦蒙公司的所罗门·麦蒙爵士，这位老人注入的资金并不多。“把大量资金投入一项从未尝试过的商业冒险，”他说，“这绝不是我所奉行的原则。”但他承诺投入5%初始资金的消息立刻使班克罗夫特家族闻风而动，他们同意加入进来并认购37%的股份。众所周知，所罗门爵士总是能选中赢家，他的眼光比他的身家财产还要可靠，说到底，有钱人可不止他一个。

在很大程度上也是因为所罗门爵士打了头阵，索别斯基亲王才会第三个加入进来，并且成为银行最大的股东（莫森索尔本人是第四个，他把在伦敦这5年里辛苦攒下的钱全都拿出来，认购了1%的股份）。当年在所罗门爵士的安排下，他和辛顿一起去见亲王；那会儿亲王还在柏林，还没有被任命为驻伦敦大使。亲王听他们陈述了两个钟头，问了几个尖锐的问题，便说道：“我还是第一次见到像两位这样言之有物的银行家。既然连所罗门·麦蒙都信得过你们，那么除所罗门之外，你们也是我第一次遇见的讲诚信的银行家。你们需要多少启动资金？”48小时之后，那笔款子就汇到了他们的账户上。

到了1879年元旦银行开张时，班克罗夫特兄弟银行手中持有37%的股份，而索别斯基亲王手里的股份则占了57%。之后这些年先后发行过两次上市股，一次在伦敦，一次在维也纳，已发行股本翻了一番。莫森索尔本人和麦蒙公司（更准确地说，是它的接替者，麦蒙－马尔堡公司）一直在稳步扩大手中持有的股份，莫森索尔的持有股增加到了5%，麦蒙则增加为10%左右。班克罗夫特兄弟银行和索别斯基始终保留着原有股份，因此现在他们分别持有发行在外的所有股份的18.5%和28.5%，加起来几乎达到了50%的控股权。

作为欧洲大陆上的领袖型金融机构之一，这样的结构显然是完全不合理的。也许现在还只是个小小的瑕疵，但再过几年（那时辛顿和索别斯基都已离世了）就会阻碍银行的发展，甚至不经意间就可能酿成一场灾难。

班克罗夫特兄弟银行就是辛顿，而辛顿已经63岁了，既没有伴侣也没有继承人。他会怎么处理伦敦－奥地利银行中属于他的那些股份？留给班克罗夫特家族那帮低能儿吗？他似乎对他们很是敬仰，要不然，他干吗不早早地把他们赶出班克罗夫特兄弟银行？这家公司都已经被他们压榨成空壳子了。众所周知，它早先就曾毁于他们家族的贪婪和无能，还是辛顿离开维也纳专程赶过去，才又让它起死回生的。自那以后的1/4个世纪以来，班克罗夫特家族的人从没为这家公司做出过一丝一毫的贡献。又或者，辛顿是否会把他庞大的财产，包括银行股份，全部捐赠给牛津大学或是某个基金会，以资助数学史的研究工作？近年来他本人在这方面投入的时间越来越多了。也许将来某一天，银行1/5的股份就会落到一个平庸的大学财务主管手里，这个家伙甚至都不知道维也纳在地图上的哪个角落，还把所有的外国人都视为"南欧佬"——莫森索尔觉得，较之把银行的命运托付给那个永远长不大的轻浮浪子谢尔登·班克罗夫特，这个前景也不见得光明多少。

但是他没法开口问辛顿——辛顿甚至不会承认这个问题的存在。他可以滔滔不绝地谈论银行业和政治、音乐和数学，谈论他在哥廷根求学的日子，谈论他在纽约的朋友摩根。但在他们成为挚友的30年里，他一次都没有谈及自身，也没有提过他的家庭和他的童年。他俩刚结识那会儿（当时他们相见恨晚，才不过几个星期，在用德语交谈时就已经互称"du"[⊖]了），辛顿曾经没完没了地向莫森索尔打听他的家庭，他挚爱的母亲和崇敬的父亲，还有

⊖ 德语中通常只在亲朋好友之间才会互称"du"，相当于中文的"你"。

他那两个从小就聪颖非凡的双胞胎弟弟。然而关于他自己的背景和家庭，辛顿只简单说过他在英国东部的一个村子里长大，村子在剑桥以北的低地沼泽里，他的父亲是个牧师，母亲在他很小的时候就去世了。除此之外，他只字不谈。

莫森索尔的岳父奥格斯堡医生过去是辛顿在维也纳的健康顾问，辛顿每次来奥地利都会拜访他。莫森索尔曾向他提及辛顿的沉默寡言，但老人只用极少见的严厉口吻说了一句："别去烦辛顿，他够遭罪的了。"

辛顿叫人发愁的是他没有子嗣，而索别斯基亲王叫人发愁的却是他有子嗣——亲王已经66岁了，他的继承人随时都有可能继承家业。那个小儿子无足轻重，都二十七八岁的人了，整天除了寻花问柳什么都不干，看那样子日后也不会有什么长进。倒是他的大儿子，加入了军队，将来会成为索别斯基家族族长的那个人，莫森索尔见他的次数越多（由于匈牙利横贯线铁道工程的关系，最近他俩经常碰面），心里就越不舒服。

年轻的王子和其父亲有着相似的面部特征，这是索别斯基家族的男性世世代代共有的标志：鹰钩鼻；下巴是尖锐的三角形，陡然向前突起；耳朵形状较小，又长在头颅两侧很靠后的位置，衬得脸型很宽，呈现出一种斯拉夫人特有的轮廓；浓密的眉毛，眼皮耷拉着，高高的前额上端是V形的发际线。在父亲身上，这些特征协调地组合在一起，构成了一张不算英俊却极富魅力的脸，因为睿智而显得生气勃勃，又被迷人的微笑渲染得温暖怡人。这些特征到了儿子身上，呈现的形状却几乎不能称之为一张"脸"；它们仿佛被慌里慌张地揉进一坨笨重的酥油面团里，根本无法协调一致地做表情。乍一看，这些特征简直就不该凑到一块儿。这是一张笨重、严苛、懒惰的脸，阴郁中透着一丝恶意。同样的特征，在父亲脸上昭显着智慧，在儿子脸上却喻示着卑劣。

父子俩都是中等身材。父亲无论行坐起止都头正颈直，仪态[illegible]。儿子呢，不是没精打采地站着，就是一屁股跌坐下来，要不就是拖着脚慢吞吞地走。他身上那套总参谋部的军服，虽然出自大师级的裁缝之手，遮掩不住他那个完全不符合军容的大肚腩。父亲身上自然也不乏大贵族的傲慢，但这种傲慢首先体现在他面对下层人物时秉持的无懈可击的礼仪中。儿子却仿佛总能感觉到别人对他的怠慢，他总是摆着一副防备的架势，时刻准备着向人宣称，他，身为索别斯基王子，天生就该得到别人的顺从。在儿子的内心，总有一团郁积的怒火，一股破口大骂和伤害他人的渴望，一腔没边没沿而又处处受挫的野心。所有这一切，使得莫森索尔每次和这个年轻人在一起，都会从内心深处感觉到惶恐不安。

欧内斯特·马尔堡有一次曾以他那尖刻而诙谐的口吻说，索别斯基父子正是达尔文进化论的明证，只不过方向要反一反：猿才是人的后裔。不过，莫森索尔认为，这话分明是对一种无辜动物的诽谤。对于这位年轻的王子，最恰当的比喻应该是莎士比亚的《暴风雨》一剧中那个凯列班：作为一个人，他把人性中最卑劣的那些品质（狡诈、贪婪和嫉妒）发挥到了极致。莫森索尔很清楚（任何一个跟那家伙打过交道的人都会有同感）不能信任年轻的王子。他的性子难以捉摸；他会背叛你、伤害你，仅仅因为他觉得那样做好玩儿。

这位年轻的王子绝对不可能像他父亲那样，为索别斯基家族的产业提供发展方向和前景展望。他既没有他父亲的商业头脑，又没有他那种勤奋工作的习惯。

然而，莫森索尔很明白，他哪怕只是试着稍加干涉，都会造成无可比拟的损害，他要是不出手，结果也同样糟糕——也许还会更糟。假如年轻的王子像大多数大贵族那样（现任索别斯基亲王是个例外），把所有的商务运作都交给他的管家，那么伯恩鲍姆就会成为银行实际上的主人，除非索别斯基持有的股份预先降到一定程度，从而只能代表他对银行的“投资”，而非所有权和控制权。要知道伯恩鲍姆，这位索别斯基家族产业的大总管，根本就是只滑溜粘腻的癞蛤蟆，在他身上只能看到贪婪、腐败和纵欲无度。

真正的问题就出在他的贪婪上。伯恩鲍姆并不是没有能力，这一点莫森索尔不能不承认。当然了，他绝对无法和索别斯基相提并论。亲王才是企业的掌舵人，那些经营理念和管理策略都取决于他，所有的重大决策都要由他拍板，甚至无须征询总管的意见。但是伯恩鲍姆在日常管理中确实是把好手，他把办公系统经营得井井有条，也很擅长执行命令。无论夜里怎么鬼混，白天他总能集中精力办公。

但他捞起钱来永远都没够。他总是在抱怨、乞求、威胁，好弄到更多的回扣、更大的参股、额外的分红——为了把钱弄进自己的口袋，他可谓出尽法宝。索别斯基家族从上到下所有的管理人员，甚至小到林地的工头，都得把收入的 1/10 塞回到伯恩鲍姆无底洞般的口袋里。每一份合同，不管是买还是卖，里头都包含着给伯恩鲍姆的一点儿“小意思”。无论他何时出席银行的董事会议，他都会期望有那么一张支票，藏在某个不起眼的空白信封中，不动声色地夹进自己的主管记事簿里。事后他还总是抱怨数目不够大，力图花言巧语地从莫森索尔手里哄出第二个“红包”来（这一招还真的屡试不爽呢）。

“您认为，一旦脱离了老亲王的钳制，他会试图接手银行的管理权吗？”宾斯托克曾经问他。

“不会，”莫森索尔答道，“那并不是危险所在。那样会有审计员和财务部的银行巡查员检查账目、提交报告，以伯恩鲍姆的贪婪程度，他是不会接手这种工作的。他只会变成一只水蛭吸我们的血，而且会把正经的银行家统统赶走。我肯定是要离开的，我才不会向他的敲诈勒索屈服呢。

“不过，”莫森索尔又补充说，“如果索别斯基所持股份降低到仅能作为投资份额的程度，那么伯恩鲍姆先生要是还敢勒索一分钱，只要抓到一次，我就会把他扫地出门！”

解决方案其实一目了然：通过公开发行大量股票来增加银行的现有资金。其实早就该这么做了。无论是业务方面还是债务方面，银行的资金都存在严重缺口。股市已经万事俱备，在维也纳和伦敦两地，他都能筹集到大批资金，比他需要的还多，并且价格极好，足有票面价值的8倍。等到新股的发行量和已发行的旧股持平，现有的银行股东持有资本所占的比例将会立刻减半。这样一来，索别斯基持有的股份就会低于15%这个标志性节点；莫森索尔在和亲王的多次交谈中得知，亲王把这个节点视为“所有权”和“投资”之间的分界线。

在那之后，就如莫森索尔曾经向宾斯托克透露过的，克劳伯当然也知情——他将在12～18个月采取第二步措施：把银行的控制权交到领导团队手里，条件是每一名团队成员（最初应该是7人）都要认购足够的股票，使团队占有的股份总额达到35%。银行将以现有利率为他们的认购提供贷款，偿还金额则从银行的红利中扣除。如果有主管人员离开银行，则无论何时、无论以何种理由（死亡、退休、辞职或开除），银行都将以当前股价购回他手中的股份。12年前，经验丰富的投资家欧内斯特·马尔堡，在岳父所罗门·麦蒙爵士过世后加入了银行董事会，自那时起，他一直在敦促莫森索尔采取这一行动。辛顿也同样能看到此举的合理之处，尽管他内心十分排斥，因为这将彻底割断联系着他和他的“头生子”的那根“脐带”。不过话说回来，辛顿早就对伦敦－奥地利银行丧失了兴趣，而且莫森索尔怀疑，他现在对整个银行业都越来越不感兴趣了。

然而，索别斯基一定会阻挠这项举措的实施，除非他们先下手为强，把他的身份从银行所有人转变为单纯的投资者。作为投资者，他也会抱怨“雇员工资过高”，但唠叨完两个钟头之后他就会问：“议程上的下一项是什么？”而作为银行所有人，他绝不会同意让其他“共有者”或“合伙人”分一杯羹。

亲王并不是一个反犹太分子。事实上，他经常在国会和维也纳市议会里遭到抨击，那些德意志民族主义者以及基督教社会主义者中的反犹太分子把他称为“犹太人的傀儡”“亲犹太分子”。他时常谈到过去曾蒙受一个犹太人的恩惠，那个人就是他的老师和顾问耶德尔斯，他是半个世纪前索别斯基家族的总管，也是伯恩鲍姆妻子的祖父。每当他说起耶德尔斯，语气里总带着异乎寻常的暖意和真情。

他也非常乐意让犹太人管理他的公司和地产。“当然，”莫森索尔想，“他也没别的选择。在奥地利，非犹太裔而又有才干的人不会去经商，他们会从政、从军，或者从事别的行业。”

亲王觉得任用犹太人做下属完全合乎心意，不管他们的名字是伯恩鲍姆还是莫森索尔。他同犹太人坐在一块儿吃“正式”的晚餐也丝毫不会感觉到不妥。明天晚上就有一次会餐，莫森索尔两兄弟和欧内斯特·马尔堡都是座上客，此外还邀请了辛顿和名医蒙哥马利·布拉姆莱特先生。

然而，莫森索尔意识到，索别斯基从来不会在“社交场合”与犹太人平起平坐，尽管如今连英格兰国王都会带上他最近的情妇去马尔堡家里赴宴，然后打上半宿的惠斯特牌，一年里总要去个十来趟。对于“索别斯基亲王殿下兼普热梅希尔公爵”而言，成为一介平民的“合伙人”是完全不可想象的事，更不用说犹太人了，无论他对耶德尔斯的感激和挚爱是多么发自肺腑。作为投资者的索别斯基，只需要考虑赚钱；作为所有者的索别斯基，则首先是一位亲王。

但是，一旦银行把资金翻番，并售出公开发行的新股，索别斯基将别无选择，也无须再左右为难了。

这就是莫森索尔展现给宾斯托克的前景。事实上，他希望等过几个星期他从伦敦回来，这幅远景就能成为现实。但有一种可能他没有提起过（宾斯托克也许是没看出来，不过更有可能他只是圆滑地装作没注意到），就是一切都有可能成为泡影，假如索别斯基或者辛顿（也可能两人异口同声）说出这样的话：“当然了，银行是需要更多的资金，不过何必求之于外人呢？不如由我来提供吧。”

这一点，两人之中的任何一人都能轻而易举地做到。对辛顿来说，这个数目不过是毛毛雨。索别斯基也同样能立刻筹出这笔钱来。光是公开发行他在博洛尼亚酿酒厂的持有股（伦敦－奥地利银行昨天刚刚经手这笔业务）产生的净盈利（还都是现金）就足以让亲王吃进银行发行的大部分新股了。“银行需要拓宽其所有权的构建基础”这个论点辛顿可以理解，到了亲王那里却说不通。他根本无法理解，索别斯基家族的拥抱居然也会紧得让人透不过气来，更不可能想象，世上居然会有人丝毫不以身穿制服、为索别斯基亲王工作为荣。

“也许我只是在杞人忧天，”莫森索尔想，“但是我不能冒这个险。倘若索别斯基想要增加持股，那么阻止他的唯一办法是预先说服辛顿和马尔堡，让他们提出反对意见。他们说的话他还能听得进去。这件事马尔堡能办到，只要他知道辛顿站在他这边，他会去做的。他早就忘了自己在维也纳犹太人聚居区的出身，因而对什么亲王啦，公爵啦，都毫无敬畏感。说不定他觉得自己是英国准男爵，又是英国国王的心腹，论身份比无论哪个波兰人都要高贵几分呢。也就是他敢直言不讳地告诉索别斯基，银行需要自治权。”

马尔堡会说，银行的客户必须确保“他们的利益不会屈从于任何一个股东的利益，并且他们的隐私足够安全”。他会直截了当地告诉索别斯基，他的产业正在与银行绝大多数的潜在客户竞争：“如果您增加持股，您会危及伦敦-奥地利银行。那样我就要离开董事会，并把我离开的原因告诉报界。”

不过，他是先去找辛顿，再让他把马尔堡拉进来呢；还是先跟马尔堡谈妥，然后再让他说服辛顿？要是拥有股份和表决权的不是班克罗夫特兄弟银行，也不是辛顿，而是麦蒙-马尔堡银行，那该多好……

最后，还有匈牙利横贯线的问题。这项铁道工程势必也要纳入莫森索尔的战略宏图。

七八个星期之前，总参谋部的两名军官拜访了他，一位是海尔曼上校，另一位是他的新任助手，中校索别斯基王子。海尔曼时任运输部副部长，是总参谋部一颗冉冉升起的新星，不出意外的话，一两年后就会成为第一位升任上将的犹太裔军官（当然，他是受过洗的，就在边境的某个地方）。众所周知，海尔曼还是赫岑多夫的智囊，后者是皇太子内定的总参谋长候选人，陆军部的“行动派”领袖。由于成功说服年轻的索别斯基王子脱离威名赫赫的索别斯基胸甲骑兵团，转而加入总参运输部，海尔曼的势力大为增强。

“总裁先生，我们之所以登门拜访，”海尔曼开口说，“是因为我们在陆军部时就已经对您久仰大名，您在企业经营方面的远见卓识和奇思妙想令人印象深刻。总参谋部，尤其是冯·赫岑多夫中将阁下”——说到这儿，他和年轻的王子同时微微俯首——“深信奥匈帝国需要一条新的铁路干线，我们称之为匈牙利横贯线。这条铁路将从斯洛伐克东南部的布拉迪斯拉发出发，横贯整个匈牙利，最后抵达终点泽姆林[㊀]，那里与塞尔维亚的首都贝尔格莱德仅隔着一条河。总裁先生，我们要求由您和您的伦敦 – 奥地利银行来领头，承担起这项重大事业的资金筹措工作——这可是20年来我国兴建的第一条铁路新干线。”

“这条新干线将开发出丰富的自然资源，从而带来巨大的经济利益，”索别斯基王子紧接着说，那架势俨然是一出事先精心排练过的二重唱，“煤矿、木材、粮食、红酒、牛羊，所有这一切都是现成的，只差一条进入市场的通道。”

“但是，”海尔曼又插了进来，“匈牙利横贯线同时也将具备重大的战略意义，一旦巴尔干半岛上出现纷争（这种情况随时可能发生），军队就可以立即开拔过去。”

其实他们说的每一条理由都是哄人的，莫森索尔一眼就看穿了。匈牙利横贯线不过是为那些最富有的匈牙利大地主抛出的一笔巨额贿赂，用以把他们拉进皇太子的阵营，不过莫森索尔起初还是深受吸引的。伦敦 – 奥地利银行能被陆军部选中，领头负责规模如此庞大的项目，这将立刻使它与维也纳那三家“顶级”的老牌银行平起平坐，同时也使银行扩充资金成为顺理成章的事。

㊀ 原文为Zemlin，未能查到相关资料，根据文中地理位置的描写，疑为泽蒙（Zemun）之误。泽蒙是多瑙河畔的一个历史古镇，与贝尔格莱德旧城区隔萨瓦河相望，20世纪下半叶并入贝尔格莱德新市区。

然而，海尔曼为这个项目列举的理由越多，莫森索尔就越感到疑虑。

这个项目对他而言多半是浪费时间。依靠这个项目，海尔曼也许能获得升迁；大公也许能获得匈牙利大贵族的支持，但最终这条铁路根本就修不起来。会有无数反对的声音——国会里所有其他的团体和民族，从捷克人到社会民主党人，都会群起而攻之。不仅如此，沃尔德－莱夫尼茨和他掌控下的铁道部也早就再三重申过，匈牙利的铁路线已经太多了，国家既不需要，也负担不了那么多。此外，财政部考虑到奥匈帝国公共财政千疮百孔的现状，肯定会反对再来一次铺张浪费的军事行动。

“会有数不清的研究、报告和任务，”莫森索尔最后在心里下了结论，“但是连一英里的铁轨都铺不起来。”尽管被当作“顶尖”银行看待令人颇感快慰，但是明知最后会一事无成，还要浪费五六年的时间泡在没完没了的会议和扯皮中，那可委实划不来。

不过他很清楚，他势必要先跟索别斯基和辛顿他们大吵一顿，之后再等他宣布自己的提议遭否决时，别人才会相信。除此之外的任何做法都会招致海尔曼以及他的主子赫岑多夫和大公的怨恨。他们不难打听到他的这番举动；年轻的王子肯定会在他父亲身边埋下内线，或许是他的贴身男仆，也可能是他的私人秘书，那个学究气十足的伟格纳先生。“我得装得像一点儿，”他在心里暗自决定，“先吵吵嚷嚷地闹一场，然后摆出一副斗败了的样子；而且我的失败还能进一步推动我的真实目标——把索别斯基和辛顿的‘所有权’转变为‘投资’。”

照着素来的习惯，莫森索尔把他的计划和策略反复梳理了四五遍，直到一切都胸有成竹。他写了一张又一张的备忘录，每个步骤都精心地做了图解说明，然后翻来覆去地检查，以免有任何疏漏。他得到过教训，哪怕遗漏一个最微小的细节，都有可能带来致命的后果。

最后，他终于想好了怎么进行。首先，要提出为匈牙利横贯线筹集资金一事。他的提议会遭到否决，就和他计划的一样。其次，他就可以抗辩，说自己放弃了跻身“四大银行”的大好机会，做出了莫大的牺牲，理应得到补偿。

这个借口对辛顿不管用，辛顿从不讨价还价。“但是索别斯基是个彻头彻尾的职业外交家，”莫森索尔暗忖，“他信奉各退一步，礼尚往来。”到那时，索别斯基在心理上有了准备，他就可以提出扩充银行资本这一要求了。

聘任宾斯托克这件事要放到最后。他要另外花一天时间，把那三位股东可能提出的所有论点都在脑子里预想一遍，他们会说什么话，做什么手势，用什么语气，他又该怎么回应——就像演员常说的那样，“要把台词琢磨透”，只是台词还得由他自己动手来写，不过这可以等到星期天再说。

现在，他总算有心思庆祝自己就快回家了。

此时已经是后半夜。他们早就过了南锡市，去加来港的几节车厢就是在那儿同去巴黎的列车脱开的。明天将会是漫长的一天——不，该说是今天了。他得早早起床，6点左右吧，去赶早上那班从加来开往多佛的渡轮。晚上在索别斯基亲王府上还有个晚宴，不到午夜不会结束。他把写着计划的纸张撕碎冲下马桶，接着却并没有立刻上床。尽管很累，他还是回到早先一起用餐的客厅里，给自己重新倒了一杯白兰地，再点上一支雪茄。这是回家前必有的仪式。自从当年他离开伦敦、离开谢拉，奔赴维也纳去经营新创办的伦敦－奥地利银行，至今已超过了1/4个世纪。在漫长的岁月里，每当他在往返英国的途中穿越海峡，他都会把这个仪式照做一遍，从无例外。即便是

8 年前那次，头一天刚回伦敦，第二天就因为母亲突然去世被急召回维也纳，在那样悲伤的时刻，他也依然没有忘记履行这个仪式。

从他清晨在加来港醒来的那一刻，直到他在维多利亚火车站下车，今天这一整段时间他都会在心里和谢拉一起度过。为此，他得在就寝前把他们共度的那 4 年回顾一番，好决定哪些日子可以放在早上重新回味。这之后，他就终于可以上床睡觉了。等他在加来港醒来，迎接他的，将是充满回忆和怀念的一天。

第14章 | CHAPTER 14

谢　　拉

他至今保存着第一次离家那年深秋母亲寄给他的家信。正是这封信，让他邂逅了谢拉。信中写道：

> 你对我真是太好了，我亲爱的朱利叶斯……
>
> 我想不出要什么圣诞礼物；你知道你亲爱的父亲有多么宠我。当然，我也不会允许你，我的傻孩子，给我买什么贵重的礼物，即便你汇报说你现在挣上了大钱（顺便提一句，你父亲告诉我，赫茨菲尔德先生对你在他那儿的工作表现大加赞扬，我可真为你骄傲）。
>
> 不过，我最亲爱的朱利叶斯，假如你坚持要给你的老妈妈送圣诞礼物，有一样东西我倒是挺喜欢：你可以从伦敦给我寄几双齐肘长的白色歌剧手套，缝着三粒螺钿纽扣的那种，这款手套特别时尚，本地正流行这个呢。当然，我在维也纳也不是弄不到；你父

亲总说，这类手套不管装在什么包装盒里，其实全都是波西米亚或亚布洛内茨之类的地方出产的——你知道的，他老喜欢说气人的话。反正，不管这手套实际是哪里产的，倘若能装在伦敦的包装盒里，看上去一定会时髦得多。不过，你可别去庞德街的本森商场买，那儿的女帽和手套全都贵得要命。随便找一家体面的商店就可以了……

于是，他便发现自己置身于本森商场（他母亲自然是料定了他会去这一家），置身于一群衣着时髦的女郎之间，周围全是琳琅满目的女性服饰，而他是当中唯一的男性。他正浑身不自在的当儿，谢拉的声音令他如蒙大赦："有什么能为您效劳的，先生？"

他的耳边似乎依然能听到她的嗓音，愉悦、友善、笑盈盈的，带着一丝微不可查的伦敦腔。他那会儿觉得她个子很高，后来才发觉，这不过是因为她身姿挺拔的缘故；实际上，她的头顶才勉强到他下巴那儿。甚至在那样晕头转向的状态里，他依然注意到了她那蜂蜜色的秀发、灰色的眼睛，以及一双纤长秀美、十指尖尖的素手。

接下来的日子里，在往返于寓所和办公室的途中，他一次又一次地发现自己会下意识地兜个大圈子，从庞德街的本森商场门口路过。就算当时他已经爱上了在伦敦街头步行（这个爱好至今未变），这也太不寻常了。有一天上午，他跑到店里，又买了半打歌剧手套——其实他母亲根本就用不了，也没想要那么多。谢拉立刻认出了他，甚至还记得他的名字呢。这一回，她把包装盒递到他手里时，他大着胆子搭上了她的手指，还轻轻按着不放。她粉脸微红，却没有把手抽回去，她的手指就那么让他挨着，甚至也微微回按了一下——不过这也可能是他的错觉。

为顾客照料马车马匹的是一个退役的老兵。莫森索尔给了他半克朗小费，他就把本森商场的员工通道指给他看了，还把商场售货员的下班时间告诉了他。那天傍晚当谢拉走出商店时，他就在门外等着，他抬了抬帽子，询问能否让他送她回家。她一言不发地挽住了他的胳膊。

10 天后，他们成了情人。她在圣诞前夕搬进他的寓所，刚好来得及帮他装饰圣诞树。她生平还是第一次亲眼见到圣诞树呢。

"那屋子我反正不住了，没必要再多交一份房租；再说，你给那个懒散邋遢的男仆付的那一大笔薪水，我们也可以省下来啦。"

几个月后，他让她辞去了本森商场的工作。他帮赫茨菲尔德做成了一笔大生意，用那笔酬金实现了她的一个心愿：开一间小小的、属于她自己的店铺，专卖女帽和各种配饰。店面就在贝克街上，距离马里波恩火车站没多远。

为此他还得手把手地教她怎么做复式记账，她上手也很快。在其他方面，她都表现得非常出色。"她的商业头脑比我强多了，"莫森索尔时常暗想，"事实上，比我认识的无论哪个男人都强。"

她根本就用不着别人教她该进什么货，标多高的价，怎么展示商品，并且她总能让顾客感到宾至如归，又自在又惬意。当初朱利叶斯·莫森索尔生平第一次冒险踏入一家时尚的女性用品商场，她就曾用同样的方式令窘迫的他立刻放松下来。最重要的是，她对时尚特别有眼光，也特别感兴趣。

小店生意极好，当然了，他也在其中出了把力；不到一年，谢拉就把这间租赁的店面买了下来。又过了 18 个月，她在布鲁姆斯伯里靠近尤斯顿火车站的位置开了一家分店。

时至今日，分布在伦敦各处已经有 29 家“谢拉概念店”了。“用最低廉的价格，打造最时尚的品位”，在每个地铁站能都看到她们店的大幅广告。

她一直都没有结婚，但她现在很有钱，还成了媒体的宠儿，被称为“第一位缔造了商业王国的女性”。她的每一位女经理都可以从自己经营的店铺盈利中抽成。在扣除合理的分红之后，剩余利润的一半则专门为员工留出来，应付特殊的需求，例如结婚、生病或生孩子之类。此外，她付给员工的薪水比本森商场这些知名商店还要高出 50%。她有一次告诉一名报社女记者：“我不希望我的哪个女店员必须靠兼职卖笑才能挣到足够的生活费。我年轻那会儿，好多女店员都不得不那样，现在也依然有太多的姑娘还在那么干。”结果喜欢危言耸听的《星期日报》立时刊出了头版头条：“谢拉·坎宁安称：‘我的姑娘们无须做阻街女郎。’”莫森索尔没有订阅这份小报，不过专门收集伦敦剪报的手下把这篇报道发给了他。

这让他的唇边浮起一个微笑，眼里却涌起了泪光。“看来谢拉没有变。”他暗自想道。她还像过去那样直率，像过去那样大大方方地接受现实，丝毫不见矫情的自怜和虚假的羞愧。当年她的这种态度既让他惊愕，也让他迷恋：她对自己的经历泰然处之，坦诚相告，毫不辩解或矫饰。莫森索尔自己出身于一个富裕和睦的家庭，从小被家人呵护着长大，对他来说，谢拉口中的那个世界——伦敦贫民窟是那么的陌生新奇，这个世界似乎比但丁笔下的地狱[一]还要可怕，有时候他简直忍不住要捂住耳朵不敢再听下去。那些经历，倘若落在他身上，也许就能毁了他，可到了她嘴里三言两语就轻描淡写地略了过去，为此他被深深地打动了。他反而觉得她的心跟他贴得更近，他想紧

[一] 意大利诗人但丁创作的史诗《神曲》是世界最杰出的文学作品之一，全诗共分三部，分别是《地狱篇》《炼狱篇》和《天堂篇》。

紧搂着她、摩挲她、安抚她，就像大人安抚孩子，向他们保证世上没有鬼一样。只不过在谢拉的世界里，恶鬼都是有血有肉、活生生的，他们在莫森索尔的眼里比那种“夜间冒出来吓人的东西”更要可怕 100 倍。

谢拉的母亲早年是个酒吧女招待，年老色衰后成了洗衣女工。至于她父亲什么样，她甚至都不记得了，只知道他是柯芬园一个菜市场里的搬运工，在她 2 岁那年就抛弃了她母亲。谢拉在还不满 13 岁时，就被她母亲强逼着，失身给同她母亲姘居的那个男人，当时母亲还亲手捂着女儿的嘴，不让她哭叫。

“可怜的妈妈，”谢拉当时说，“她一心想要留住那个男人，只好孤注一掷。当然了，这招儿不管用；那人上了我之后没多久就离开了妈妈，跟另外一个年轻得多的女人搞到一块儿了。”

谢拉说起那个糟蹋她的畜生时倒挺心平气和的，她甚至还有点儿感激他，因为经他介绍，她得以去一个女帽作坊里做了学徒，作坊主的丈夫正好是他的酒友。“要不然，”她说，“我就只能给人当女佣了，多半会在某个工人酒馆的后厨房里做帮佣，一天站 16 个小时，而且只要有人点了第二杯酒，老板就指望你对他‘热情招待’。”

那个作坊主的丈夫也不是好东西。他觉得妻子的女学徒理所当然也是他的人，所以一有兴致就会喊她们上楼去他的房间。莫森索尔对此极为震惊和愤慨，但是谢拉说：“那些人全都这样。不过我还算幸运，他喜欢丰满一点儿、抱起来有手感的姑娘。再说我好歹把这一行学到手啦。”

靠着那个作坊主的推荐，谢拉得以在本森商场找了份工作。后来经理发现，她去店面招呼顾客倒比待在里屋给各式帽子镶边更得用，就给她换了岗，时间比朱利叶斯第一次光临商场只早了几星期。

谢拉没受过多少教育，却能写一手流利清晰的好字。她头脑敏锐，善于发问，有旺盛的求知欲。她总是不住地向她的爱人提各种问题：文学、历史、世界各国等。没过多久，莫森索尔就发现自己懂得太少了，尽管他受的是所谓“人文教育”——当年他就读的维也纳高级中学便是以此为荣的，但这也许正是他学问不够的原因呢。他的拉丁语学得还不错，勉强够他在罗马共和国的西塞罗[一]法律事务所里当一名低级文员；希腊语也学过一点儿，不过不顶用；能背几首经典的德文诗；谙熟奥地利历史，对哈布斯堡一族历代皇帝以及他们的先祖——历代巴本堡公爵（Babenberg dukes）如数家珍，梦里都能背出他们的名讳和生卒年月来。但是他对英国历史（或者说整个欧洲历史）以及英国文学的了解丝毫不比谢拉多，而后者只断断续续上过三四年学，每次在读的时间最长不超过四个星期。

于是两人开始在晚上互相念书给对方听：小说和莎士比亚、民谣和麦考莱的《英国史》。那时英国最受欢迎的作家是刚过世不久的狄更斯，谢拉却不爱读他的作品。她了解他笔下的那个世界，觉得他过于煽情了。不过她倒很喜欢沃尔特·司各特爵士（Walt Scott）。她还爱上了诗歌，因为诗歌向她打开了一个个充满喜悦的魔幻花园。那些日子，他们从帕尔格雷夫的《英诗金库》[二]中挑出诗篇来一道朗诵，她还在最喜欢的章节下面都划了线。这本诗集后来就放在他的私人车厢里，至今仍摆在案头，每趟出差去布拉格、布达佩斯或是柏林，他总会在睡前取出来，细细品上15分钟。

日子在和谢拉相依相伴的甜蜜中缓缓流逝。他晚上越来越不爱出门应

[一] 马库斯·图留斯·西塞罗（公元前106—公元前43）：古罗马著名政治家、演说家、法学家和哲学家，以善于雄辩闻名。从事过律师工作，后进入政界，曾任罗马共和国执政官，后遭安东尼遣人刺杀。

[二] 《英诗金库》是一部与《唐诗三百首》地位相当、规模则略大的老英诗选集，全书收入英美著名诗人144位，写于16世纪末～19世纪末的抒情诗433首。

酬，经常推掉饭局或是去俱乐部的邀请，也很少去剧院看戏。他宁可跟谢拉厮守在公寓里，一块儿看看书，帮她对对账，或者讨论讨论他的计划，他觉得这样才是最快活的。绝大多数夜晚他们都独享着二人世界，辛顿是唯一的访客。他经常上门，有时候隔一周就会来一次，也不怎么开口，只静静地坐着，一边抽着他那呛人的德国烟管，一边听他们说话。辛顿对待谢拉总是小心翼翼，仿佛她是个一碰就碎的瓷娃娃。反过来，谢拉对辛顿的态度则是友善里带点儿漠不关心，就像对待一个年华不再的单身汉叔叔，或是一条个头老大、脾气温顺的圣伯纳犬似的。

不过最快活的还是他们在英国乡间共度的时光。

他们的第一次旅行俨然就是一场灾难。谢拉从没出过伦敦，更别提出国了。因此她从本森商场辞职后，他特意带她去了趟巴黎。他们原本计划在那儿待一个星期，但她实在是郁闷得不行，只过了三天就打道回府了。

"在伦敦，别人当然也会怀疑我们没结婚，"她当时说，"可大家都会装作没注意到。但是在法国，每个人都明白怎么回事，还故意笑得古里古怪的。真受不了他们！我再也不去那儿了！"

在那之后，有好几个礼拜她都不肯踏出伦敦一步。不过那年夏末，她总算被他说服了，答应去乡间游玩几天，稍事休息。之前为了筹备她的第一家商店在 8 月公休日开业，她没日没夜地连着工作了两个月。他们先去了索尔兹伯里，再一路往南到多塞特郡，在那儿游览了舍伯恩、布兰德福德和韦茅斯。天气很糟，不仅冷，还老下雨。即便如此，他们还是爱上了英国乡间的景色，对他俩来说，这里的一切都是那么新奇。打那以后，只要一有空闲，他俩就会去乡间漫游。他们再没像第一次旅行那样跑那么远，但就在这些近在咫尺的地方，他们找到了美，找到了快乐：在挨着伦敦的艾尔斯伯里溪谷，大片石楠丛生的荒原和山林远离尘嚣，还有温柔起伏的灰色山丘，丰茂葱翠的河滩草场；或是在北面的彼谢普斯托夫和大邓莫周边，那儿有宁静的河流、古老的运河，两侧环绕着附近庄园年头久远的大树，不时被繁忙的水闸和嘈杂的磨坊引水槽打断了它们的流淌；又或者向南至萨塞克斯，在海沃兹西斯四周连绵起伏的丘陵中徜徉，初夏的山花烂漫盛开，幽僻的小径隐入一簇簇忍冬花和野蔷薇的深处。

所有这些景致当中，谢拉最爱的是新森林。（“真是典型的英国风格，”莫森索尔想，“居然把全欧洲最古老的森林命名为‘新森林’。”）在晴朗的天气里，斑驳的阳光会穿透巨大的山毛榉洒落下来；到了雨天，薄雾裹着树木，成群的矮种野马会忽然蹿出灌木丛，把闯入林子的人吓一大跳，但是紧跟着，它们就会亲热地把鼻子凑过来挨挨擦擦，乞求人的爱抚。无论什么季节，只要两人能有超过一天的时间在一起，他们就会去新森林；通常一年之中总要去三四回。

他们最后一次携手出游也是去新森林——同样是在 8 月公休日前，同样是夏末，就在他回维也纳主持伦敦 - 奥地利银行的开业之前。

当然了，这种关系不可能长久。谢拉，信奉宿命，总是面对现实的谢拉，从一开始就料到了结局。莫森索尔自己一直都不肯面对，也不肯接受，但一切挣扎都是徒劳的。

他跟谢拉提过结婚，时间大概是在他们的第一次乡间旅行之后，就是去索尔兹伯里和多塞特郡的那一次。

“你是个很贴心的爱人，”她说，“我真的很爱很爱你，所以绝不能毁了你。真要是娶了我，一定会把你毁了的，这你自己也清楚。你将来会成为有钱人，成为一个举足轻重的人物、一位了不起的绅士——不达到这个目标你永远都不会满足。因此，你得找一位淑女做你的妻子和你孩子的母亲，她能帮你款待你经常提到的那些高贵的先生们，也不会被他们的夫人冷落。我会知道你该何时结婚，到时候我会告诉你的。在那以后，我就会离开你，尽管我爱你比你所知道的还要多。我不会允许你毁在我身上。但我也不愿意被一个已婚男人金屋藏娇，从此待在圣约翰森林的某幢别墅里，一晚上一晚上地守候着，就为了你能在回家的路上绕到我这儿，匆匆忙忙地跟我翻云覆雨，然后又回到妻儿身边去。”

他费尽言辞地哄她、求她，赌咒发誓说自己绝不会另娶他人，但她还是毫不动摇。

他争辩说，他们可以住在维也纳，那里风气不一样，人们不会知道也不会在意她是什么出身。但这也说服不了她。

“噢，别想得那么简单，我的小羊羔，”她会说，“你母亲，就是你梳妆台上的相框里那位可爱的女士（这个相框在 30 年后依然立在原处），她只要瞟我一眼就能看穿我出身贫贱，遇见你时就已经不是处女，而且没结婚就跟你同居了。然后她就会立刻断定，她不可能接受我这种女人做她心爱的朱利叶斯的妻子。再说了，我这辈子就住在英国，哪儿也不去。我根本不属于别的地方。”

那么，他最后听从了她的意见，这样做究竟对还是不对呢？莫森索尔时常扪心自问。说不定，把她带到维也纳再娶她为妻也能行得通吧？说起来，他的嫂子玛丽安朵就是个农民，当初被理查德以妻子的名义带回维也纳时，穷得简直不能再穷了，而且人人都知道，他俩在结婚前就已经在一块儿睡了有两三个夏天。她出身于阿尔卑斯山一个偏远的小山村里，有几年夏天，理查德经常去那儿登山，后来身边就多了这么个谁都没听说过的妻子——在那个村子里，年轻姑娘为旅行者充当“夏日伴侣”并不是什么出奇的事；只有靠这个办法才能攒起一笔嫁妆，这样才会有当地的小伙子愿意娶她们，那儿的习俗历来如此。但尽管出身不堪，玛丽安朵还是被接纳了——至少最后是这样。

不过，当年为这件事确实闹得很僵。亏得他心里想起谢拉，于是逼着自己的妻子芮吉娜把玛丽安朵当作姐妹看待，而且沃尔德－莱夫尼茨部长的母亲、老男爵夫人很喜欢她美妙的歌喉和演唱的民歌，拿她当个女儿似的照看；若非如此，她本来是不太可能被接纳的。即便是现在，依然有人对玛丽安朵不假辞色，比如她的另一个妯娌，理查德双胞胎弟弟的妻子，她生性古板，总以出身于“良好的犹太家庭”自居；更不必提部长的妻子、年轻的沃尔德－莱夫尼茨男爵夫人了，她出嫁前是马奇费尔登伯爵小姐，总觉得自己应该配一位王子，至少也得是个伯爵，为了这个缘故，她连自己的丈夫都不怎么瞧得上。另外，玛丽安朵是个艺术家（既是音乐家又是画家），不像谢拉，只是个小店老板。起码在维也纳，人们对艺术家还是另眼相看的，就像对理查德这个大学教授格外看重一样。不，谢拉想得没错。此外，她觉得自己只属于伦敦，无法在异国他乡的土壤里扎根生长，这也同样没错。

那时，银行这一项目已经基本完工，他作为总裁马上就要赶回维也纳主持大局。可是不知怎么的，感觉中与谢拉的分离似乎仍是遥遥无期，只存在于假想中的将来。当然，这一天早晚会来的，就像死亡一样。不过按常理而论，一个人嘴上说着“在我死后”，实际却照样能活得有滋有味。即便他已经定下了日子，就在9月中旬里的一天动身，他还是没法真的感觉到别离，没法真的相信会有那一天。他不明白，他将不得不和谢拉分手；他不明白，他其实已经失去了她——直到那个夏日的午后，所罗门·麦蒙爵士忽然来访。

在伦敦，所罗门爵士是第一位愿意欢迎他、鼓励他、同他做生意的重要金融家。唯有他家，莫森索尔至今仍隔三岔五地上门吃饭，就像回到自己家一样——事实上，麦蒙一家尽管也免不了一派自视甚高的英国范儿，但是他们待人亲切，态度温暖轻松，感觉颇有些像他在维也纳的家人。所罗门爵士往往对最普通的现象，例如天气和股市，都会施以一大篇咬文嚼字的演讲，措辞老派，还充满了说教味；即便这样，莫森索尔也照样觉得亲切，因为这让他想起自己的父亲，他说话的样子也总像是在对法官和陪审团慷慨陈词似的。

然而，这回所罗门爵士的提议令他猝不及防。

“首先我要祝贺你，亲爱的莫森索尔，”所罗门开口道，“你成功地创办了伦敦－奥地利银行，为它筹集到了足够的资金。我极少见到一项艰巨的任务能完成得如此出色，而完成于你这样的年轻人之手更是闻所未闻。你有充分的理由感到愉快和自豪。你实现了四年前定下的目标。我得承认，在你初次跟我谈起时，我并不认为这个计划切合实际，尽管我当时就对它发生了兴趣。

“不过，我亲爱的朱利叶斯——我希望你能允许我这样称呼你——你确定想回到维也纳去经营那家银行吗？据我所知，你的朋友辛顿已经答应会在接下来的几年中担任董事长。你确信，银行也同样需要你吗？有许多经验丰富的银行家可以胜任总裁及辛顿先生的二把手这个角色呢。

“坦率地说，我很希望你能考虑另一种选择：留在伦敦——这个地方对你而言已经毫不陌生了——加入麦蒙公司，担任我的副手。也许过几年我退休以后，你就能接替我的位置。你知道，上帝赐给我五个可爱的女儿，可是并没有赐给我儿子。倘若你加入我，我就有了继承人——我希望，很快还会多一个儿子[㊀]。我想你很清楚，一旦你愿意把自己的未来与我的家庭联系在一

㊀ 英文中称女婿为“法律上的儿子”（son-in-law），此处所罗门爵士的“多一个儿子”之语实际上是提出了联姻的暗示。

起，你的付出是绝对不会被抛在角落里无视的。”

莫森索尔热泪盈眶，被这番话感动得不知所措。不到30岁就成为麦蒙公司的合伙人！这可是全英国（倘若不是全欧洲）最古老的银行业世家，也是最富有的家族之一！况且，他向来都很尊敬所罗门爵士这个人，尊敬他精明的头脑、诚实无欺的品格以及真挚善良的心地。他可以预见到自己会像儿子敬重父亲那样敬重他。他在维也纳的家人肯定会被镇住的。麦蒙家族的地位不亚于罗思柴尔德家族，若论其谦逊低调的做派，前者也许比后者还要有贵族风范，而且所罗门爵士说得很对：伦敦－奥地利银行没了他也照样能行。事到临头才鞠躬退场是有点儿尴尬；不过他想，只要所罗门爵士出马找班克罗夫特家族还有辛顿谈谈，这件事轻而易举就能摆平。

然而他随即明白，他的答案只能是“不”——原因就出在谢拉身上。接受所罗门爵士的提议就意味着谢拉的离开。一旦他着手准备娶贝基·麦蒙（顺便说一句，贝基·麦蒙的形象恰好符合谢拉口中他该娶的那种妻子），谢拉就不会再留在他身边了。但要住在伦敦，明知她就在附近，却不能跟她在一起——他很清楚，他受不了这个。倘若身在维也纳，他可以把离别当作不可避免的命运而安心接受，不管这会让他多么痛苦。可是在伦敦，每个街角、每个公园都会让他想起过去无数次漫步、无数次约会、无数个跟她共同拥有的秘密……不，他做不到。再说，他又怎么能对她那么残忍呢？作为所罗门爵士的合伙人及女婿，他会频频出现在报端，出现在公司董事会，出现在她附近。而在维也纳，他起码可以远离她的视线，即便不能立刻远离她的思念。

“别急着回答，我亲爱的朱利叶斯，”所罗门爵士注意到他的困扰不安，便说道，“我知道这对你很突然，不过我希望这是个惊喜而不是惊吓。请你尽早来找我，我只要有空就会在家中随时恭候。”

他没有登门拜访。几天后，他写了封措辞谦恭的信，表达了他深深的感激之情，然后又解释说，他既然承诺了要在维也纳办那家新银行，就不能食言而肥。他知道这个借口骗不过那个老人。当然，谢拉的事所罗门爵士是知情的；他一贯谋定而后动，从不打无把握之仗，他对莫森索尔的了解很可能比莫森索尔自己都多。原本向“我亲爱的朱利叶斯”提议的合伙人资格，后来转而被欧内斯特·马尔堡笑纳了，他娶了贝基·麦蒙为妻。多年以后，所罗门爵士曾说道（虽然语气诙谐，暗含的意思却很严肃）：“伦敦很大，我亲爱的朱利叶斯，比你当初想象的要大得多呢。”

他没把这件事告诉谢拉。她要是知道了，一定会逼着他去攫取那个闪闪发光的机会。他从麦蒙市区银行步行回家，在路上走了很久，同时暗自决定要把这件事保密（自从他们坠入爱河，这还是第一次他不跟她分享心事）。他心里明白，从这一刻起，他们已经各奔东西了。

他们再一次重游了新森林，再一次共度了公休日。那是 8 月里一个炎热的周末，碧空如洗，不见一丝云翳，他们手牵着手，沿着钟爱的小径漫步着，沉默着，谁也不敢开口。他们在过去所喜爱的林德赫斯特的一家小客栈里留宿，房间在阁楼上，又小又闷，他们在床上紧紧拥抱，相互依偎，但离别的阴影就像一个幽暗的鬼魂、一具冰凉的尸体，悄然横亘在他们中间。他们拼命打起精神，把那些心爱的林间空地或漂亮的景致指给对方看，极力地想让彼此高兴起来。但是等他们回到伦敦时，他们已经成了陌路人。

几个星期后，他动身去了维也纳。他没让她去维多利亚车站送行，就在公寓里道了别。在过去的四年里，这间公寓就是他们的家；此刻门口虽然没贴“待租”的告示，但屋子里头已经空荡荡的，毫无生气了。

“谢拉，”他握着她的手，仿佛握了一辈子那么久，最后终于开口道，“答应我，无论有什么需要，无论遇到什么麻烦，你都一定会让我知道。”

那一刻她终于撑不住了。她扑进他怀里，哭得肝肠寸断。但几乎是立刻，她又重新控制住自己，几乎是粗暴地从他怀里抽出身来。

“我答应你，朱利叶斯，”她说，“不过你该走了，那些家具我会收起来的。”

她从未给他写过信，他也没有。但是在返回维也纳那段漫长、孤独的旅途中，他在脑海中重新回味了他和谢拉共度的每一天、每一周、每一月、每一年。渐渐地，这成了归途中固定的仪式：先是在开往伦敦的火车抵达海峡港口的前夜，回顾和谢拉共度的时光，然后第二天一早在那里乘坐渡轮；接着在回程中，在伦敦的最后一夜重温往昔，然后第二天一早去维多利亚火车站坐火车离开。上床就寝前，他会先从那些年月中选定一段欢乐时光（也许是他们的初次邂逅，也许是去索尔兹伯里和多塞特郡的第一趟假日旅行），以供他在第二天早晨，在悬浮于欧洲大陆和伦敦之间的那段时空间隙里（那段间隙跟他所在的两个世界都不相属）重温旧梦，细品慢酌。这样，等他醒来，迎接他的将是和谢拉共度的一天，也是充满了回忆和怀念的一天。

“明天该选什么呢——应该说是今天？”朱利叶斯·冯·莫森索尔喃喃自问着，一面摁熄了雪茄，仰头饮尽最后一滴白兰地，答案立刻浮现出来：最后那次旅行，去新森林的告别之旅。他以前就时时忆起那一幕，但总是不敢细想——这段回忆依旧是难以承受之痛。不过现在他知道，这一次归途选择这段记忆正合适。明天——应该说是今天，他将再次从林德赫斯特出发，和谢拉手牵着手，去重温她如此热爱的一切：高大的山毛榉林、淘气的矮种野马，还有那隐秘的林间空地和灌木丛。

第 15 章 | CHAPTER 15

苏　西

“已经 8 点多了，不过不着急，”贴身男仆给莫森索尔端来早茶时对他说，“昨晚多佛港大雾，晚上的渡轮没能出港。现在这里也起大雾了，渡轮暂时还过不来呢。”仆人卷起百叶窗，外面的雾很厚，弧光灯的强光照射在莫森索尔的私人包厢停靠的位置上，却只能显出一道弥散的光晕。

“据说渡轮会在一小时内驶离多佛港，11 点左右到达这儿，中午再启程返航。”贴身男仆报告说。

莫森索尔想睡个回笼觉——昨晚睡得太少，他觉得很倦，但很快他就记起来：今天是回家的日子，本来是要跟谢拉一起度过的，现在他已经在睡梦中浪费了好几个钟头了。

他很快穿戴整齐，走进外面的大雾里。来自法国海峡港口[1]的各种熟悉的味道扑面而来：咸咸的海水味，法国铁道那种甜腻刺鼻、略微令人作呕的

[1] 此处指加来港。——译者注

烧煤味，还有一种说不清但又不容错认的味道，这种味道很“法国”，总让莫森索尔想起法国工人工作服特有的蓝色。他知道，就在那雾气中，谢拉正在等着他，除了他没人能看到。她会把自己的手放在他的手心里，下一瞬就拉着他飞奔去林德赫斯特，回到8月里的那一天，在那片明净如洗的天空下，重温他们的最后一次漫游。

他忽然想道，“让谢拉见见苏西，跟她分享我对苏西的爱，这难道不是个好主意吗？苏西见到谢拉该多高兴啊！我多想跟苏西讲一讲谢拉，讲一讲我和谢拉一起度过的那些日子，那些比她的出生还要久远得多的过去”。

然而，他并没有感受到新森林那8月炙热的阳光；倏忽之间，他已经置身于摩尔医生令人愉悦的办公室里了。这位维也纳医生专治青少年的各种情绪问题。办公室里摆放着几把安乐椅，上面铺着色彩鲜艳的软垫，墙上的平版画画着巴洛克风格的教堂，而他手里握着的那双手，不是谢拉的，却是苏西的。

莫森索尔自然是结了婚的，就像谢拉以前一直预料的那样，他的妻子也正是谢拉期望他娶的那种女人。他对芮吉娜知根知底——打从莫森索尔的父母结为连理，芮吉娜的父亲就是他们家的家庭医生了。芮吉娜比莫森索尔小10岁；当年他离家去伦敦时，她还只是个住在婴儿房的娃娃呢。不过等他5年后回到家里，她已经成为一个迷人的年轻姑娘了。他的母亲非常喜欢她。又过了两年半，他向她求婚，她同意了。他从没爱过她，但她容貌秀丽、性情温顺，受过良好的教育，在音乐方面也颇有造诣，是一个好主妇，也是一个完美的女主人。她的父亲当时是维也纳最著名的诊断专家，她的哥哥也已经是年轻一代医生中的后起之秀了。跟她们一家人相处很自在，就像在自己家一样。芮吉娜与他的家人相处得也很好，跟他母亲尤其亲昵——她很小就失去了母亲。这是一桩很般配的婚事，而且他自认是个好丈夫，比大多数男人都强。

对他们的孩子而言，他也是一个好父亲。他的大儿子叫汉斯 – 路德维希，继承了舅舅和外公的名字；二女儿约瑟芬，名字取自她的祖父，按照维也纳的习俗，大家通常叫她“菲菲”；最小的女儿叫苏西，还不到 14 岁。莫森索尔想，这三个孩子完全值得他引以为荣；他们都成长得很不错。当然，汉斯 – 路德维希嘴上老是一套社会党人的高谈阔论，动辄高呼“让革命到来吧”，这一点颇令人恼火。每次看到他滔滔不绝地大谈什么“高贵的被剥削的无产者”，满脑子不切实际的浪漫念头，他就很想跟他谈谈谢拉早年待过的伦敦贫民窟——那些人才是真正的无产者呢。不过汉斯 – 路德维希挺会做学问，他 10 岁左右就想好将来要从医了；据他舅舅汉斯说，他会成为一个优秀的外科医生。

“在这个年龄段，他们都是热血沸腾的革命者，”汉斯说，“但他很快就会发现，革命既不能预防也不能治愈梅毒。”

汉斯 – 路德维希跟母亲很亲近，就像他的父亲当年亲近自己的母亲一样。莫森索尔想：“我在他这个年纪的时候，对自己的妈妈可不如他这么孝顺。”

菲菲跟她妈妈的关系甚至更好。实际上，她俩更像姐妹而不是母女。尤其是这阵子，她母亲整天抱着菲菲刚生的男孩不松手，这样看着，两人就更像姐妹了。她俩在各方面都很像——容貌秀丽，性子温和沉静，讲究物质享受。

菲菲的婚姻很完美，至少她自己这么觉得。其实莫森索尔觉得奥斯卡 · 波拉克 · 冯 · 帕尔提茨（Oskar Pollack von Paltitz）是个很乏味的家伙，但这无关紧要。“反正嫁给他的人又不是我。对她来说他是个理想的丈夫，会疼人，并且跟她一样，对孩子爱到了骨子里。他的钱多得不知道怎么花，但他照样兢兢业业地为波拉克－帕尔提茨集团公司工作。几个月前在董事会上，他的父亲告诉我们，他这个不满 30 岁的儿子成功研制出三种新的合成染料并已投入生产，这些染料每一种都跟德国人制造的一样好。当时他的父亲多为他感到骄傲啊！再说，菲菲喜欢身边仆从环绕，喜欢父母作为结婚礼物为他们盖的豪宅，更喜欢盖斯登㊀（Gastein）的夏季度假别墅和令她沉醉其中的那些盛大的晚会。虽说整座房子里只有奥斯卡的化学工程书，别的书一本都找不到，可这又有什么关系呢？

“不过，”莫森索尔沉思道，“我还是觉得苏西最贴心，向来都是。也许是因为她比哥哥、姐姐小太多的缘故吧，本来我和芮吉娜都已经不打算再要孩子了；也可能是因为她的长相跟我母亲几乎是从一个模子里刻出来的，都是浓密的深棕色头发、棕色的眼睛、完美的鹅蛋脸；举手投足也跟我母亲如出一辙，都是行动轻捷、精力充沛，走起路来像在跳舞——两人竟能像到这种程度，真够神奇的！但也许我跟苏西比另外两个孩子更亲，主要还是因为她那种阳光的、充满爱心的天性。”这时，他又想起苏西在 17 个月大时，曾爬到他的腿上，抱着他，对他说出了她生平第一个词：“亲亲。”这一幕令他回味不已。

但在八九个月前，非常突然地，苏西变了。她变得动不动就生气，会向父母甚至仆人大喊大叫，会拒绝做她以前喜欢做的事情，比如，星期天上午陪她父亲一起在维也纳森林散步——脾气一上来，她还会躺倒在地上，两脚乱踢、耍赖撒泼，就像一个两岁小孩儿似的。刚开始，他和芮吉娜还没把这当回事，他们的家庭医生戈特斯曼医生也一样。青春期的女孩总会有那么几

㊀ 盖斯登（Gastein）是奥地利的一处温泉度假景区。

年变得特别别扭，就连沉静随和的菲菲，在十四五岁时也有过同样的时刻。然而，苏西的情况越来越糟糕。她不肯吃东西，有时一绝食就是好几天。她会突然无法控制地哭哭啼啼，一口气哭上好几个钟头。有时深夜 2 点她还待在书房里看书，并且跟他们抱怨说自己睡不着。

这时，她的舅舅建议他们去咨询摩尔医生，他是他父亲路德维希·奥格斯堡医生的前助手，现任儿童医院神经科主任。汉斯当时说："摩尔对青少年情绪问题的研究成果卓著，孩子们都信任他，愿意跟他谈。"苏西自己也愿意接受治疗——她自己也被她身上发生的变化吓坏了。

摩尔医生先后给苏西看诊了十来次，而后，在三个星期前，他把芮吉娜、苏西和朱利叶斯三个人叫去谈话。

"苏珊娜小姐，"他开口道，"你知道我要跟你父母谈些什么，但我希望你也在一旁听着，如果对我讲的有任何异议，你随时可以打断我。"

听到医生称呼苏西为"苏珊娜小姐"，莫森索尔不由得愣了愣。以前从来没有人那样称呼过她，即便她的洗礼证明上写的就是这个名字。但"小姐"这个称呼几乎给他带来一种身体上的疼痛，就跟被人刺了一刀似的。她马上就要成年，成为一个女人了吗？他那么快就要失去她了吗？

"我觉得你们不必过于为令爱担心，"摩尔医生温和地开口说道，"她的情绪有些不健康，但是并没有发展成疾病。我和她都认为，最大的问题是她在学校里过得太无聊了。她变得不开心是从今年 9 月开学后不久才开始的，我这样说没错吧？"三个人都点头同意。

摩尔医生继续说道："苏珊娜小姐是一位非常聪明的年轻女士——从她的血统来说，这点毋庸置疑。但学校对待她的态度就像对待婴儿和傻子一样。她在数学方面天赋异禀，实际上，她现在懂的就已经比我要多得多了。

然而当她想要学三角学、圆锥截面或对数时，学校却说：‘不，不行，那不是淑女该学的。’是这样吗，苏珊娜小姐？”

苏西大声地笑起来——这还是几个月来第一次，并拼命点头。

“她的英语说得很流利，”医生继续说，“因为你们每个周末都有英国来的客人，而学校却要求她学习英语语法入门，而不是阅读英语诗歌和小说。总而言之，”摩尔医生说，“令爱想要进大学深造。我知道，在奥地利还没有多少女性这样做。也许有个大学生女儿的念头会让您很吃惊吧，我亲爱的女士。但是，请相信我，这个时代正在来临。进入大学的年轻姑娘们都干得不错。她现在还不确定她想学什么专业，不过以她在数学和语言上的天赋，她可以去学经济学，我听说这个专业已经有不少非常优秀的女学生了；或者学历史也可以——不过现在说这个还为时太早，也许过个四五年，她又有不同的计划了。

“但她需要一所更严格的学校，可以满足她的智力要求，对她进行脑力训练。一旦她选择去念大学，她得知道自己有条件做好充分的准备。维也纳有专招女生的大学预科班，我强烈建议你们选一所要求最严格的学校，送苏珊娜小姐去那儿就读——有几所学校确实相当不错呢。”

“此外，”摩尔医生继续说，“苏珊娜小姐觉得你们作为她的父母，还没有完全接受她已不再是小孩的事实。她知道自己的父母有多爱她，但我怀疑她有这种感觉：明明自己已经可以去客厅见客了，你们却依然让她待在儿童房里——我没说错吧，苏珊娜小姐？我想，她是觉得你们不肯让她靠近你们的世界。其实我得承认我有点儿嫉妒她，我自己完全没有什么家庭背景，只有一双来自提洛尔地区的农民父母。而苏珊娜小姐，在她母亲这边有她的外祖父，我敬爱的老师奥格斯堡教授，维也纳医学院在他 60 年如一日的领导下才得以建成；在他之前，还有他的父亲——我听说过很多那位法兰克福老医生的事迹，他是个了不起的人，而且非常有趣；另外还有我的好友，苏珊娜的汉斯舅舅，他在泌尿学领域中贡献卓著，完全可以媲美他父亲在自己的研究领域中的地位。然而，苏珊娜对这些人的事迹一无所知。

“此外，总裁先生，从您这边算，她的长辈中也是人才辈出。首先是您自己，您在英格兰这些年的生活精彩纷呈、成就斐然；其次是您的双胞胎兄弟，两人都是伟大的学者；您父亲则是闻名遐迩的律师。苏珊娜小姐从小听着这些人的故事长大，但她觉得，你们谁都不让她接近。也许您可以让她编写一部家族史——现在正流行这个。那或许可以提供她需要的挑战，而且她那位历史学家叔叔肯定也会帮她的。”

“接下来，”摩尔医生停顿片刻，然后继续说道，“我要说的内容将会敏感得多。苏珊娜小姐要求我不要提这个，但她错了——而且我想，她心里也是明白的。”

莫森索尔突然感觉苏西的手放到了他的手心里，他瞥见她也抓住了芮吉娜的手。她整个人都显得非常紧张，脸上浮起一层红晕，随即又变得苍白。

“我已经告诉苏珊娜小姐，”医生语气坚定地说，“她就是个小傻瓜，所以才会有那种想法。但她还是担心没等她做好准备，她的父母就会逼着她步入婚姻，承担家庭责任。”

“她看到她姐姐菲菲，”（“是约瑟芬。”苏西小声地更正。）“还不到 19 岁就结婚了，不到 20 岁就生了孩子。她知道那种生活正是约瑟芬想要的，也确实很适合约瑟芬。但是她非常害怕你们会认为那样的生活也适合她。丈夫、婚姻生活再加上生儿育女——这样的前景让她心惊胆战。

“我已经跟她说过了，不同的人成熟的过程也是不同的，她的父母非常睿智，不会不知道这一点。适合约瑟芬的生活不一定适合苏珊娜。但她还是很担心，特别是约瑟芬生了孩子后，她亲眼见到您，我亲爱的女士，跟您的小外孙在一起有多高兴，她就很怕您会催着她也找个丈夫，缔结一段婚姻关系，而她对此还完全没有准备好。”

苏西把她的脸埋在他的肩上，大声地啜泣起来。莫森索尔看见妻子脸红了，不知道是因为生气还是尴尬。“这样看来，”他想，“苏西的担心没有错。芮吉娜已经在考虑把她推到一个男人的怀抱里了，甚至是他的床上。”

“我再讲最后一点，”摩尔医生沉默了一会儿以便让苏西擦了擦脸，接着说，“这点是我唯一没有跟苏西讲过的，但我确信她不会反对。你，苏西，（他突然用了‘苏西’和‘你’。）喜欢自己的大名；你认为你的父母应该叫你‘苏珊娜’而不是‘苏西’，对吗？我想，再过几年，等你长大到一定年纪，一定会想要再次成为‘苏西’的。但是现在，让我们都把对你的称呼改为‘我们长大成人的苏珊娜小姐’吧。”

说完这番话，医生充满感情地握住苏珊娜的两只手，把她拉到身边，对着她微笑。苏西含着眼泪也笑了，小脸涨得通红通红的，吻了他一下。

驱车回家的路上，她坐在他俩中间，握着他们两人的手，小声地哭着。他觉得她那是幸福的眼泪。那天晚上，芮吉娜来到他的床上，这还是这么多年来的第一次。他们早就开始各自睡各自的房间了——那时她刚刚怀上苏西三四个月。

芮吉娜并没有完全被医生说服，但莫森索尔拿定了主意。接下来的一周里，苏西去摩尔医生推荐的学校报了名。莫森索尔还答应她，等她放了暑假，他会从伦敦回来陪她写那部“家族史”。

“可是，何必要等那么久呢？”大雾渐渐变薄了，他在自己的私人车厢里边来回踱步时，突然这样问自己，“苏西一直是奥格斯堡老爹最疼爱的外孙女，他会很高兴跟她谈谈的。她也可以读一些跟他的职业生涯有关的书；四个月前，她外祖父 85 岁，当时维也纳医学会还专门出了本纪念文集——《维也纳内科医学 60 年》。老爹向来就对早年的事津津乐道：想当年，他的父亲如何把刚刚获得博士学位的他送到维也纳，给罗思柴尔德家做家庭医生；后来他又如何说服罗思柴尔德家族出资建一所犹太医院，而他成了这家医院的主任医生——现在他的儿子汉斯也是这家医院的主任医生。此外，老爹还一直想找个人听他讲讲他的父亲，也就是苏西的曾外祖父：拿破仑战争期间，这个出身于黑森州一个小村庄的犹太男孩，是如何千里迢迢徒步走到了巴黎，就因为德国不准许犹太人进医学院；又是如何成为法兰克福第一位犹太裔医生，也是第一位使用听诊器的医生；最后，当他已步入垂暮之年，他又是怎样成为德国第一位使用体温计进行诊断的医生。”

莫森索尔知道，老爹至今保存着他父亲的文件和信函，他会很高兴和苏西一起翻阅这段历史的。

还有莫森索尔的姑妈朱迪思，倘若能向苏西一一历数莫森索尔家族成员的事迹，那么她绝对会老怀大慰，比奥格斯堡老爹还要欢喜。以前她也想对他讲来着，可每回听她没完没了地说那些陈年往事，他总是抓耳挠腮、坐立不安。当然，直到现在他一年中还是会见她几次，在她生日那天也都会上门看望。但她很久以前就不再跟他讲古了。现如今，她终于能有个听众专心听她讲故事了——那些故事，他年轻时根本就不愿意听，也不愿意信。

莫森索尔试图回忆起那个老妇人对当时还是个孩子的他都说过些什么，比如她讲的关于第一代莫森索尔，那位开山鼻祖的传奇——那传奇不像一段冷静的历史，倒像是出自沃尔特·司各特爵士笔下，或者更像《三个火枪手》

之类的浪漫主义小说。然而朱迪思姑妈发誓说，她讲的一切都确有其事。

这个故事她对他说起过许多遍，但他只认真听了一次——那时他刚从伦敦回来，向家人宣布了创办伦敦－奥地利银行的计划。“这样说来，你就要成为索别斯基亲王的合伙人了，”她当时说道，“他知道我们跟他家有亲戚关系吗？”

“哦，你是在讲童话故事吧，朱迪思姑妈，”他说，“波兰皇室和匈牙利荒凉山区里贫困的犹太村民会是亲戚？”

“你个蠢材，”她尖利地反驳道，“你要是早先注意听，就会知道我在说什么了。你父亲就知道，对吧，约瑟夫？”

令他大为惊奇的是，浑身上下没有一个浪漫细胞的父亲，一向以来对他姐姐的故事就跟莫森索尔一样不耐烦，这时却点点头说：“是的，我知道这事，文件上都白纸黑字写着呢，弄不好还真有其事。”于是朱迪思姑妈就打开了话匣子，把这个故事又对他说了一遍。

“第一代莫森索尔生活在 17 世纪中期。他的母族早年被逐出了西班牙或葡萄牙，后来在威尼斯定居下来，成为银行家兼几个东欧贵族家族的财务代理，这其中就包括了波兰的索别斯基。他的父亲是索别斯基家的一个年轻人，后来还成了‘战士国王’的父亲，他于泛欧旅行㊀期间在威尼斯逗留了一阵，在那里引诱了他们家财务代理的女儿。按照犹太人的法律，母亲是犹太人，生的孩子也是犹太人，因此这个孩子长大后就成了一个犹太人。

“先祖年轻时曾加入伪弥赛亚㊁沙巴泰·泽维发起的圣地㊂运动，并成为他的一名得力助手。后来沙巴泰·泽维背弃了犹太人的事业，改信伊斯兰

㊀ 泛欧旅行：旧时英国贵族子弟会游览欧洲各大城市，作为其教育的一部分。

㊁ 弥赛亚：犹太人所期待的救世主。

㊂ 圣地：即巴勒斯坦。

教，莫森索尔的先祖便领着一部分泽维过去的追随者出了土耳其，横穿匈牙利，历尽艰辛、长途跋涉，最后来到一处与世隔绝的山谷。这个山谷就在通往波兰的山路下方，是索别斯基家族的一处采邑，先祖将之命名为‘莫森索尔’，意为‘摩西之谷’。他在那里安顿了跟随他的人民，自己则成为他们的拉比[㊀]和世袭首领。”

接着，朱迪思姑妈又开始讲述他的祖父和他祖父的岳父，也就是他的曾外祖。

“你的曾外祖叫孟德尔·沙赫曼（Mendel Schachtmann），在他年纪很大的时候，我和你祖父都还见过他——拿破仑战争期间直至战争结束后，他一直是莱比锡的拉比，同时还是启蒙运动中的知名历史学家，他所著的《德国及奥地利犹太人之史》至今仍是标准教材。他还是第一位在德国大学任教的犹太人，在莱比锡教授《旧约》和犹太法典《塔木德经》。他毕生的目标是把犹太人的宗教和启蒙运动的理性主义融为一体，然而他失败了。他的儿子和女婿都放弃了他们的信仰，儿子转而改信新教并成为研究教会史的教授，后来娶了学界前辈的女儿为妻，他们的儿子就是我和你父亲的表兄爱德华，现在已经是柏林著名的婚姻家庭法教授兼国策顾问。我们的父亲，你们的祖父，曾被送到孟德尔·沙赫曼拉比门下学习《塔木德经》，后来娶了拉比的千金露丝，也就是我的母亲，你们的祖母。他也丧失了信仰，成为一名理性主义者，但他不敢告诉自己的父亲，于是在回来以后他还是成了莫森索尔一族的拉比。他在这个位置上待了 40 年，内心十分压抑，时时刻刻被羞愧感折磨着，既不能放弃这个身份，又无法违心地履行职责。”

他自己的父亲，也就是苏西的祖父，很少说起自己的往事。他过世时苏

㊀ 拉比：犹太人中的学者和老师。

西还很小，已经不记得他了。朱迪思姑妈告诉他，那位失去信仰的拉比曾经把自己的儿子送到维也纳学习法律，并且几乎是命令他受洗成为天主教徒。他父亲其余的生平事迹，莫森索尔自己就一清二楚：他如何成为奥地利第一位铁路律师，如何通过与早期两位铁路企业家结盟（一位是现任铁道部长的父亲——沃尔德－莱夫尼茨男爵，另一位是沃尔德－莱夫尼茨的连襟——佩尔卡奇男爵（Perkacz））从而获得了事业的成功；如何成为第一位连续三届当选为维也纳律师协会会长的犹太裔律师；又是如何制定了奥地利铁路法及其负债和税率的相关条款；最后还有，在他 60 岁大寿那一天（他的长子当时已经从伦敦回来有一年了），他是如何受封贵族称号，从此一家人都成了“冯·莫森索尔”㊀的。

“我很怀疑苏西会觉得这些‘陈芝麻、烂谷子’很有趣，”莫森索尔默默地想，“这跟她心目中的历史大相径庭——没有国王和战争，没有‘前进的步伐’，也没有重大的发现。家族中无论哪个人都不会也不配在她编写的历史书中得到哪怕是一条注解。不过，在这些陈年往事被遗忘之前把它们记录下来，这毕竟是一件好事，不管是奥格斯堡老爹还是朱迪思姑妈，他们的时间都已经不多了。回到伦敦后我要给苏西写封信，要不明天就写，叫她去看望一下老爹和姑妈。”

他忽然发觉，雾气正在飞快地散开。手表上的时间已经是 10:55 了，这令他吃了一惊。一个上午都快过完了，他却还没有开始回家仪式，一分钟都不曾和苏西一起度过！算了，在抵达伦敦之前还有几个钟头的时间呢。

就在那时，他的私人秘书从火车站一路走了过来。“总裁先生，”他说，“渡轮进港了。”透过薄雾，莫森索尔能看到一艘灰色的轮船正缓缓靠向码头。

㊀ 德国姓氏中的“冯”(von) 即表示其贵族身份。

“这艘船会在一个小时后起航，”私人秘书说，“我已经通知您的弟弟教授先生还有部长阁下做准备了，现在我去找几个搬运工来搬行李。”

“我马上就过来。”莫森索尔答道。接着，出乎自己意料之外的，他又加了一句：“不过我得先拍一份电报，请你稍等一分钟。”

他回到车厢里，进了他的办公包厢，取出一份空白电报，写道：

冯·莫森索尔夫人

欧贝伦大道3B号

维也纳I，奥地利

如你和苏西能尽快来伦敦与我会合将不胜欣喜。数日内即可结束公务，可一同悠闲度假。将带你和苏西游览伦敦和英国。苏西将转学，学期最后几周缺课无妨。可请银行的霍尔茨曼安排去加来之私人包厢及转伦敦之交通工具。亟盼下周末见到你和苏西。

爱

朱利叶斯

“请你用最快的速度把这封电报发出去，”他对秘书说，但是秘书刚刚转身向车站走，他又把他喊住了，“请稍等，”然后拿过电报，把里头每个“苏西”都改成了“苏珊娜”。“现在可以发出去了。”他说。他目送秘书轻快地走向车站邮局，他自己转身往相反的方向，向码头走去。

“现在，我真的要开始回家之旅了。”他想。然而，在他开始最初几个步骤前，他一直在心里纠结：“今晚在索别斯基亲王的晚宴上见到马尔堡时，我要不要跟他约个时间呢？还是等我跟辛顿私下谈过之后再找他？”

CHAPTER 16 | 第16章

回　　家

莫森索尔一回到他在伦敦的公寓，就看到家里有一张字条，要他去索别斯基位于阿瑟顿广场的宅邸参加一个餐前会。他匆忙换了衣服赶过去，发现辛顿和马尔堡正在亲王的私人书房里和索别斯基亲王密谈。

见他进房，索别斯基立刻说："辛顿先生有紧急的事情要告诉我们。"紧接着，辛顿讲述了弗雷德里克·班克罗夫特因为制造伪钞被捕，几乎可以肯定会被定罪并流放魔鬼岛；班克罗夫特兄弟银行在伦敦－奥地利银行的股份已转售给麦蒙－马尔堡银行；他将辞去银行主席一职并提名由欧内斯特·马尔堡爵士继任。他又补充说，所有这些消息都会刊登在第二天早晨或星期一的报纸上。

他最后总结道："星期一晚上，最迟星期二上午，所有的报纸都会报道班克罗夫特兄弟银行正在被清算的消息。我希望除了出售公司办公楼这项业务，其他的清算从今天起能在一周内结束。"

他们全都惊呆了，但莫森索尔觉得，这件事其实并不意外。弗雷迪·班克罗夫特终究会毁了自己，他们一直都知道会是这个结局。“真遗憾，他居然不能像个绅士一样了结自己，”马尔堡喃喃自语，一半是说给他自己听，“那句话可以做弗雷迪·班克罗夫特的墓志铭，”莫森索尔暗想，“他也就配这个。”

“这对你来说肯定糟透了，亲爱的辛顿！”索别斯基说，“这一定是一个巨大的打击。”

“殿下真是仁慈，”辛顿回答道，（他的声音中居然透着一种愉悦？）“其实对我而言，这未尝不是件好事。这逼着我去做我原本早就该做的事情。我要回归到我最初的爱好上，研究数学和数学史。当然，这是一个打击，我不否认。但主要是因为它对我所在乎的人造成了严重伤害，特别是弗雷德里克可怜的母亲——伊莱恩·班克罗夫特。”

辛顿在提到那个名字时，声音里有一种特别的腔调，这种腔调莫森索尔从未听到过。这使得他突然抬头看向辛顿。这时他的目光遇到了马尔堡的目光——这样看来欧内斯特也注意到了！难道是真的？辛顿居然和那个面无表情、态度倨傲、盛气凌人的伊莱恩·班克罗夫特一直都是秘密情人？但除此之外，还有什么原因能解释辛顿声音里的这种腔调呢？莫森索尔立刻在心里确认了这件事；当他再次看向马尔堡时，他确信他也有同样的想法。

“这就能解释辛顿为什么对他的私生活总是三缄其口了，”他想，“除此之外不可能还有别的缘故。这也解释了为什么他会从维也纳回来接手班克罗夫特兄弟银行，不管这家公司当初对他有多刻薄；为什么他会心甘情愿地忍受那几个年轻的班克罗夫特——那群目空一切的废物——尽管他对公司已握有生杀大权。但他们俩是怎么做到瞒天过海的呢？居然没有任何人猜疑他们——这可是在伦敦！这个城市比我所知道的任何地方都更可怕，稍有点儿风吹草动，谣言就会甚嚣尘上，把人磨得粉身碎骨。”

索别斯基的声音打断了他的思绪。

“辛顿先生并不是唯一一个有消息要宣布的人，不过相比之下，我的消息就有点儿平淡无奇了。8 月我会觐见使徒陛下，我们的奥匈帝国皇帝，届时我会要求陛下解除我驻圣詹姆斯宫的奥匈帝国大使之职。到那时，我在这个位置上就待满 27 年了。我也像我们的朋友辛顿一样，有别的事情要做，这些事同样刻不容缓。我计划在接下来的两年里彻底巡视隶属于索别斯基家族的房产和工业项目，就从我们在波兰的产业开始。这些产业自我在 40 年前进入外交领域工作后就再也没有视察过。王妃和我会继续把英格兰的霍恩阿比作为我们的总部，我们已经把这儿当成家了。但是至少这个冬天，我们会找个暖和点儿的地方待着，也许会去加尔达湖，在那儿有我为我继母造的一幢别墅。

“当然，”亲王总结道，“在两个月后我觐见陛下之前，这则消息是不会对外宣布的。但先生们，我知道我可以信任你们会守口如瓶。”

房间里起初一片静默，接着气氛就活跃起来，大家开始随意闲聊。大家请求辛顿在银行董事会里待到任期结束，就是说再多留两年时间——他最后同意了。亲王随即也同意（在莫森索尔看来简直是非常乐意）担任董事会荣誉主席直到他 70 岁。“当然啦，”莫森索尔暗想（他觉得这次他跟马尔堡又有相同的想法）：“他当然乐意了，他什么都不做就可以得到我们付给他的固定薪酬。”

莫森索尔对亲王说下面这番话时在动什么脑筋，马尔堡也同样心知肚明：“相信如果我利用这个机会，以银行管理方的名义宣布一个决定，殿下不会认为我太过冒昧吧。在殿下70岁离任之后，银行名誉主席一职将永远空缺——虽然我们真心希望您能重新考虑在70岁之后继续担任该职。由于索别斯基亲王的努力，我们的银行才会有今天，所以亲王担任过的职位将不再有继任者。”

亲王听了这些话非常高兴。莫森索尔心想：“这样就一劳永逸地解除了年轻王子继位将会给银行带来的威胁。”

后来他们又说了什么，莫森索尔没再留心听。他只听到每个人声音里都有一种喜气洋洋的感觉、一种欢欣鼓舞的口气。马尔堡的高兴是可以理解的，他想当银行主席已经很久了，但莫森索尔从辛顿和索别斯基的声音里也听到了一种解脱——是的，甚至是幸福的感觉，这让他有点儿吃惊。

对他自己而言，他高兴得几乎想放声大喊。他所有的问题都迎刃而解了——再也不用整天如临大敌般地琢磨怎么跟人争辩和扯皮了。他剩下的唯一任务是说服马尔堡保持住他在银行的股份，直到索别斯基同意减少他的持股。现在这两个人实际持有相同的份额——都是28.5%。这就意味着，只要马尔堡没有立即出售他从辛顿那里买得的股份，亲王就必然会持续抛售自己手里的股份，最终变成单纯的投资者。否则，他将不得不成为马尔堡的合伙人，甚至还只是个平起平坐而不是高他一头的合伙人。对亲王来说，欧内斯特·马尔堡，即便他拥有男爵爵位，两个女婿也都有贵族头衔，富可敌国，而且和英格兰国王交情匪浅，他也只是一个来自犹太聚居区的草民，一个东正教唱诗班指挥的儿子，再没有别的了，总之绝对不够资格做与亲王平起平坐的合伙人。

“在跟马尔堡讨论这事的时候，我是该策略点儿还是直率点儿呢？”莫森索尔思量着。他随后看向马尔堡，却发现他们想的似乎再次不谋而合。

晚宴持续了好几个小时。莫森索尔觉得，亲王作为东道主，从未像今天这么和蔼亲切、风度翩翩，像今天这么殷勤待客，相当放松也让人轻松。但是在晚宴结束时，他脑中只记得一件事：他和马尔堡约好了第二天即星期六晚上在马尔堡的俱乐部一起吃晚饭。除此之外，他只感到了突如其来的筋疲力尽，仿佛整个人都耗空了——不仅是因为旅行带来的生理疲劳，他的疲惫也来自这短促的一夜和漫长的白天。

等他回到自己的公寓已经是午夜了。他发现有一封电报，是芮吉娜从维也纳发来的：

> 好主意。苏珊娜迫不及待地要去伦敦与你会合了。苏珊娜买了旅游指南并开始整理行装。星期四早上乘坐私人包厢出发，星期五中午抵伦敦。亲爱的，到时见，苏珊娜、芮吉娜。

“如果天气允许，”莫森索尔想，“星期日我们就去新森林玩几天。全英国就那儿能让小苏西玩得最开心啦！“

4

第四篇

致 音 乐[一]

THE LAST OF ALL
POSSIBLE WORLDS

[一] 《致音乐》(*An Die Musik*) 是奥地利作曲家舒伯特创作的一首艺术歌曲，歌词源自德国诗人肖贝尔的同名小诗，大意是感谢音乐纾解痛苦，唤起人们对生活的热爱之情。

第 17 章

勒娜特

第 18 章

珀凯茨家族

第 19 章

亚瑟

第 20 章

保罗

第 21 章

玛丽亚

第 22 章

《致音乐》

第17章 | CHAPTER 17

勒 娜 特

在维也纳博物馆展出的这幅《恋爱中的年轻女子》(*The Portrait of a Young Woman in Love*)，出自19世纪奥地利艺术大师费迪南·瓦德马勒(Ferdinand Waldmueller)之手。这幅画也许不算是他最好的作品，但一定是他最为知名的作品。画中是一位青年女子，犹未完全脱去少女的稚气，身着宽松的淡蓝色连衣裙，一只胳膊搭在红木钢琴的一角，脸向左边侧着，注视着观者的右方。这是一张美得摄人心魄、令人过目不忘的面容——完美的鹅蛋脸，肤如凝脂，及肩长发乌黑发亮，一双大眼睛是高山龙胆花那种明媚的蓝紫色，比裙子的颜色还要深上几分。和瓦德马勒的很多作品一样，这幅画对于现代人的品位来说略过甜美——19世纪40年代比德迈厄时期(Biedermeier)的奥地利艺术作品大抵如是，但画中女子脸上所焕发出的容光、那种充满信赖的幸福的神采使这幅作品不至流于甜腻，并为它赢得了“爱情”[1]或“恋爱

[1] 原文为德文“Die Verliebte”。

中的年轻女子”等广为流传的昵称，尽管画作本身的标题只是“不知名的年轻女子”。无论男女老少，在观赏这幅油画时脸上都会浮出一个会心的微笑，并且不自觉地随着女子注视的目光向右侧移动，直到自己站立之处正好是当初画家为这位模特写生时，她的爱人所站立的位置。

瓦德马勒的这幅画可谓家喻户晓，相形之下，古斯塔夫·克里姆特（Gustav Klimt）创作的《致音乐》却从未公开发表，只有寥寥几位精心筛选的艺术史学家和博物馆馆长曾有幸瞻仰过真迹。鲜少有人知晓，一名深藏不露的瑞士人自20世纪20年代开始涉足收藏，多年来揽集了一大批杰出的现代欧洲艺术精品，克里姆特的这幅油画正是他的第一件藏品。这个瑞士人出身于一个银行业世家，当初买下这幅画时，他在自己的家族中还只是个小字辈。《致音乐》也是一名女子的肖像画，事实上，画中人与50年前坐在费迪南·瓦德马勒面前的，正是同一名女子——同样完美的鹅蛋脸，同样白腻的肌肤，同样深蓝色的眼眸和淡蓝色的裙子。只是盘在头顶的秀发已然银白如霜，尽管还是那么丰茂浓密；脸上的神情也已经变得静谧安详、波澜不惊，不复焕发热恋中的神采。在创作这幅作品时，克里姆特的风格正从年轻时的印象主义转向成熟期的表现主义。画中的女子沐浴着从身后窗户倾注进来的明亮光线，端坐在红木钢琴前（也许正是瓦德马勒在《恋爱中的年轻女子》中描摹的那架钢琴），双手轻轻地搭在琴键上，脸庞和身子则转过来对着观者。画上没有标题，只有克里姆特的签名。但在画布背面，有女性的笔迹用浓墨写着“致音乐”几个字，还标注着一个日期：1896年6月14日。

自第一次世界大战以来，再没人把这两幅画并排放在一起观赏过，因而也没人知道它们画的实际上是同一个人，尽管创作时间相差了半个世纪。时至今日，无人知晓，也无人关心这位身份不详、长着一双深蓝色大眼睛的女子是谁，或者有可能是谁。最后一位知情者费了一番手脚，以确保不会有人问起，更别说找出真相了。

第一次世界大战结束后，奥地利曾有几年饱受通货膨胀和饥馑的折磨，民不聊生。在那段可怕的时日里，勒娜特·科霍特（Renata Kohout）迫于生计，不得不卖掉她的祖母拉斐拉·沃尔德–莱夫尼茨男爵夫人的这两幅肖像画。当时她明确规定，两幅画必须分开出售，卖给不同的人，并且不得向买家透露画中人物的身份。甚至对接受这桩委托的苏黎世画商，她也同样守口如瓶，尽管这位画商还是勒娜特和她的亡夫（画家埃里希·科霍特（Erich Kohout））在维也纳艺术学院的同学，彼此之间交情匪浅。画商对此提出了异议，他指出，这样保密只会压低作品的价格，可勒娜特丝毫不为所动。

不过，尽管没有透露画中人物的身份，画商还是把这两幅画卖出了好价钱，大大超出他预期的数目，比勒娜特希望的更是高出了好几倍。由于画商的出色表现，勒娜特得以带着两个年幼的儿子离开饥寒交迫的维也纳，搬入苏黎世湖边的一幢小屋，在那里过了几年温饱无虞的日子，直到她以儿童书籍的插图画家兼书籍封面和面料设计师的身份重新闯出了名声，生活才宽裕起来。又过了几年，世人发现埃里希·科霍特是位天才横溢的画家，是表现主义的先驱人物之一。他在战火纷飞的战场上毫发无损地熬过了 4 年，却在回家后死于西班牙流感，身后仅留下 15 ～ 20 幅作品，如今大受热捧，纷纷以高价售出，足以令他的遗孀重新过上颇为优裕的生活。

于是，一封发自苏黎世的信给勒娜特带来了好消息：忽然间，她已无须再为金钱忧心了。然而，在收到信时，她并未欣喜若狂，反倒沮丧不已。她把信翻来覆去读了又读，在脑海里一次又一次地把那笔钱从瑞士法郎换算成不值钱的奥地利克朗（末尾顿时多出了好几排“0”），一面用手指反反复复地拨弄着画商为她购买并随信附上的三张去苏黎世的车票。自从两年前埃里希身故（自从她意识到，她用祖母和父亲留给她的大笔财产投资购买的战时公债已经被通货膨胀侵吞得一干二净（所有的奥地利人全都在劫难逃）），长久以来第一次，一直咬啮着肺腑的囊中羞涩的忧惧、总在脑中哓哓不休的财务拮据的焦虑，全都烟消云散了。然而，她感觉到的是龌龊、可耻、堕落。

“为了给孩子换取面包而出卖身体的妓女会得到人们的怜悯，”她自言自语，“可她终归还是个妓女。”

她曾走投无路，求告无门。她唯一的兄弟早早地死在了战场上，而沃尔德－莱夫尼茨家族规定只有族内男性有继承权，故而家产全都落到了陌生的远房亲戚手中，这些亲戚很可能连勒娜特这个人都没听说过。她还有两个姐姐，二姐也许肯收留她；至于她那个大姐，只会幸灾乐祸地随她去忍饥挨饿，绝不会开口跟她说一个字，或是对她和她那两个姓科霍特的儿子施以任何关注。但即便住在二姐家，他们也不会允许她忘记自己的过失：身为沃尔德－莱夫尼茨男爵小姐，她却自甘堕落，不顾家族名誉，下嫁给一个学艺术的穷学生，一个下层社会家具商的儿子，一个在贫民窟长大的贱民。

而她的两个儿子——埃里希的儿子将在鄙夷的目光中长大，别人会把他们当作乞丐肆意轻贱，认定他们不配有更好的待遇，每一天他们都会被迫感受到自己是“家族的耻辱”。她心里明白，出售那两幅画是对的，倘若祖母还在世也会赞成她的选择——换作是祖母，这些画卖了也就卖了，并不会心痛或犹豫。可是于她而言，她觉得她背叛了一份信任，贬低了自己的尊严，摈弃了正直的操守，而那本是她的内在人格最核心的一部分。即便画商一再向她保证，他在售画时严格遵从了她的指示，买家永远不可能发现画中人物的身份，但这还是丝毫不能减轻她内心的负疚、沮丧和自我厌憎。她把微薄的财物装进行囊，带着儿子坐上开往苏黎世的长途列车，在远离忧愁的新鲜环境中安顿下来，开始了新的生活。然而自始至终，这些负面情绪始终萦绕在她的心头。

在勒娜特的成长过程里，一家人当中她只喜欢跟祖母亲近。祖父过世时，她还只是个小孩子。父亲待她总是礼数周全（他对谁都这样），只是他太忙、太重要也太有名了，根本无暇顾及一个孩子的小心思。母亲则一贯讨厌她，对此她心知肚明；也许只是因为她长得太像祖母，而母亲却向来憎恨自己的婆婆。两个姐姐大了她好多岁——在勒娜特还未迈出儿童房、加入“成人”的行列时，她们就已经订过婚，成为社交界的名媛贵妇了。哥哥的年龄倒是跟她较为接近（只比她大三岁），但他毕竟是个男孩，不可能花多少时间在她这个小妹妹身上。

唯有祖母，总是会用尊重的态度对待她，总是会花时间陪她、关心她。对她那些稚嫩的画作，别的成年人只会报以纵容敷衍的一笑，可祖母总是看得很仔细，还会跟她讨论，询问她想表达什么——尤其让勒娜特无比幸福的是，祖母还会认真评论这些画，好像这些画真的很重要似的。有时她会亲自拿起铅笔为勒娜特示范，修改修改这儿，或是给那儿增加某种效果。她还会开怀大笑，笑得就像个孩子，就像那幅《恋爱中的年轻女子》里画的那样，整个身心都迸发出欢乐的光芒。

勒娜特对祖母满怀崇拜；可长大后，家里不让她经常去看望祖母。但凡和祖母有任何接触，她的母亲都会蹙眉以对，两者之间的关系始终维持在一种冷冰冰的正式而礼貌的层面，甚至往往连那样都达不到。祖母自然不会在公开场合演出，可她依然是位“音乐家”；她家里总是有很多年轻姑娘，有跟着她学习音乐的，也有表演家或是希望成为表演家的；母亲对这些人总是嗤之以鼻，称她们是“波希米亚人，甚至还不如波希米亚人”。祖父在世时，祖母曾同他并肩工作许多年，无论他要去哪儿设计或建造桥梁，祖母都会陪伴他踏上漫漫旅途，奔赴那些遥远的、无路可通的地方。但这显然不是淑女该有的行为。祖父出版的桥梁设计专著中插有许多祖母为他的那些桥梁画的水彩画和素描，这些画后来都捐赠给科技博物馆，并在那里展出，现在无论是哪个乡巴佬都有机会观赏到那些作品。“有教养的淑女才不会干那种事呢。”母亲断言道，不过只有父亲不在场时她才会这么说。

母亲的真实想法，勒娜特早就领会到了（尽管这种想法从未宣之于口），说到底，祖母就是个丢人的“暴发户”。

当然，沃尔德－莱夫尼茨家族的地位远不及母亲这边的马奇费尔登家族，后者历代都是帝国赐封的伯爵，这个爵位的来历可以一直追溯到13世纪哈布斯堡王朝的首位皇帝鲁道夫陛下。母亲曾毫不客气地说，要不是她那高贵的家族彻底败落了，她也不至于“牺牲自己”，下嫁给区区一个沃尔德－莱夫尼茨家的人。不过，虽说沃尔德－莱夫尼茨家族受封男爵还不到150年，还不能算是“真正的贵族”，但他们家在很久以前就拥有了大片土地，属于可敬的士绅阶层。祖父的父亲还曾是拿破仑战争时期的一名杰出军人，曾升至陆军少将并任军械署署长，先是在奥地利陆军任职，后调至反法同盟军，一直服役到滑铁卢战争的胜利。

然而，祖母出生时，她的父亲只是一介平民、一个地产投机商和建筑承包商，直到祖母十几岁才受封为男爵。最糟糕的是（尽管从没人提过），珀凯茨夫妇，也就是祖母的双亲，尽管拥有男爵的头衔，在圣彼得大教堂内也拥有座席，却是犹太人。因此，母亲不论在什么时候提到祖母，人们仿佛总能听到她心里在说（倘若不是嘴里在悄声嘟哝）“卑劣、嚣张的犹太暴发户”。

每年的6月14日祖父生日那天，祖母都要在家里举办一次纪念音乐会。母亲对此尤为恼怒，斥之为“庸俗”“卖弄”“一副异教徒做派”。因此，尽管祖母年年都会给她送一份请柬，她却从未能获准参加。

但即便母亲再怎么横眉冷对，她也不能禁止勒娜特参加祖父诞辰90周年的音乐会——毕竟她那会儿已经年近18岁，不再是个孩子了。祖母热情地接待了她，在音乐开始前的茶会上让她坐在自己身边，又问她有没有需要帮忙的。这时她脱口而出：“奶奶，您要是能帮我获得艺术学院的入学许可，那就太好了！”话一出口，连她自己都惊诧不已。

“那入学考试怎么办？”祖母就事论事地问道。

勒娜特坦承她私下里已经参加过考试，而且考得很不错，只是不敢把这个志向告诉她母亲，因为在母亲眼里，这实在是离经叛道、尊严扫地，毫无淑女风范。

祖母只简单地说了一句：“别担心，孩子。”

三个星期后，入学通知书翩然而至；又过了三个月，也就是9月底艺术学院开学的时候，勒娜特发现自己终于可以如愿以偿地去上课了——尽管在之后的整整一年里，母亲非要派一名侍女作为女伴陪同左右，令她在同学面前抬不起头来。

又过了几年，祖母再次出手解救了她。母亲为她挑好了丈夫人选，是位年轻的公爵，一身兼具无可挑剔的血统、不容侵犯的傲慢、登峰造极的愚蠢——就跟母亲早前为她两个姐姐挑选的丈夫一个样。但这时的勒娜特已经爱上了她的同班同学埃里希·科霍特。埃里希是个一贫如洗、毫无贵族教养的下等人；他那个家具商父亲还是一名捷克女佣的私生子，连亲生父亲是谁都不知道。经过长期抗争，母亲终于认输，因为勒娜特已经成年，能替自己做主了。但是她对这个自甘堕落的女儿的婚礼完全不闻不问，是祖母张罗着把她嫁了出去。祖母还赠给她一件非常可爱的结婚礼物：一个漂亮的套间，就在祖母那幢建于 18 世纪的连栋屋里。对于她和埃里希小两口来说，这套房子已经够大了，不光有预留给孩子们的地方，还有两间带天窗的工作室，又敞亮又透气，两人正好一人一间。

“这里原本是佣人房，”祖母说，“不过好歹可以挡风避雨，对画家来说光线也好。”

祖母给她筹办的婚宴也十分光彩。当然了，她的母亲和姐姐都没来；实际上，此后她们再没跟她说过话，也不曾以任何方式承认过她的存在。她的父亲倒是一如既往的和善，那天来教堂亲手把她交给了新郎，不过随后就套用了他惯常的借口——“部里的工作实在太忙了”，就匆匆躲开了她的婚宴。她的哥哥当时在索别斯基胸甲骑兵团服役，也没有出席，当然，他本来是可以请假参加妹妹的婚礼的，不过好歹他还发来了一封贺电。

尽管她的直系亲属一个也没有到场，但是祖母的朋友们都很疼爱她。科霍特的父母也都是非常淳朴的好人，他们衷心地接纳了她，拿她当自己的女儿一样呵护着。

“你得自己去找你的画家朋友，”祖母在她的婚礼上这么说，“我们这儿大多是搞音乐的。不过，大家都是艺术家嘛。”那些人全来了，尤其还有明艳照人的玛丽安朵，那个著名的解剖学家的妻子，她那么美，还那么才华横溢。

她的母亲很看不上玛丽安朵。“她算什么东西？”她说，“不过是教授从某个山村茅屋里捡回来的乡下破烂货，现在倒脸上贴金，挤进上流社会了！”

玛丽安朵之所以成名完全是靠自己的努力，靠她为丈夫的专著绘制插图，但这反而使她的人品遭受了更大的质疑。“文：理查德·冯·莫森索尔教授，图：玛丽安朵·冯·莫森索尔”，《感官病理学》（*Pathology of the Sense Organ*）每一卷的扉页上都这么标注着。教授每出一卷书就给她父亲送上一本，但母亲认为这些书太过下流和不雅，绝不能让女孩子家看到。除此之外，连母亲也不得不承认，玛丽安朵的女高音音色很美，但她还是坚持说，玛丽安朵演唱的民歌算不上“严肃音乐”，不适合会客室这样的场合。

婚宴上还有好多其他人，多数比勒娜特大不了几岁，可她们都已经是有一定知名度的表演艺术家了。她们给她演唱了巴赫的《婚礼大合唱》。然后一个长鼻梁、高个子的年轻姑娘用优美的女低音演唱了雨果·沃尔夫（Hugo Wolf）的作品，又模仿一位法国单口艺人，连唱带比画地表演了几首下里巴人的小调，十分滑稽搞笑。后来勒娜特得知她的名字叫艾美·海姆（Emmy Heim），再后来，她成了勒娜特最亲密的朋友之一。

另一个名叫爱丽丝·埃勒斯（Alice Ehlers）的年轻姑娘，用一种勒娜特从没听过的叫作羽管键琴的乐器为她演奏；她们告诉她，这种乐器在 100 多年前就过时了，可那声音真是迷人。

婚宴结束，曲终人散，她和埃里希也准备回他们的新寓所。这时，祖母说：“我的礼物已经给你们了。现在，我要把你爷爷的礼物送给你们。”然后她带他们走上一道隐秘的楼梯（以前勒娜特从来不知道它的存在），打开一扇门——正对着一架钢琴的那面墙上，挂着两幅油画。

“我的丈夫，也就是你爷爷，对这两幅画的珍爱超过了一切——只除了架在深山中的一座小桥，”祖母说，“他从没把这两幅画给任何人看过。但是他在九泉之下一定会希望由你们来保管这些画，因为我们又重新拥有了一个女儿。”

CHAPTER 18 | 第18章

珀凯茨家族

祖父诞辰90周年音乐会那天，勒娜特是最后一个离开的客人。临走前，她深情地拥抱和亲吻了祖母，一遍遍地诉说自己对她是多么感激和敬爱。她走了以后，只剩玛丽安朵照例留下来，监督晚会后的清理工作。拉斐拉·沃尔德－莱夫尼茨男爵夫人则缓步上楼，回到亡夫的私人套间，在那里静静地独坐了一两个小时。从前每次音乐会和晚会散场后，她和亚瑟都会这么做；如今他已离她而去，再也不能参加这些聚会了，但她仍然坚持着过去的习惯，因为在这个房间里，亚瑟依旧是活生生的，依旧陪伴在她的左右。他们的住所原本是一座荒芜的"宫殿"，属于一位早已被人遗忘的18世纪贵族。在约25年前，他俩把这栋房子买了下来，修缮之后作为自己的住所，这个套间便是当初拉斐拉特意为丈夫布置的办公室和工作间。房间里摆着一架红木方钢琴，如今自然是彻底过时了，比起大三角钢琴深沉洪亮的音质，它已该沦入淘汰之列。但方钢琴有一种醇厚甜蜜的音色，这是现代那些庞然大物无法比拟的。那年亚瑟初次来她父母家拜访，当他给大家演唱时，拉斐拉正是在这一架钢琴上为他伴奏；稍后她又唱歌给他听，轮到他来为她伴奏，用的也是这架钢琴。正是在那水乳交融的一刻，他俩忽然同时意识到，自己已经深深地、全心全意地爱上了对方。在那以后，无论何时他唱歌给她听（而他此后再也没有为别人演唱过），他都会坚持让她用这架红木钢琴为他伴奏。

钢琴边上挂着唯一一样属于“他的”而不是“他们的”物品：威灵顿公爵[㊀]的版画。当年亚瑟的父亲向公爵报告说，自己的儿子出世了，并且以这位老首长的名字命了名，公爵便在这幅画上亲笔签名，送给他们作为贺礼。公爵在题词中按照英语习惯把“亚瑟”这个名字拼作了“Arthur”，因为这个缘故，终其一生，她的丈夫在拼写自己的名字时总要在“t”后面带上一个“h”[㊁]。

6 月的夕阳正用它那金色的指尖轻抚着对面的墙壁，那儿挂着两幅她的肖像画，都是亚瑟精挑细选后留下的。第一幅是她送给他的新婚礼物，时间恰好是 60 年前——因为他们结婚的日子就定在亚瑟 30 岁生日那天；第二幅则是她在金婚纪念日送给他的，正值他 80 岁寿辰，也就是 10 年前的今天。

这间音乐室在往日的宫殿里原本是仆役待的前厅；再往上走几级台阶，就是亚瑟的工作间了，屋子很宽敞，一扇朝北的窗户嵌在双重斜坡屋顶中间，亚瑟的绘图桌几乎有整个房间那么宽，角落里放了张翻盖式书桌，用来放他的稿纸，还有一个画架，她在上头画那些素描和水彩画。7 年前，亚瑟就在这个房间里溘然长逝：他趴在绘图桌上沉沉睡去，再也没能醒过来。他

㊀ 威灵顿公爵（Duke of Wellington，1769—1852），别名“铁公爵”，时任英国首相，亦是拿破仑战争时期的同盟军统帅之一，以指挥滑铁卢战役闻名于世。他是世界历史上唯一获得 7 国元帅军衔者，被公认为 19 世纪上半叶最具影响力的军事、政治人物。

㊁ 德语人名“Artur”就相当于英文人名“Arthur”（亚瑟），只在拼写中少了个“h”。不过中文通常把德语人名“Artur”译作“阿图尔”。

的躯壳虽已离开人世，但他的精神、人格与世长存。她依然可以闻到他身上独特而怡人的气息，混合着刮完脸洒上的俄罗斯皮革古龙水[㊀]、餐后雪茄的香味，还有他本身浓烈的男性味道。她时常一个人独坐在琴凳上（以前无论什么时候他有要事相商，总会让她坐在这儿），每当这时，亚瑟就会悄然来到她身边，守候着她、陪伴着她。

每次生日聚会过后（至少在他俩重新回到彼此身边、共度亚瑟称之为“二次蜜月”的后面那几年中），他们都会坐在这个房间里，一起追忆他们的邂逅、他们的相爱、他们最初住在一起的情形。在亚瑟故去后，她仍一直保留着这个习惯。然而，这一回她坐在琴凳上，发现自己还没有做好追忆往昔的准备，还不能立刻回到一切的起点，回到60年前她第一次为他唱舒伯特的《致音乐》那一刻。在这之前，她得先从最后一次为他唱这首歌带来的震撼中回过神来——而这最后一次演唱，刚刚发生在今天，就在几分钟前，在他诞辰90周年的晚会上。

《致音乐》向来是他的生日音乐会上最后一曲，也是他们初遇那天唱的最后一曲，自那以后，这首歌她再没唱给别人听过，只除了亚瑟——单为他一个人倒是唱过许多次。但在最近的10～15年，甚至在亚瑟去世之前的很长一段时间里，她就已经没再真正唱过它了。她现在只能用抑扬顿挫的宣叙调把整首曲子吟咏出来，而不是唱出来。她仍然可以控制气息，只要每天坚持练习，这个技巧是不会丢的。可她的嗓子早就不行了，毕竟，她已经81岁高龄了。

然而就在今晚，异样的事情发生了。第一句歌词的间歇过后，音乐转入

㊀ 皮革香的诞生源于手套工匠为贵族制作手套时试图掩盖皮革气味的尝试。当时巴黎乃至欧洲的高级皮革制品大多出自俄罗斯匠人之手，香味阳刚而独特，致使众多香水品牌纷纷效仿，俄罗斯皮革香水由此得名。

低沉的第二句——“当生活无情的绳索把我紧紧捆住”（wo mich des Lebens wilder Kreis umstrickt），这一瞬间，她忽然重新找回了自己的嗓音。或者倒不如说，是那一道嗓音找到了她，占据了她，透过她的躯壳歌唱着。当然了，这声音不大（她的嗓音向来并不高亢），依旧是她唱了 50 多年的女中音。但她以前从未发出过如此纯净、如此有穿透力的声音，即便是低低的吟唱，也能传出那么远，即便是最弱音也能穿越整个空阔的大厅（这原本是那位逝去已久的贵族当作舞厅用的），在最远的角落回荡不休。她过去演唱时从未达到过刚才那样的状态。

她相信，弗朗茨・舒伯特最初为好友肖贝尔那首平庸的小诗谱曲时，脑中听到的一定就是这样的歌声。其他人也感觉到了某种非同寻常的东西。当她唱完最后一句“可爱的艺术啊，我衷心感谢你”（du holde kunst，ick danke dir dafuer）时（这时歌声已低若游丝），玛丽安朵坐在钢琴前，泪水顺着脸颊潸然而下，几乎无法完成最后五个小节的弹奏。连两位专业歌唱家艾美・海姆和爱丽丝・埃勒斯也同样泣不成声。也许，这是亚瑟给她的信号吧？他是在召唤她与他相聚了吗？

“可别变成那种迷信的老太婆，”她的耳畔响起了他的声音——这么说，他还在这个房间里，“你还在学习，还在成长呢。你年轻那会儿可唱不了这么好。舒伯特的境界，不到这个岁数是诠释不了的，因为还不够成熟。”

舒伯特创作《致音乐》是在 1815 年左右。那会儿他多大，也才 18 岁吧？不过，这也许就是我们所说的“天才”，一种超越年龄、超越经验的能力，这种惊才绝艳的能力足以使他跳过学习阶段，跳过人生的磋磨，跳过逆境求生的挣扎，径直成就最高境界。至于她自己，从前年纪轻、嗓子好的时候，她的确唱不出今天这样的水平，虽说她那时已被公认为全维也纳最好的抒情歌手。年轻的艾美·海姆也同样做不到，尽管她有着最纯净的女低音，对音乐的敏感度在拉斐拉认识的歌手当中无人能及，比年轻时的拉斐拉还要优秀得多。

莫非这就是年老的意义之所在吗?

就在几个月前，这帮年轻的女音乐家（她的学生、朋友和闺蜜们）在她80岁大寿的聚会上纷纷献歌祝寿。玛丽安朵，亲爱的玛丽安朵，演唱了一首维也纳风行一时的曲子。不过在唱到“Du bist nur einmal jung”（你的青春只有一次）这一句时，她把歌词换成了“Du bist doch ewig jung”（你的青春永世长驻)，博得了满堂喝彩。玛丽安朵真贴心呢——可那歌词纯属胡诌。她当然已经老了，并且她情愿不要“青春永驻”。

但要说“青春只有一次”也不对，你可以年轻许多许多次，而且每次都不一样。比如她的孙女，勒娜特那孩子，此刻正是含苞待放的青春岁月，这是一种年轻；她自己，在邂逅亚瑟时只比勒娜特大了几岁，少女情怀却迥然而异，但那也是一种年轻。那位极其天才、诙谐又愤世嫉俗的艾美·海姆——愤世嫉俗是因为上帝没有把瓦格纳[1]风格的英雄式女高音赐给她，反倒给了她一副最美妙的女低音嗓子；没有把她姐姐那种平庸做作、一脸傻笑的美貌赐给她，反倒给了她一副出众的头脑外加一个滑稽的长鼻子——她也年轻，非常之年轻，但表现形式与众不同。玛丽安朵，初遇她时几乎还不到20岁，她那又是另外一种年轻；如今她40岁了，依旧年轻，与当年却已是判若两人。亚瑟在步入晚年之前也曾年轻过许多次，每一次都有所不同。

[1] 威廉·理查德·瓦格纳（1813—1883），德国歌剧史上举足轻重的作曲家，也是欧洲音乐史上最受争议的人物。在他创作的音乐剧中，女性形象通常都是复杂的、怀着巨大痛苦的英雄女高音。

“Du bist doch vielmals jung(你有许多次青春),” 拉斐拉低声哼唱道，“可是衰老只有一次，只有一种方式。”

亚瑟曾经说过：“青年人视为希望的，老年人却当作回忆。”他宣称这句话是从书上读到的。但与亚瑟的许多隽语一样，这句话也很可能是他自己编的，只是他太过谦虚，不肯承认而已。希望会变，而且变起来很快，但记忆会隽永留存。“你只会老一次——这就是最后的完美世界。”拉斐拉默默想道。她的丈夫另外还有一句妙语：“除了老去，别无他路。”这句话倒的确有可能是从哪儿看来的，感谢上帝，他这人素常谈吐可没那么风趣。但也许衰老还有其他值得一提的内涵吧。也许真的是因为老了，并非天才的她才能在 81 岁高龄，以 18 岁的天才舒伯特创作这首歌的方式，把《致音乐》演绎得淋漓尽致。

不过，她年轻时候的心态，会和今天她的孙女，勒娜特那孩子一个样吗？她记不起来了，18 岁已经是如此久远的记忆，而这个世界的变化又如此之大。不过，她对此颇为怀疑。

人们总说勒娜特长得特别像她。当然，这会儿已经没人记得拉斐拉的母亲，更不用说她母亲年轻时的形容举止了；勒娜特的形容举止跟她才真的是如出一辙。家族血脉的力量使祖孙三人的容貌惊人地相似，连身体发肤的颜色都是一个样。不过费迪南·瓦德马勒在 60 年前给她画像时曾说她身上的色彩很“桀骜”。她还记得，当时母亲听了颇为不悦，而勒娜特的容貌就像母亲，柔和、淡雅，略有些模糊，身上的色彩也十分“温驯”。拉斐拉身材高挑，在一般人里鹤立鸡群，勒娜特则像母亲一样娇小玲珑，举止似蜥蜴般轻捷，比例匀称的小脑袋转得飞快。勒娜特自然从未见过自己的曾祖母，但两人同样拥有貌似天真的狡黠，同样善于一脸单纯地在“成人世界”里克敌制胜——可拉斐拉呢，无论遇到什么人或事，都是直头直脑地迎面而上。这个小狐狸，居然谁也没告诉就一个人偷偷参加了艺术学院的入学考试，真够狡猾的！她心里肯定明白，这场战斗自己已经稳操胜券了。她的父亲，也就是拉斐拉的儿子保罗，对学校的规章制度有一种近乎迂腐的尊敬；何况艺术学院的入学考试之难是有名的，尤其对于女性更是难上加难，因为那里的教授对招收女学生毫不热衷，他的女儿居然能够考上，这实在是很令他骄傲的一件事。出于以上种种原因，他肯定会对勒娜特让步。既然这个狡猾的小家伙已经通过了考试，余下的事情就交给她这个祖母来轻松搞定吧。

她和艺术学院的院长是老相识了。亚瑟为挪威峡湾设计那座悬索大桥时，他曾是亚瑟手下的绘图员，那会儿他还是个年轻的建筑师呢。明天她就去登门拜访，把她孙女儿第一年的学费交了，让他写封接收函。然后再跟儿子好好谈谈。至于她儿媳，那个整天板着脸、活像一块冻得梆硬的洗碗布的家伙，多半折腾不出什么花样来。拉斐拉很清楚，她这个媳妇怕她，而且对自己的小女儿也并非真的很关心。谁叫那孩子长得不像马奇费尔登家的人，甚至也不像沃尔德-莱夫尼茨家的人，反倒一眼就能看出珀凯茨家族的卑微血统呢。

是的，这丫头要了个心眼儿；这要是换作母亲，肯定也会这么办。想到这里，拉斐拉不由得轻声笑了起来；每当她回想起母亲当年是如何机关算尽，最终逼得父母同意了她和迈克尔·珀凯茨的婚事，她都要忍不住这样发笑。

当然了，父母并没有对她讲过这个故事——在她的童年时代，父母并不向孩子们谈论自己；反正母亲对她的娘家几乎是绝口不提的。这还是多年以后，双亲都已经不在世了，她的哥哥才不情不愿地把这件事告诉她。在他眼里，这种事是很不名誉的；可她听了之后非但没有震惊莫名，反而乐不可支，放声狂笑，把她哥哥都给笑糊涂了。

拉斐拉对自己的父亲所知甚少，只知道他出生在波希米亚或摩拉维亚的某个犹太小镇上，原本姓贝尔 – 卡茨（Baer-Katz），是个纯正的犹太姓氏。他肯定在年纪还很小的时候就皈依了天主教，因为他十四五岁就离开家乡，直接去了维也纳。但在 1805 年前后的那些年里，维也纳是不允许犹太人入城的，除非有特别许可证，而一个身无分文的 15 岁孩子几乎不可能弄到那玩意儿。之后，父亲进入了建筑和地产行业，而当时仍禁止犹太人在城里买卖或拥有地产。不管怎么说，他不久就干得风生水起了。

他在年纪不大时就已经赢得了当地一些塞法迪犹太人[一]家族的信任。这些家族凭借与土耳其人签订的古老协议而获准在维也纳定居，他们自成一体、极度排外，门户之见根深蒂固，拥有富可敌国的财产，并且享有极大的特权，例如永久免税和免除兵役。但除了圣玛丽教堂后头的那片犹太胡同，他们被禁止拥有任何地产。即便是 20 世纪的今天，这些塞法迪犹太人依然只和本族人聚居，依然在家里说中世纪西班牙语，依然只在本族内通婚，从不与他们这个群体之外的任何人来往——至少在拉斐拉认识的塞法迪犹太人里，没有谁拜访过其他人，而那些非塞法迪的族裔，无论是不是犹太人，也从没有谁能应邀踏入一个塞法迪犹太人的家门。此外，他们还把家中的女性看得极紧，其戒心之重远胜于土耳其人或西班牙人。

父亲不知用什么方法赢得了他们的信任。拿破仑战争之后，维也纳依然禁止犹太人买地，他便出面帮他们购买地产，因为那些精明的商人意识到，

㊀ 塞法迪犹太人（Sephardic Jew）：犹太人的分支之一，主要指那些祖籍在伊比利亚半岛的犹太人及其后裔，亦称西班牙系犹太人，占犹太人总数大约 20%。由于长期生活在摩尔人统治下的伊比利亚半岛上，故受伊斯兰文化影响很深，于 15 世纪末被逐出西班牙和葡萄牙，流入南欧、中东、拉美等地。

这个城市正在跳跃式地扩张着。在父亲登门商榷地产交易时，母亲一定是通过什么途径见到了这个年轻英俊的陌生人。也许就像穆斯林的闺房一样，她家也有那种小小的窗户，妇女们可以透过窗户看向外头，而外头却看不到她们。不管怎样，就跟《一千零一夜》的童话似的，母亲一见到这个外来的异族人便坠入了情网，并且想方设法跟他见了面——“多半是给侍女塞了好处”，她的哥哥曾如是猜测，之后便下定决心要嫁给他。但是，那自然是万万不可能的。塞法迪犹太人只能跟塞法迪犹太人结婚，绝不能嫁给一个异族人，更别提还是那么个出身卑微的东西，一个阿什肯纳兹犹太人！[㊀]这绝对、绝对不可能！于是，母亲便设法溜出家门，在附近的天主教堂里找了个神父，开始接受天主教义的指引。当时她才不过十八九岁，跟勒娜特一个年纪，毋庸置疑，当时她也跟勒娜特一样，满脸摆着一副“我很乖，很听话”的无辜神气。勒娜特在偷偷溜出去参加艺术学院入学考试时，就是这么一副老实样。

事情到了这一步，母亲的家里人也无可奈何了。当时的年轻姑娘未经父母同意是不能出嫁的，至少在 18 岁时不行。不过倘若要改变信仰，则年龄超过 14 岁就可以无须父母许可。如果一个人长大后想要皈依天主教以获得救赎，那么企图干涉这一理性愿望的犹太人很可能会被课以重罚，或者是缴纳巨额罚金，或者是锒铛入狱；如果是在一个严格的天主教国家，比如当时的奥地利（说不定奥地利现在也还是这样，拉斐拉想），他甚至还有可能会被驱逐出境。但是反过来，一个塞法迪犹太人的家族也不可能接纳一个改信天

㊀ 阿什肯纳兹犹太人（Ashkenazi Jew）：指源于中世纪德国莱茵兰一带的犹太人后裔，普遍采用意第绪语或者斯拉夫语作为通用语。中世纪时犹太教信仰的中心在巴格达和伊斯兰治下的西班牙，即塞法迪犹太人所在地，而阿什肯纳兹群体地理位置偏僻，远离中心，其文化和宗教习俗受到周边其他国家的影响颇深，他们的希伯来文发音也与其他犹太人有别。这也是为什么文中的塞法迪犹太人会瞧不起阿什肯纳兹犹太人。不过到了现代，经过多次迁移混合，人们习惯把欧洲的犹太人都统称为阿什肯纳兹犹太人。

主教的女儿，只能是把她逐出门户。于是，就像她的哥哥用稍嫌粗鲁的口吻说的那样："这个小骗子把她的父母搞得焦头烂额。"理所当然地，她被犹太教堂除名了，她的名字也从族谱上一笔勾销，仿佛她这个人从未出生过，但她得到了她的爱人。甚至她的娘家也没有真的跟她彻底决裂，至少拉斐拉小的时候，她的外祖父每到周六还是会上她家来坐坐，尽管他从来不碰女儿家里的食物；并且，她的父亲显然通过某种途径与塞法迪犹太人依旧保持着来往，故而把那笔利润丰厚的生意又维持了许多年，而母亲在自己家的私人地界上也一直用着她那可爱的犹太名字"莎拉米特"，只在出门时才用她的天主教名"玛丽"。说来也奇怪，她母亲的性格跟勒娜特如出一辙，在拉斐拉眼里，她俩似乎总是楚楚可怜地微微颤抖着，一副羞怯惊惶的神情，总是需要别人对她们伸出援手。

"其实，在父亲生意成功的背后，母亲才是真正的智囊，"拉斐拉沉思着，"在幕后出谋划策的那个人一定是她，是她及时意识到维也纳的扩张将会加剧到什么程度，是她在城市四周还矗立着城墙时，便说服父亲开始在郊区修建公寓大楼和工人住房；是她给父亲出主意，让他开办抵押银行，以低廉的成本为他的项目筹集资金。"事实上，拉斐拉十分确切地知道，25 年后的 19 世纪四五十年代，正是她的母亲（当时已韶华渐逝）一力主张，说服她的哥哥投资铁路建设，而当时每个人都认为修铁路是一场风险巨大的赌博。正是母亲的这一次远见，为她自己的兄长和丈夫的庞大财富奠定了基础。

"也许，"拉斐拉想，"我们家能受封男爵也得归功于母亲。"这件事的经过，或者说拉斐拉所听到的经过，并不像是她那谨小慎微、不爱出风头的父亲会有的行事风格。事情是这样的（这一回，又是她哥哥充当了消息来源），首相的妻子科洛弗拉特伯爵夫人瞒着丈夫投资了房地产，孰料 1837 年那场经济恐慌[1]汹汹而至，令伯爵夫人深受其害，她因为投资铺得太大而泥足深陷、无力自拔。伯爵的政敌们（尤其是梅特涅曾经把他从第一部长的位置挤到了外交部）全都虎视眈眈，企图趁势把他置于死地。这时她的父亲拜访了科洛弗拉特，提出由珀凯茨抵押银行来接手伯爵夫人持有的股份和债务，以此来换取一个男爵的头衔。“过了四年，”她的哥哥最后说，“爸爸把这些股份卖了，赚了一大笔钱，妈妈又劝他把这笔利润全部还给了科洛弗拉特。结果两年以后，最赚钱的那笔生意便落到了我们手里——政府特批，由我们来建造和运营市区第一条马拉街车轨道！”

好吧，如果勒娜特那孩子真的想把绘画当作职业，那么她曾祖母所具备的一切心计和商业头脑，她都会用得上的。有人说艺术家全都不食人间烟火，绝不会沾惹销售、费用和佣金之类的俗务。说这种胡话的也不知是谁，身为音乐家就已经够难的了，但至少还能进乐队做个合奏乐手；而画家可都得单干——无论哪个行业，单枪匹马的独行侠受雇的机会总不会太多。勒娜特也许会半途而废吧，绝大部分美术专业或音乐专业的学生最终都会放弃。“不过我还是不太相信，”拉斐拉想，“能使出那样的招数去参加入学考试，这样的人是不会轻易放弃的。当然，她的母亲会一个劲儿地逼她‘嫁个好人家’。可一旦进了艺术学院，她对那些一辈子长不大的伯爵就会失掉胃口了，因为这种人唯一的本事不过是在牌桌上做做手脚，或者在睡梦中背背家谱。”

[1] 1837年，美国因政策不当造成银行业萎缩，从而引发经济大恐慌，导致了持续五年的经济萧条，其影响也蔓延到了欧洲。

第19章 | CHAPTER 19

亚　瑟

那不公平。亚瑟也可以把自己家的谱系上溯到几百年前；而她十分确定，那帮鼻孔朝天的势利眼——她母亲所出身的塞法迪犹太世家、埃弗鲁西家族也同样如此。据她的父亲说，埃弗鲁西家族的先祖可以一直追溯到哲学家迈蒙尼德（Maimonides）；她曾在书上读到过，这个家族原本居住在穆斯林统治下的西班牙[一]，后来才搬到萨洛尼卡[二]（Salonika），至今他们的住宅里仍挂着老家的钥匙。不，像那些现代知识分子和所谓的自由主义者一样，对老牌门阀和贵族不分青红皂白地抱以偏见，这同样是狭隘的、偏执的，本质上与她儿媳妇那种"门第至上"的信条没什么两样。亚瑟之所以如此与众不同，正是因为他对自己的姓氏和血统光明正大地引以为豪，同时又从不以姓氏或者阶

㊀ 公元711年，来自北非的摩尔人占领西班牙大部分地区，把西班牙变为伊斯兰教国家，直到1492年，伊斯兰教势力才被彻底清除出西班牙，穆斯林被迫在离开西班牙和皈依基督教之间做出选择。

㊁ 萨洛尼卡（Salonika）：旧译撒罗尼迦，亦作塞萨洛尼基，希腊第二大城市，马其顿地区的首府和最大的城市。当时从西班牙被驱逐出来的塞法迪犹太人曾大批涌入这里。

层、头衔和血统去衡量别人。

若非如此，1845 年的那个星期六下午，他也就不会登她家的门了。那天是她哥哥第一次带他来家里，与她一起唱舒伯特的歌曲。当时亚瑟和她哥哥是同事，两人都是科技大学的教员，亚瑟是教授工程学的一名上尉，她哥哥则是年轻有为的建筑师。尽管他们在工作中是平等的关系，但论起社会地位，两人有天壤之别：一个是沃尔德－莱夫尼茨家的公子，父亲是陆军元帅[㊀]；另一个却只是珀凯茨家的孩子，家里做房地产开发，还开了家抵押银行。然而，当他听说这位同事家有个妹妹且同样爱唱舒伯特的歌曲时（当时舒伯特几乎已经被喜新厌旧的维也纳人忘在脑后了），他立刻便要求同事把自己介绍给她，因为他也同样热爱舒伯特，同样喜欢唱他的歌。

他有一副清亮悦耳的男中音嗓子，给他伴奏时很容易就能合得上；而且她很欣赏他唱的那首《冬之旅》，即便她当时就已经意识到，他这一生只会是一名业余歌手、一个音乐爱好者而绝对不会专门去学音乐，更不必说成为一名真正的音乐家了。

晚饭后，他们换了个地方，开始由他来为她伴奏。就在这时，气氛变得异样起来。整个场合忽然就变得不再是“社交性”的了。她把想唱的歌都唱了个遍，但他仍要求她再来一首，于是她便选了那首《致音乐》。这是她最钟爱的歌曲之一，然而它与舒伯特早期创作的大多数歌曲一样，不为时人所知；亚瑟也同样没听过。等她唱完了，他轻声说了句：“谢谢你，拉斐拉。”

她马上就心领神会了——之前他可一直都称呼她“男爵小姐”或“亲爱的小姐”呢。不过，他这样直呼她的名字也未免唐突了些。她那时年纪还

㊀ 当时的元帅并非军衔，而是对最高指挥官的一种称号。

小，才不到20岁，几乎比他小了10岁。事实上，她的长发仍然松松地披散着，而不是像成年女子那样盘在头顶，借此表明她还只是个女孩而不是女人。

然而，他叫她“拉斐拉”时的那种语气分明就是在默默向她诉说：“我爱你，嫁给我好吗？”而她要用尽所有的自制力，才不至于立刻喊出来：“我愿意，1000次愿意！”不过，她那样羞答答地红着脸，答案自然也就尽在不言中了。

第二天中午时分，父亲把她叫过去说：“拉斐拉，沃尔德-莱夫尼茨男爵刚刚来过，说了一番极其令人惊讶的话。”

可她丝毫不觉得意外。“我已经料到了，父亲，我想我知道他对您说了什么。”她答道。

父亲很明显地大吃了一惊。“你和这位绅士不是昨天才认识吗！”他嚷道。

“是啊。”

“那你怎么会知道的？他跟你说过？”

“父亲！”她当时愤愤不平地道，“您明明自己都称他为绅士了！不过我确实知道他找您是为了求娶我，而我能告诉您的是，我知道他爱我，我也爱他，我愿意嫁给他。”

父亲把自己最心爱的女儿搂在怀里，就好像她还是个孩子似的，一面说道：“可是，拉斐拉，这样的事只会发生在书上，而不是现实生活里！”

“这一次，父亲，”她坚定地回答道，“它就是发生在现实生活里了。”

亚瑟那一边无须请求任何人的同意，他的年龄已经不小了。他的父亲没等他长大成人就已经去世，母亲虽说才50多岁，却已经在卡林西亚湖畔莱夫尼茨家的一处庄园里隐居，过着整日里吟愁遣恨、伤春悲秋的贵妇生活。

她后来倒是参加了他们的婚礼，但她对儿子和儿子的妻子的兴趣也就仅止于此了。

拉斐拉却需要经过父母的许可。作为一名沃尔德－莱夫尼茨男爵，求娶她的资格自然是绰绰有余的；事实上，他的身份太高，都把她父亲给吓住了。不过母亲不以为然；拉斐拉甚至当时就发现，母亲自诩出身名门，绝不逊于任何一位男爵。总之，她的父母最后是同意了，只要求他必须再等一年；几个月后，连这点要求也放弃了，因为在费迪南·瓦德马勒最先画好的几张速写里，他们看到了女儿脸上焕发出来的那种恋爱的容光。

她几乎是立即就有了身孕，婚礼过后不到 10 个月，保罗就出生了。在婚后的前两年里，他们过着典型的上流社会小夫妻的生活。亚瑟在科技大学教书——他依旧是一名军官，已经晋升到了少校，教书是军队指派给他的永久性任务。他是奥地利所有的大学中最年轻的正教授，这令他极为自豪。随后他开始学习桥梁和桥梁建筑方面的知识，最终以此成名。她则亲自给宝宝哺乳——他们都不愿意请奶妈，尽管那会儿很时兴这种做法。反正她乳汁充足，而且很喜欢宝宝的嫩脸蛋贴着自己胸脯的感觉。除此之外，她还操持家务，督管仆人——他们大多是父母送给她的老家仆，对她都十分纵容宠溺。

她仍然上着音乐课，亚瑟则继续聚精会神地研读从古到今的土木工程书籍。他们共度的时光主要集中在夜晚，尤其是每周两三次的音乐会上，有时在他们自己家举办，有时在朋友家里。后来，在家中举办音乐会成了一种时尚，有财力把音乐家请到家里的人们纷纷效仿，但这已经是颇久之后的事了。那几年正是华尔兹这股潮流开始席卷整个维也纳的时候，她和亚瑟也都随波逐流，乐此不疲。

他们觉得自己是幸福的，非常幸福。日后回过头来才明白，他们当时只不过是年轻着、忙碌着、满足着，循着惯例生活着。假如一直这样生活下去（其实也没理由说不该这样过下去），他们很快就会滑入“美满婚姻”的常规模式，在这种模式里，夫妻成了搭档，而之所以还厮守在一起，纯粹只是因为他们已经彼此腻味到了极点，完全没有兴致干别的了。

是 1848 年革命[一]改变了他们的生活。她的哥哥立刻就成了其中的一名领袖，还是自由党最善于鼓动人心的演说家之一，他自己对此也颇感意外。要不是“激进派”对他这个“男爵”信不过，他说不定还能得偿所愿，作为维也纳代表入选法兰克福议会呢[二]。不过他分别进了维也纳和奥地利的革命委员会，还被任命为一名内阁部长；这个内阁正是这场革命试图迫使皇帝接受的东西。

作为现役军官，亚瑟自然是不能参与政治的。反正政治也不合他的脾性，他讨厌喧闹的人群。不过他和那一代所有年轻人一样，也是个浪漫的自由主义者，一心认定旧的专制体制违背历史潮流，令人唾弃，革命才是迎来自由和公正新时代的那一道曙光。因此，当军队受命挺进维也纳镇压革命时，他毅然辞掉了军职。没过多久，大军开进城里，致使她哥哥的政治生涯戛然而止，亚瑟便和他联手干起了事业。两人创办了一家建筑公司，亚瑟担任公司合伙人及铁路建造的顾问工程师。

[一] 1848 年法国爆发革命，而后席卷了欧洲多个国家，尤其是德意志的各个邦国。“德意志 1848 年革命”亦称“三月革命”，领导革命的是德意志境内的自由主义者。

[二] 1848 年 3 月底，约 5000 名决心实行民主、自由和平等的德意志领袖齐集于法兰克福，召开了法兰克福议会。议会决定制定新的联邦宪法，成立由普鲁士统治的德意志，不把任何奥地利领土包括在内，并将德意志皇位给予普鲁士国王腓特烈・威廉四世。这一决议遭到腓特烈・威廉四世的拒绝，奥地利和德意志南部诸邦的代表也因此退出议会，导致议会最后解散。最后“三月革命”在普、奥的镇压下失败。

正如她的母亲所料，公司立刻大获成功，其兴旺程度超出了两位创业者最大胆的梦想。政府从1848年起义中得到一个教训：要想快速调动部队，铁路是必不可少的。这一观念开启了由政府出资兴建铁路的新纪元，而在那之前，政府都是把修铁路的事交给极端保守而又贪婪的罗思柴尔德家族来办的。

这就意味着，亚瑟从此得在全国各地到处跑了：他要制定路线、监督测量人员、编制预算，还有最重要的，设计大桥、高架桥、支架和涵洞。在多山的奥地利，造铁路最离不开的就是这些。亚瑟从一开始就坚持让她跟着一块儿去；尽管把这样一个娇生惯养的小姐拖进荒凉的建筑工地和肮脏的阿尔卑斯山间客栈，无疑会引来她父母的担忧和那些可敬亲戚的指责，但他对这些一概置之不理。

结果他俩立刻便发觉，他们的宝宝在家里原来有那么碍事。拉斐拉当初怀孕那段时间，整个人容光焕发——她属于胸高腿长的那一类女性，这类女性的怀相都特别好，妊娠期是她们生理状态最巅峰的时候。然而从她怀孕的第一刻起，亚瑟就对她格外小心翼翼，仿佛她是一块一碰就化的棉花糖。他只在自己被欲望压倒时才会“强迫”她（事后他总是充满歉意地这么说），而且一等最急切的欲望有所平息，他便立即草草收场。她给保罗喂奶的那段时间，亚瑟几乎都没有靠近过她。他俩连着好几个星期分开住，睡在她房间里的是宝宝而不是丈夫。当然了，这才是“正确”的做法，在当时，任何一对有教养的夫妇都该这么行事。拉斐拉想：“不知道现在的年轻人会不会比我们那会儿聪明些？”

总而言之，在维也纳的时候，亚瑟一直是把她当作一位“淑女”来对待的。

不过，他们两个一踏上旅途，亚瑟对待她的方式立刻就成了“自己的女人”。这个变化来得太大、太急、太彻底，也太过苛求，令她几乎无所适从。突然之间，亚瑟成了一头野兽——凶猛狂暴、咄咄逼人、需索无度，粗暴得几乎要伤到她。她最初是惊愕，继而是害怕，接着就开始抗拒，但同时也彻底被他征服。不知有多少个早晨，她在醒来后窘得要命，根本不敢细想头天晚上他们一起做的事。更令人尴尬的是，她甚至还乐在其中。也许吓到她的不光是他明目张胆的情欲，更是她自己热情的回应；自己身上居然还有全然感官和肉欲的一面，这个发现比其他的一切都更令她困扰。在那些旅行途中，亚瑟经常会在最奇特的时间、最奇特的地点要她、占有她：也许是在寂静的森林中散步的时候；也许是在路边一块可以藏身的岩石后头；也许就在建筑工地的帐篷里，趁着工人们去吃午餐的时候。

有一次则是在阿尔卑斯山的一片高山草场上（当时应该是6月末，因为第一批牧草已经收割完了），刚刚上午10点，吃完早餐才过了约莫一个钟头，他就把她拉到一个干草垛后头，开始厮缠她，把她往地上推。

“可是亚瑟，”她嚷了起来，真的生气了，“我又不是乡下丫头！”

“那你在干草垛后头还能干什么？”他回嘴道，“到了干草垛后头，任何女人都是乡下丫头。”接着他便有条不紊地进行下去，把这套理论详详细细地验证了一番。

当他俩精疲力竭地倒在地上，胡乱摸索着散落的衣物时，他说：“这才是我们真正的蜜月。”

令他们欣喜若狂的是，她又一次怀孕了。这一回他们总算有了经验。尽管她的母亲又是责备又是唠叨，不断想象出种种可怕的灾难，但拉斐拉依然跟着亚瑟到处旅行，直到宝宝出生前几周才停下来。生产后才过了几个星期，她就抱着襁褓中的玛丽亚继续上路了。当初保罗的出生插进了他们中间，隔开了他俩的距离，而这一次，玛丽亚从一开始就作为他们的一员，跟他们一道旅行，把他们彼此更紧密地联系在了一起。亚瑟第一眼就被自己的女儿彻底迷住了，她也觉得自己和这个孩子比任何人都亲，甚至连亚瑟也不例外。而玛丽亚呢，几乎刚一出生就会伸着小胳膊要他们抱，把他们的心攥在她小小的手心里，同时回报给他们无穷无尽的欢乐。

第20章 | CHAPTER 20

保　罗

“要是我们旅行时也带上保罗，把他当作我们爱情的结晶来对待，我们会不会也和他建立起类似的关系呢?”这个问题，拉斐拉和亚瑟曾问过自己无数次。“这对保罗会有分别吗？他和我们的关系是否会不同?”然而答案始终是“不会”。

保罗就是保罗。不管他们当初能够或者愿意做出什么改变，保罗也还是保罗。也许他们的关系（亚瑟和拉斐拉的关系）在最初两年会有所改善吧，倘若分享她卧室的那个人是亚瑟而不是保罗的话。可是对保罗——不，这改变不了他，改变不了他和父母的关系，也改变不了他的个性。当然，他从不缺少爱和关心。事实上，他好像倒更喜欢父母出门旅行而把自己留在家里。每到那时候，他就会带着他的保姆和监护人（后来换成了家庭教师）搬进父母特地为他准备的随时可以入住的公寓里。他在那儿不仅可以尽情享受外祖母无微不至的宠溺，还能享受到被人陪伴的乐趣；那个陪伴他的人（拉斐拉的父亲）是保罗一生的密友，当时他正处于半退休状态，对这个聪明外孙的陪伴从来都不会厌烦。

亚瑟很早就看出了保罗的能力，并一直为他感到自豪。儿子在 14 岁完成高中学业，比同班同学整整提早了 4 年，并在 17 岁就发表了他的第一篇科学论文，这让亚瑟十分骄傲。保罗年纪不大就被科技大学任命为教授，甚至比他当年获得这项殊荣时还要年轻，对此他更是倍感自豪。当他得知保罗因为电话电报方面的多项发明和专利，已经变成一个比自己更富有，也比自己更出名的人时，他感到与有荣焉。当保罗几乎不到 40 岁就被任命为铁道部长、亲朋好友纷纷登门恭贺的时候，亚瑟简直是傲气十足，这还是拉斐拉这辈子唯一一次看到他那个样子。3 年后，保罗任期已满，不再是部长了，但他并未就此回归学术生活，而是继续留在部里担任第一科长和文职人员主管。即便这时候，亚瑟还是很高兴——“科学家一上 40 岁，最好的年华就结束了。”他说。不过保罗仍保留着他在科技大学的实验室，并在那里度过了许多个夜晚。此外，他还经常参加科学家代表大会，在会上宣读论文或是领取奖章。

唯有一次，保罗的行为令亚瑟难以接受（甚至更难理解），就是他和伊莎贝拉·马奇费尔登（Isabella Marchfelden）的婚事。当然，作为年过而立的成年人，他完全有权利按照自己的想法挑选妻子。他娶伊莎贝拉并非出于一时冲动——保罗从不冲动行事。他追了她整整两年。以世俗的眼光看，这门亲事简直就是绝配：相对于一名沃尔德 - 莱夫尼茨家族的成员（母家还是犹太人里的珀凯茨一族），这样一位有权称皇帝为“堂兄”的神圣罗马帝国伯爵小姐完全可以称为“天之骄女”。至于说她没钱，好吧，沃尔德 - 莱夫尼茨家和珀凯茨家的财产加起来，够他娶上一打家徒四壁的伯爵小姐了。

可他怎么能娶一个这么不讨人喜欢的女人做妻子呢？这位伯爵小姐一天到晚怏怏不乐，看什么都不顺眼，对什么都有意见，从来没说过任何人一句好话，成天不是觉得被辜负，就是觉得被冒犯，还不爱看书，除了《宫廷公报》，什么报刊书籍都不沾；每回一开口，不是比较头衔、血统，就是评论谁比谁地位优越，谁又获得了更高一级的帝国勋章，说来说去，永远就只有这几个话题。他怎么受得了这种女人？

亚瑟怎么都看不出他这个儿媳妇有什么可同情的；在他看来，她纯粹就是个讨厌鬼。拉斐拉倒是学会了怀着怜悯心去看待她，尽管她确实令人不快。

保罗和伊莎贝拉·马奇费尔登的婚礼是社交界的一桩盛事，参加婚礼的王子和侯爵络绎不绝，甚至还来了一位大公[㊀]，连主持仪式的主教都请了三位。婚礼过后不久，拉斐拉在一次正式晚宴上，发现自己身边正好坐着一位闻名已久的大人物——奥地利驻伦敦大使索别斯基亲王殿下兼普热梅希尔公爵。她记得有一年，一个英国合唱团来奥地利巡回演出，当时她是那次活动的妇委会成员，而这位亲王则是名誉赞助人。她至今仍记得那500名满脸胡须的合唱团歌手是怎样满怀热忱地吼出门德尔松乐曲中的最弱音（还微微有些跑调）而震得房顶的椽子都跟着抖动起来；一想到那个场面，她现在都还忍不住会打哆嗦。

席间，亲王倾身过来对她说："男爵夫人，听说伊莎贝拉·马奇费尔登伯爵小姐已经和令郎缔结良缘，成为您家庭的一员了，这是真的吧？我要恭喜您，整个奥地利再找不出更高贵的血统了。

"说起来，我倒是在几年前遇到过您的儿媳。您大概知道，我是索别斯

㊀ 在奥匈帝国，大公是帝国皇太子的称号。

基胸甲骑兵团的总司令，而马奇费尔登伯爵一直是团里的指挥官。我每五年下部队视察一次，有一年，由于上校丧偶之后中馈乏人，便是由您的这位新儿媳出面招待的。那是六七年前的事了，那会儿她还是个孩子，还不满15岁。对于那么稚嫩的肩膀来说，要连续招待我三个星期，确实是有点儿不堪重负呢，因此您最好别跟她提起我。我记得很清楚，当时马奇费尔登府上那种家徒四壁的窘况让这位年轻的小姐有多么羞愧和难堪。在那三个星期里，她每晚下来用餐时都穿着同一件旧礼服，应该是她母亲留下的，估计她们家就剩那一件礼服了。裙子是20年前的老款式，穿在那孩子身上至少大了三个号，以至于她只好把袖口往里折，裙边也用稀疏的针脚往里收了一圈，后背则是用安全别针别着。

“连着三个星期的晚上，那位可怜的年轻小姐就那样坐在餐桌一头，默默无语、食不下咽，只有大颗大颗的泪水顺着脸颊慢慢滚落下来。我很高兴，她现在终于可以想买多少裙子就买多少裙子了——希望她好好享受吧！”

亲王说这番话本意是想活跃气氛。可拉斐拉一点儿也不领情，她既不喜欢这个故事，也不喜欢讲这个故事的人。人人都对这位亲王赞赏有加，她的丈夫就认为亲王是他遇到过的最优雅也最有魅力的贵族。甚至就在今天，在聚会上，玛丽安朵的丈夫莫森索尔还对她说过同样的看法——莫森索尔夫妇之前去了伦敦，今天上午才刚乘坐东方快车赶回来，参加她举办的亚瑟诞辰90周年纪念晚会。莫森索尔热烈地赞美了几天前索别斯基亲王邀请他和他的银行家哥哥参加的一次小型私人宴会。她的儿子保罗，这会儿正在伦敦参加科学家代表大会，领取又一枚奖章；作为前任部长，他就住在大使馆里，接受亲王的款待。今早她刚刚收到他的来信（信中为他的缺席道了歉，并对这一天致以最美好的祝愿），他也以不同寻常的热情（保罗可是极少这么热情洋溢的）谈到了亲王，谈到他的个人魅力，以及令人愉快的宴会。

好吧，管他有没有魅力，反正她不喜欢这位索别斯基亲王，也不喜欢他讲的故事。她并不介意他那种纡尊降贵的姿态——不过他多半会管这叫“平易近人”。对于一位索别斯基亲王而言，和沃尔德－莱夫尼茨之流相处，想必也很难摆出别的姿态吧；毕竟对方不是他的仆人，也不是什么乡巴佬，但某种意义上，他们又谈不上和他地位相符。她也并不很介意他把话说得那么明白：“要不是这姑娘穷得快成叫花子了，她是绝对不会下嫁到身份比她低那么多的人家的。”

话不好听，但事实就是这样。拉斐拉向来不惮于面对事实。

真正让她忍受不了的，是他眼睁睁地看着那孩子遭罪，居然还觉得挺有趣。他说那番话的时候脸上带着一种神情，就和观看猫戏老鼠的人脸上的神情如出一辙——她受不了这个。

具有讽刺意味的是，他这样做倒是帮了她一个忙：原先她还觉得这个儿媳妇糟透了，一点儿都不讨人喜欢，现在听了这个故事，她心里立刻充满了对她的同情和怜悯。在那以后，无论伊莎贝拉怎么跟她婆婆怄气（她们每回见面都那样），拉斐拉总会在脑海里想象那幅画面：一个小姑娘，孤零零地坐在餐桌一头，身上穿着一件破旧、俗丽、老气的塔夫绸裙子，坐在她身边的则是那位喷着香水、穿金戴银的傲慢亲王，浑身每个毛孔都透着铜臭味；也许她心里的屈辱还要放大三倍，因为从小受到的教导令她深信：作为一位神圣罗马帝国德奥地区的伯爵小姐，她的等级、血统和重要性，绝对是一个邋里邋遢的波兰人望尘莫及的；在那个蛮荒的国度里，亲王多如牛毛，一毛钱就可以换一打，比猪倌也强不到哪里去。

她对亚瑟大致提起过对儿媳妇的这番感触，但亚瑟说她“多愁善感”。

不过他不得不承认，不管他们是否认同这个儿媳，也不管他们同她合不合得来，其实都无关紧要。娶她的人是保罗，又不是他们。唯一要紧的是，她在保罗面前是怎样一个妻子，而保罗在她面前又是怎样一个丈夫。对于这两个问题，答案都十分令人满意。

对于伊莎贝拉那种刻板、冷淡、高傲的气派，保罗无疑是深以为傲的。显然，他心目中的妻子不需要分享他的工作，只需要为他的头衔、荣誉和奖章感到光荣就够了。亚瑟得到的奖章很可能跟保罗一样多，但他通常只把这些奖章往那张翻盖式书桌的最底层抽屉里胡乱一塞，然后便再也不理会了。但在保罗位于歌剧院对面的那套大房子里，所有的奖章都在一个巨大的、打着灯光的陈列柜里摆得整整齐齐，来访者一眼就能看到，并且这些奖章每周都要取出来擦拭一遍，以保证它们光亮如新。

保罗想要的，正是他所得到的——既是一丝不苟的管家，能帮他操持家务；又是可靠而尽责的家庭教师，能帮他教养孩子。而伊莎贝拉呢，她想要的是经济上的安全感，这是她童年时代极度缺乏、亟欲获得的东西；除此之外，她还想找个男人，就算他不是高贵的王子（凭她的姓氏和血统，但凡手里还有一点点钱，嫁给王子便绝非奢求），但至少他是“名人”，是前任部长，被人称为“阁下”，而且还有权直接面见皇帝陛下——这样的待遇，几乎和一等贵族相差仿佛呢。

至于别的，她在意的只有一类事情，比如索别斯基亲王那位已经出嫁的女儿，渥大华王妃，给她留了名片；施韦夏特 - 施瓦德隆伯爵的遗孀（她的儿子是渥大华王妃公开的情人）邀请她参加孙子的洗礼。在保罗去伦敦前，她去他们家吃饭，就看到那两张卡片用银质托盘装着，摆在门厅里一个非常显眼的位置上。

总之，他们两个彼此合适，这才是最重要的；婆媳关系只是末节而已。

然而，即便亚瑟不得不承认她说得没错，即便他为儿子的非凡成就和学术地位深感骄傲，这对父子之间仍有一种根本性的格格不入；从保罗还是个早慧的孩子、刚刚开始问“为什么”的时候起，这种格格不入就已经存在了。父子俩眼中的世界截然不同，内心的价值观也迥然各异。

有一次在谈论保罗时，玛丽安朵的丈夫、解剖学家莫森索尔（他在自己的学术领域中非常了不起，也非常有名，就跟保罗在他那个领域的地位一样）把她的儿子称为“现代的科技工作者”“属于20世纪的人”，因为他注重“科学的真理”，具备“客观”的思想和只认“事实”的习惯。

不过，保罗其实就是他爷爷的翻版。这位陆军元帅应该算是18世纪的人物了，一点儿都不“现代”，但他在拿破仑时代获得的成功丝毫不逊于保罗在电灯电话时代获得的成功。数年前，一位历史学家为这位陆军元帅撰写了一部传记，拉斐拉在读这本书时，总能在字里行间看到自己儿子的影子：比如这位陆军元帅曾倾注全部心力研究枪械制造技术；再比如他13岁就离开家进了军事学院，自那时起直到退役，40多年里一次都没回过老家看望居住在莱夫尼茨城堡的双亲（尽管每隔90天就会尽义务似的写一封家书），然而一朝解甲归田，他又一直深居在莱夫尼茨城堡再也没离开过，直到他在此终老。

“陆军少将沃尔德－莱夫尼茨男爵有两项成就足以造福后世，”历史学家最后总结道，“一是火炮的标准化，这使帝国军械制造所得以在一个月内铸造了100门炮筒，此前需要一整年才能铸造同样的数量；二是火炮操作的标准化，通过训练，9个月就能打造一名完全合格的炮兵，此前则需要5年。”

如果有朝一日保罗也出一本传记，那么对他的盖棺之论多半也是大同小异吧，他的妈妈想。

每回想到这里，拉斐拉就会开始思索她生命中熟知的这三个男人，三个人都成就斐然，然而彼此之间又如此不同。

保罗自然是最简单的那种类型，而且她怀疑，他这种类型最经得住时间的考验。他受过大量科学培训，富有数学才能，并擅长系统研究，但他实质上就是一个极有天赋的匠人。这个世界总是需要匠人的，并且她希望，总能有足够的匠人。她觉得这一类人是人类文明赖以生存的面包，足以充饥，却不会比那更多，并且淡而无味，谈不上什么花样或口感。

亚瑟则代表了另一种基本的、经得起时间考验的类型——艺术家。当他呕心沥血 20 年，终于完成了他那部介绍桥梁和桥梁建造的鸿篇巨制时，他在卷末语中写道："为了神的更大荣耀（AD MAJOREM DEI GLORIAM）[㊀]。"人们读到这里都会惊讶地抬起眉毛，因为亚瑟是出了名的反教权人士。然而，这部著作所敬献的神明不是耶和华，而是大自然。书的开篇第一段写道：

桥梁建造者最为关注的要素有：材料、悬挂、支撑、压力和张力、风切变和水流、承重系数和经济状况，这些因素亦将构成本书的主要话题。它们至关重要，但涉及的主要是对桥梁设计的限制，告诉我们什么不能做。至于什么是能做而且应该做的，则要取决于那位建筑大师——大自然，没有它，我们所有的工作都是空的。无

㊀ 这句话是拉丁文，是天主教耶稣会的箴言，通常译作"为了天主的更大荣耀"，但亚瑟在这里使用了"神"的另一种含义，故而未使用通用译法。

论是普通的桥梁还是高架桥，最终的检验就是看它对野外景物或城市风光会起什么作用。一座桥梁要是设计得好，其标志就在于它能使周围的自然景观展现出最优美的风貌。

亚瑟从不问她："喜欢这座桥吗？"他通常都是问："这个山谷里搭起这座桥，看上去怎么样？"

自然，只有艺术家才会那样问问题。她还记得年轻的古斯塔夫·马勒（当时还是音乐学院一名乳臭未干的学生）第一次参加她主办的音乐晚会时的情景。他带来了自己最早创作的几首歌曲，经过大家一番极力鼓动，他终于答应把这些歌弹一遍。弹完之后，他并没有问："你们喜欢吗？"而是问："这些歌唱起来会好听吗？"她当时立刻便知道，自己面前的这个人是一位真正的艺术家、音乐家，尽管那些歌曲还是初学者的作品，模仿的痕迹还很重。

这三个男人当中，最令她困惑的是她的哥哥，尽管亚瑟从来不觉得他有什么看不透的。她的哥哥是这么多人里头和她处得最好的一个（也许要除了她女儿玛丽亚），他们之间总是那么轻松、和谐，极少有摩擦纷争，也从不会有误解和怀疑的困扰。

1848年的革命以后，她的哥哥彻底抛开了政治。10年后，自由党人在哈布斯堡王朝执掌大权，在内阁给他留了个位置，但他毫不犹豫地拒绝了。他已经成了一名商人，而且干得风生水起。第一次铁路建造的大动作为他和亚瑟带来了巨额财富；在那之后，他又回头接手了父亲开创的城市房地产事业，不久就成了开发商和建筑商中的领军人物，承担了市区的各项大型建筑工程，例如公寓楼、博物馆、部委大楼、办公楼、酒店等。每次她步行或开车经过环形大道，总能看到一幢接一幢的高楼大厦拔地而起，盖那些楼的是他的奥地利第一建筑公司，开发那些地皮的是他的奥地利第一地产公司，而提供资金的则是他的珀凯茨抵押银行。所有顶尖的建筑师都被珀凯茨联合建筑公司网罗至麾下。在哥哥在世的最后几年，他又以同样的精力和热情转向了旅游业，在山间、湖畔和海滩，在白云石山脉、波西米亚的温泉区、亚得里亚海岸，他开发了一片片旅游胜地，盖起了一栋栋宾馆。这些商业冒险全都大获成功，赚的钱多到她连想都想不出来——当律师宣读遗嘱的时候，她完全惊呆了。

然而，正如他自己说的那样，他从来都不是一个真正的"商人"。在晚年缠绵病榻之际，他开始撰写回忆录。他没能活着写完，但他的儿子也就是拉斐拉的侄子，把那些片段结集成册，私人付梓印行了。回忆录开篇如下：

> 年轻时我曾信奉宪法，并时刻准备着为宪政、成年人的公民权、议会选举、新闻自由献出自己的生命。我一生的目标始终没变：要建立一个自由、公正的社会，这个社会，年轻的我们在1848年的街垒战中曾经梦想过。然而，很久以前我就明白了，依靠宪法是无法实现这个目标的；实现的途径在于培养公民意识，而不是修订法律条文。公民意识得从小在家里培养。一个人要形成公民意识，就必须在他的成长过程中，由他身边的环境，把尊严、自尊和责任感等诸般品质注入他的灵魂。
>
> 我依旧是个革命者——过去40年中我盖起的每一幢大楼都是我的革命宣言。我依旧梦想着高尚的罗马共和国，在19世纪30年代反动势力倒行逆施的那些年里，我们这些莘莘学子曾义无反顾地

向那个国度宣誓效忠。而今我懂得了，布鲁特斯[⊖]的匕首只会造就另一种暴政；正确的工具必须是建设者的工具，而不是杀人者的工具。我的目标就是要建造一个合乎人性的环境，让所有公民都能昂首挺胸地生活。

在这本书的后文中，她哥哥的确曾放言，他盖楼的方式是盈利最多的方式，事实上，也是唯一能够盈利的方式。他大肆嘲讽那些廉价的建造商，嘲笑他们给工人搭的是简陋的窝棚，给中产阶级盖的是密不通风的鸽子笼，宣称他们全是无能的商人。诚然，他们的原始成本看上去要低得多，但是10年以后，他们盖的房子连带整个周边地段就会每况愈下。“等到老鼠泛滥成灾，”他写道，“房产的价值就会一落千丈，维修的费用急剧上涨，房租反倒不断下跌。”他宣称，他盖的房子正好与之相反；他引用大量的数据证明，它们的价值一直在节节攀升，而维修费用却很低，甚至还有所下降。

但拉斐拉怀疑，盈利对她哥哥而言只是次要的方面；就算赚得没那么多，他也一样会那样盖楼。他坚持每个细节都要尽善尽美，甚至连房顶也不例外，尽管那儿只有乌鸦能看到。他给建筑师支付的酬劳是最高的，而且只雇用意大利最好、最贵的石匠。他还把楼层建得很高，尽管按照建筑法规，他

⊖ 布鲁特斯（Brutus）：也译作布鲁图或布鲁图斯。罗马共和国的历史上有两位Brutus名留史册。其一全名卢修斯·朱尼厄斯·布鲁特斯（Lucius Junius Brutus），是罗马共和国的主要缔造者及第一任执政官。他率领罗马人民推翻塔克文的暴政，成立了共和国，后来又挫败了塔克文的复辟阴谋，公开审判并处决了参与叛乱的贵族，其中包括他自己的两个儿子，捍卫了共和国。其二全名马尔库斯·尤尼乌斯·布鲁图（Marcus Junius Brutus Caepio），是晚期罗马共和国的一名元老院议员，曾深受恺撒信任，后参加元老院共和派反对恺撒专制独裁的斗争，组织并参与了对恺撒的谋杀。事后布鲁图向罗马群众说明行刺的动机，留下了一句名言：“我爱恺撒，我更爱罗马。”恺撒死后，罗马陷入战乱，布鲁图最后败于屋大维、安东尼联军，自杀身亡。文中所指应为后者。

大可以降低层高，在住房区和办公区之间多挤出一个楼层来，这样还能多收些租金。

“在我盖的楼里，”他不无炫耀地说，“每个人都可以抬头挺胸地生活。”

但是这样一类人物（拉斐拉在心里称之为“贵族”）是否也像艺术家和工匠一样，是一种基本的、经得住时间考验的类型呢？又或者，就像她丈夫认为的，这种类型只属于那个最后的、充满乐观情绪的19世纪？

她的哥哥过世还不到10年，这样的“贵族”似乎就已经消失了。现在她所遇见的商人（她认识的并不多，除了她父亲一家之外再没认识过几个）只关心钱，个别几个则对“算计”感兴趣。

当然，这其中就有玛丽安朵的丈夫的哥哥莫森索尔，人们普遍认为这位银行家拥有全奥地利乃至全欧洲最好的金融头脑，与美国的金融魔术师、银行业中的王侯——摩根是一个级别的人物，或者至少可以和莫森索尔的英国好友辛顿先生相提并论。

拉斐拉跟莫森索尔和辛顿两个人都很熟——辛顿对音乐的鉴赏力颇高，是个很有悟性的聆听者，因此她对他颇为尊重。不管是莫森索尔还是辛顿（她不敢保证那位传奇人物摩根先生也那样，尤其他还是个非我族类的美国人），对赚钱都不是特别看重，尽管两人赚的钱也不少；自己的工作造就了什么或是可能造就什么，他们也不怎么关心。他们真正有兴趣的是那些想法、那些永远做不完的生意、那些复杂的交易中间包含的算计——他们管这叫作“理念”。他们也应该归入匠人之列，就像保罗和保罗的元帅祖父一样。

哥哥曾梦想着要改造世界，而这个梦想的传承者们却重蹈覆辙，再一次成了“宪法”的拥趸。这些人里有她哥哥的孙子及其密友——银行家莫森索尔的儿子。他们都是医学院的学生，本质上就是两个平平常常的年轻人——

即便他们抽起雪茄来一支接着一支，还鄙视自己的父辈和祖辈，称他们为“无可救药的资本家”；他们还随时准备为了捍卫“革命”和“无产阶级”，在枪林弹雨的街垒战中奉献生命，就像她哥哥当初在他们这个年纪，为了公民权而时刻准备着献身一样。他们满怀热忱，那劲头简直让人吃不消，不过她觉得他们的做法都是徒劳无益的。不像银行家莫森索尔和他的朋友辛顿，他们的每一步行动都卓有成效，实际得可怕。不过，他们做这一切是认真的吗？抑或只是凭着自己的算计玩玩游戏？

“别为20世纪操心啦，”每当她在谈话中扯到这里，他总是会这么说，“没有我们，甚至没有保罗，20世纪的人还不是照样得往下过。说到底，你念叨这些，不过是为了逃避想起或说起玛丽亚罢了。”

CHAPTER 21 | 第21章

玛　丽　亚

亚瑟说得没错。都已经过去半个世纪了，一想起或说起玛丽亚，还是会让人黯然神伤，她走了以后的那段日子更是叫人心痛得不能想也不能提。

玛丽亚出生后，他们几乎有五年时间一刻都没跟她分开过。那一年，亚瑟整个冬天都在为国内最西部的一条新铁路线绘制桥梁和高架桥的图纸。这些桥梁和高架桥将跨越天堑，横架在因斯布鲁克和瑞士边界之间的阿尔堡隘口上；日后它们成了亚瑟最著名、无疑也是最不落窠臼的杰作。但是开工之前势必要去现场采集最终的勘测数据，这就意味着他不得不前往蒂罗尔山区，而这时深山之中仍是数九寒冬，雪崩、初春湿冷的大雪、奔腾泛滥的河水，这一切都使本就崎岖的山路更加寸步难行。万般无奈之下，他们只好决定由亚瑟独自上路，她和玛丽亚则等六个星期后积雪化光了再跟上。

在亚瑟临行前几个星期，玛丽亚变得前所未有的调皮、黏人、爱撒娇，把夫妻俩迷得一塌糊涂。一会儿，她偷偷溜到爸爸背后，拿根羽毛挠他痒痒，然后开心地在地板上直打滚，咯咯咯地大笑个不停；一会儿，她又一脸严肃地问起问题来——也许是亚瑟的一幅草图，也许是妈妈的一首歌，而且问得相当有深度，令她的父母大为吃惊。她可以一连玩耍嬉闹几个小时都不觉得累；但她也会一动不动地坐上几个小时，观看玻璃缸里的金鱼，这是上个圣诞节她收到的最心爱的礼物。亚瑟走了以后固然会想念拉斐拉，不过他俩都知道，他对玛丽亚的思念一定会更多。好在，只是六个星期。

亚瑟离开后过了十天（那时他应该刚抵达遥远的目的地），有一天晚上，玛丽亚开始嚷嚷头痛、肩膀痛，紧接着就发起烧来。一个钟头后，奥格斯堡医生赶到时，她已经陷入了痉挛，痛得不住哭叫。整整一夜，医生在她身上用尽了各种办法，动用了维也纳所能提供的一切医疗援助。可是，天亮前，玛丽亚还是死了。

"急性脑膜炎。"奥格斯堡说，他几乎和她一样痛苦。但是当她想祈祷孩子活下来时，他说："别这样，男爵夫人，她的离去是一件幸事。假如她活下来，她的余生都会是个傻子，或者是全身瘫痪。"

听了这话，她哭喊着责骂自己："我干吗不带玛丽亚跟着亚瑟一块儿走？干吗不带她逃过这一劫？"医生却静静说道："人怎么逃得过死亡天使呢。就目前所知，这种疾病的潜伏期可以是几个星期，甚至几个月。无论您带她去哪儿，她都活不下来的。"

她的哥哥抛下自己幼小的孩子（他的妻子刚刚生产过不久）搬来和她一起住，一直陪她到亚瑟赶回来；医生也一样，在亚瑟到家之前几乎寸步不离她左右。对于孤身在外的亚瑟，那几个星期想必更加难熬，他在接到女儿夭折的消息后，只能发了疯似地拼命往家里赶——那时可还没有铁路和电报呢。

理智上，他们都知道这件事不怪任何人，但夫妻俩总是情不自禁地想着“如果……”，总是不停责怪着自己，撕扯着自己的心。两个人都禁不住刻薄起来。活着的时候，玛丽亚是夫妻之间最坚韧的纽带，如今她不在了，这段婚姻顿时摇摇欲坠，他们两人也几乎陷入灭顶之灾。

在那段不堪回首的日子里（前后有两年多，将近三年时间），亚瑟还是会隔一阵子跟她同床一次。但她很清楚，他那样做完全是出于义务，而非欲望或乐趣。她知道（她也不确定是怎么知道的，不过她就是知道）那段时间他在外头还有一个女人，也许是几个；不过，感谢上帝，他从来没跟她亲口坦白过，不论是当时还是日后。在那些无眠的漫漫长夜里，她孤零零地躺在床上辗转反侧，但心里并没有觉得嫉妒。她只会怪自己：“我是哪儿做得不对，弄得自己失去了魅力？有什么地方惹他不高兴了吗？”

可是一旦他来到她的床上，她就怕得要命，怕得几乎要把他一把推开。万一又怀孕怎么办——她连想都不敢想。她经常做噩梦，梦见自己生了一个怪物、一个白痴（医生说玛丽亚要是幸存下来就会变成那种白痴），最可怕的是，她还梦见自己再次生下玛丽亚，接着又再次看着她死去。每次亚瑟和她过夜，事后她总是心惊胆战地等着，直到下一次月经来了才会松口气。多年以后，等到他们终于能开口谈论这段往事了，亚瑟才向她坦白说，其实不光是她害怕怀孕，他也同样怕得厉害，唯恐自己让她受孕。

但也正是在那炼狱般的几年时间里，亚瑟和她都成了真正的专业人士，成了温润、成熟的表演家和艺术家。他们都全身心地投身于事业，用工作来麻醉自己。正是在那些年，亚瑟开始撰写他的鸿篇巨制；也正是在那些年，整个欧洲大陆每一座桥梁和高架桥的设计工作他都参加了投标，最终成就了他建筑大师的名声。

相应地，她也从一名有才华的业余爱好者转变成一位真正的音乐家。回想起来，这一切始于她对舒曼的声乐套曲《女人的爱情与生命》的失望。当时这套曲子正风靡一时，她原本希冀能从中倾听到女人内心的悲伤，结果却发现它只是肤浅的无病呻吟——到现在她也还是这么觉得。因此，她开始四处寻找一种既能回应她的情感，也能令她产生感情回应的音乐。她一路寻觅，越过维也纳狭窄的地平线，终于在柏辽兹[㊀]那优美、宁静而玄奥的歌曲中找到了；当时柏辽兹还不为人所知，甚至在法国本地也还默默无闻呢。但她缺乏必要的技巧把它们唱出来，于是她又回到学校，重新苦练气息控制和发声部位。令她无比惊讶的是，她之前一直唱的是女高音，实际上她却有一副女中音的嗓子，而且以她的音域，几乎都可以唱真正的女低音了。

她名声渐起，被世人誉为音乐拓荒者，至今仍保有这一美名。当然，现在她是没法像过去一样演唱那些歌了，那些令狭隘的维也纳人觉得怪诞的歌，例如德国18世纪在舒伯特之前的先驱们创作的抒情曲；法国19世纪从柏辽兹、福列到德彪西的作品；还有她最近发现的几首奇异而又美妙的民歌，是由布达佩斯两位非常年轻的作曲家——巴尔托克和柯达伊不久前从匈牙利东部地区和罗马尼亚搜集到的。这些歌她自己虽然唱不了，但她可以请别人来演唱，使更多的人欣赏到它们。此外，她在音乐鉴赏力以及技巧方面也颇有名望，这使她得以从事音乐教育事业。在她所有的音乐活动中，她发现教学是最能让她得到满足感的；即便她的嗓子早就不行了，她仍然可以继续传道授业。

事实上，多年来（不过这都是玛丽亚之桥建成以后的事了）她一直是音

㊀ 柏辽兹：全名埃克托·路易·柏辽兹（Hector Louis Berlioz，1803—1869），法国浪漫派作曲家、指挥家和音乐评论家。

乐学院的教授，主讲一门德国抒情歌曲课程，并给学生指导气息控制和发声部位的技巧；尽管她从没拿过一分钱薪水，而且课程一览表上她的名字也只是不起眼的“沃尔德女士”。

最后，她和亚瑟终于找到了回到彼此身边的路。

早些年间，在玛丽亚尚未夭折之前的那段快乐时光里，她陪他一起旅行时总会带着速写本、画架和水彩颜料，对着亚瑟建造的桥梁和高架桥作画，把它们从岩石上一点点生长起来，到最后挣脱脚手架、宛如生命体一般脱胎换骨的整个过程都描摹下来。亚瑟很喜爱这些画，一直都小心翼翼地珍藏着。但这只是她的一项业余爱好，用来自娱自乐并取悦丈夫，并不能取代那些精心绘制、尺寸精确的工程图，亚瑟的桥梁建造只能以那些图为依据。就在她几乎已经要放弃这段婚姻的时候，亚瑟来到她身边，对她说：“我要在峡谷里架一座高架桥，但我想象不出完工以后整体的效果会是什么样。你能不能陪我走一趟，把那个地点的周边环境画下来，再配上各种桥的草图？这样我就能看一看都会有哪些效果，以及在什么位置搭桥最合适。”

那次以后，她又重新开始陪他四处旅行了。他每回在确定方案之前，都会先让她在画上勾勒出各种尝试性设计的效果图，这已经成了惯例。事实上，她自此成了亚瑟的合作者，虽然只是给他打打下手，但他所有的工作中都有她的参与。

一旦他们再度开始结伴旅行，他们立刻重新变回了丈夫和妻子，或者更精确地说，是男人和女人。只不过这一回主导的人是她，是她采取主动，是她在探索、研究和推动着各种新的体验。这并不是说她也会把他拉到干草垛后头；像这一类插曲（的确颇有过几次），她都会让他来充当那个发起者；她总觉得，干草垛什么的，那绝对是属于男人的特权。但是除此之外都是她主动，他回应。也许，她已经被那些漫长孤寂的夜晚煎熬得太过饥渴，早就把规矩礼法忘在脑后了吧。“要不然，就是我们俩的角色完全对换了。”她想。玛丽亚在的时候，他们有两个世界：一个是“他的”世界，只属于他的事业；一个是“他们的”世界，属于孩子和家庭。现在依然是两个世界，“他们的”世界里是他的桥梁和高架桥，但她是全程参与者；另一个却是“她的”世界，在这里只有音乐，而他只是个聆听者，尽管是个满怀钦佩的聆听者。

但不管是出于什么原因，总之这种新的关系变得越来越稳固，带给他们的快乐也不比过去少。如果说玛丽亚的出生标志着过去那段关系的顶点，那么玛丽亚之桥就标志着新的这段关系的圆满。

当时正是19世纪50年代末，正常情况下，那个时期的亚瑟是不会为一条窄轨铁路支线上的乡间小桥分心的。他那会儿业务繁忙，根本无暇顾及小型委托。但是这条小铁路将会从主干线岔出来，经过一个山谷，通往大山另一侧的一座古老的朝圣教堂，而这个山谷对他们夫妻俩有着特殊的意义。那儿正是他们第一次结伴旅行时驻留过的地方，亚瑟口中的“我们真正的蜜月”就是在那儿开始的。他们都非常喜爱这个小小的山谷，喜爱它那烂漫的山花和幽静的美，不想让它遭到破坏。

在亚瑟的所有桥梁之中，玛丽亚之桥最接近于两人联手设计的作品。解决技术问题的当然是亚瑟：如何设计一座乡间的木质栈桥，看似朴素单薄，却高高地横架于瀑布上方；随后，拉斐拉又加入了一种巧妙的设计——把小桥稍稍斜置一个角度，让桥拱正好与背后的山脊线平行，正是这个巧思，让许多评论家把这座桥称为亚瑟最完美的一件作品。而亚瑟呢，又在之后的落成仪式上把这座小桥命名为“Marien-Bruecke”（玛丽亚之桥），令她又惊又喜。多年以后，他还选取她为这座小桥画的一幅水彩画，作为他那部著作的卷首插图。

那天傍晚，她在夕阳的余晖中为落成的小桥画完了最后一笔，随后他们一起坐了很久，沉默着，手牵着手，就像十几岁那次羞涩的初遇一般。当暮色完全笼罩了大地时，亚瑟说了一句："谢谢你，拉斐拉。"10年前，也许更久吧，在她第一次为他唱了那首《致音乐》后，他曾说过同样一句话，那时的语气就跟现在一模一样。于是他俩同时知道，他们已经摘到了那朵"神秘的玫瑰"[㊀]，解开了夫妻之爱的秘密，他们用共同的欢乐和悲伤织出的纽带，将长久地经受住时间的考验。

"后来，我们一直幸福地生活在一起。"拉斐拉・沃尔德-莱夫尼茨男爵夫人想道。事实上，当他们一起追忆往昔时，她和亚瑟总是会停在这一刻，停在这个亚瑟称之为"我们的二次蜜月"的地方。

㊀ 原文为拉丁文"rosa mystica"，基督教常以该词比喻圣母玛利亚。玫瑰的花朵象征爱和纯洁，而多刺的茎秆则象征生活的磨难，从生活的苦难中开出爱与美的花朵，正与亚瑟和拉斐拉的婚姻经历相合。

第22章 | CHAPTER 22

《致音乐》

然而，对于她，生命中还有一段新的展开、一次新的成熟：玛丽安朵。

早在解剖学家莫森索尔还是个孩子的时候，他们就已经认识他了——他的父亲是奥地利首屈一指的铁路公司律师，自学生时代就是她哥哥的好友，多年来一直是她哥哥和亚瑟的法律顾问。这位解剖学家十分热爱音乐，因而很早就成了他们家的常客。实际上，正是拉斐拉在他13岁左右给了他建议，让他学中提琴，而不是小提琴和钢琴这些人人都会的乐器。莫森索尔的演奏水平始终只能算是业余，不过，即便水平一般的中提琴手也是稀缺品，因此他在沃尔德－莱夫尼茨家的音乐晚会上总是大受欢迎。拉斐拉和亚瑟都不是登山爱好者，但他们分享了这个年轻人对山野风光的热爱；早在攀岩流行开来之前，他们就已经深知他对登山运动那种孜孜不倦的热诚了。

自然，他们也听说了那个消息：9月里晴朗的一天，他从白云石山脉回到维也纳，身边带着一位妻子——一个来自格洛纳塔尔山区偏远山村的姑娘，据说父亲是个木雕艺人，哥哥则是个登山向导，莫森索尔尝试攀登新地点时，好多次都是由他领着的。拉斐拉听人说，这姑娘相貌很美，但是没受过什么教育，纯粹就是个野丫头，粗俗、没教养，多半是个文盲。

“莫森索尔这下可是把自己毁了，”她的儿媳说，口气里带着明显的幸灾乐祸，“维也纳没有哪个体面人家会接待这么一个垃圾。”

因此，当莫森索尔登门拜访，向她介绍自己的新婚妻子时，她并不感到意外。但她没想到这姑娘会美到这个地步：活脱脱就是佩鲁吉诺[一]和拉斐尔[二]笔下的圣母像，带着圣母的那种庄重和温婉，颊边却又嵌着一对若隐若现的酒窝。当这个年轻姑娘一面向她行屈膝礼，一面口称“高贵的男爵夫人”时，她震撼于那迷人的嗓音，直觉地开口问道：“你会唱歌吗？”

年轻姑娘的脸一直红到了头发根，懦懦地说不出话来。不过她的丈夫十分热切地替她回答了：“她会唱最动听的民歌，男爵夫人，而且唱得很不错。”

“能为我唱一首吗？”

劝了半天之后，姑娘终于开口唱了起来，然后就一直唱个不停，唱了一首又一首，那些民歌绝大多数她从没听到过（那时候，去民间采风还远远没有成为时尚）。她有一副女高音的歌喉，如银铃般悦耳，音高和音准全都无懈可击。

当时拉斐拉已经到了花甲之年，不再给人上课了，但玛丽安朵还是成了她的弟子，而且是迄今为止最优秀的一个。没过多久，她就成长为出色的歌唱家和音乐家，比拉斐拉的全盛时期还要优秀。后来，玛丽安朵看到她为丈夫的桥梁画的那些素描和速写，便又恳求这位年长的妇人教她画画，而且不

[一] 全名彼得罗·佩鲁吉诺（Pietro Perugino，约 1450—1523），意大利著名画家，拉斐尔的老师，擅长画人物、风景和宗教题材。

[二] 全名拉斐尔·圣吉奥（Raffaello Sanzio，1483—1520），意大利画家、建筑师，与达·芬奇和米开朗基罗合称“文艺复兴艺坛三杰”。他创作了大量的圣母像和宗教题材的壁画，其代表作有《西斯廷圣母》《雅典学院》等。

久就开始和她丈夫一起工作了：她的丈夫用解剖刀和显微镜揭示人类颅骨和大脑中那些美丽而惊人的奥秘，而她则用素描或油画把它们再现出来。正如她在音乐上做到的那样，玛丽安朵的绘画水平也超越了她的老师。

拉斐拉很清楚，自己的绘画水平只能算业余，充其量也就是画画插图，主要工作都是她丈夫完成的。“但是，”拉斐拉想，“如果说莫森索尔的《感觉器官解剖图集》将成为标准读物，即便不能和维萨里[一]比肩，起码也能和《格雷氏解剖学》[二]齐名，那么这其中固然离不开莫森索尔的科学发现，玛丽安朵的艺术才能也同样不可或缺。我向来只是给亚瑟打下手，从来都没能够更进一步，可玛丽安朵和她丈夫的合作关系是平等的。

“我自然不可能真的‘青春永驻’，就像玛丽安朵唱的那样——几个月前她在我的生日晚会上这么唱，不过是为了哄我开心。我是个老女人了，但是我得感谢玛丽安朵，正是因为她，我才没有屈服于岁月，没有黯然退隐、独自静度晚年。玛丽安朵使我的衰老推迟了足有 20 年，甚至更久。正当亚瑟和我开始沉湎于过去的成就时，是她把年轻人带进了我们的家门。没有玛丽安朵，我肯定应付不了这帮小家伙，应付不了他们的恋爱和争执、他们的喧闹和活力。但要是没有玛丽安朵，他们根本就不会上门。”

在玛丽安朵的鼓动下，亚瑟和拉斐拉两个人又重新开始了工作，不过这次的工作内容和以前全然不同。亚瑟年逾古稀，早已不再跑遍欧洲到处做设计了；他现在只偶尔做做顾问。相应地，她也放下了画笔，因为她作画完全是为了他。是玛丽安朵说服了他们，一同踏入了有生以来最亲密也是最成功

[一] 全名安德雷亚斯·维萨里（Andreas Vesalius，1514—1564），比利时解剖学家和医生，近代人体解剖学的创始人。他编写的《人体的构造》（*De humani corporis fabrica*）是人体解剖学的权威著作之一。

[二] 原名《格雷氏解剖学：描述与外科》（*Gray's Anatomy: Descriptive and Surgical*），解剖学的经典著作之一，1858 年出版于英国，后作为解剖学教科书，被历代学者不断补充新内容。

的一次冒险：连着三个夏天，他们以悠闲的步调，游遍了从里维埃拉到亚得里亚海之间的整个阿尔卑斯山脉，为他们的新作——《阿尔卑斯山脉的高架桥和桥梁：从罗马时代到今天》选取了50个范例；书中关于历史和技术的文字部分由亚瑟撰写，她则负责所有的插图——作为一名真正意义上的合作者，这对于她还是头一回呢。这本书出版时正好赶上亚瑟80岁大寿；他生平做过的事情里，没有哪一件比这更让他开心，也没有哪一件能为他赢来更多的赞誉了。

不过，玛丽安朵给她的最大礼物是：她使她学会了谈心，学会了倾诉。

拉斐拉从小受到的教育就是绝不谈论自己。“少说多听，方为淑女”，这是她童年时代的箴言。于是，她便成了一个善于倾听的人，而进一步加重了这种倾向的，是传承自塞法迪犹太人血脉的那种隐忍的天性——正是这种隐忍，使这个种族数百年来能在众多的敌人中间幸存下来，在外面是基督徒，在家则保持着犹太教的传统；正是这种隐忍，使这个种族在几个世纪里不受外来影响，把远古祖先使用的中世纪西班牙语完好无缺地传承下来；正是这种隐忍，使这个种族在家中某个隐秘的角落里，永远挂着一把故园的钥匙，他们清楚地记得这把钥匙能打开格拉纳达[一]或是托莱多[二]哪一条深巷中的哪一所房子，他们从一个地方流亡到另一个地方，身边却始终带着这把钥匙。

但是当她和玛丽安朵在一起时，她开始交谈，开始倾诉，开始成为自己思想的主题和一个独立的个体，而不仅仅是她哥哥的妹妹，亚瑟的妻子，或者玛丽亚的母亲。

[一] 西班牙格拉纳达省的省会，摩尔人统治时期曾建有犹太人聚居区。

[二] 西班牙的一座欧洲历史名城。711年被阿拉伯人攻陷。1085年，阿方索六世收复托莱多，把这里定为国都和全国主教中心，并允许已有的基督教、伊斯兰教和犹太教三种形态的文化并存。

“这是一种奇妙的关系，”拉斐拉想，“我毕竟比她年长 40 岁，而且我们借着彼此称呼的方式承认这种年龄差异。当然，一开始我是叫她‘玛丽安朵’的，但没过多久就改口成了‘你’；而玛丽安朵却一直称呼我‘男爵夫人’，偶尔在一些特别亲密的时刻叫我‘拉斐拉男爵夫人’。不过，现在对我这个年长了那么多的朋友，她渐渐也开始学着用‘你’来称呼了。”

“但是除此以外，”拉斐拉想道，“我们当中，她才是那个自信、稳健、给人安全感的人。跟她谈心的时候，我总是能从她这里得到建议、劝慰、勇气和支持。但最重要的是我能跟她谈心——最重要的是，我有了一个朋友。”

当然，走到这一步并不是一蹴而就的，玛丽安朵用了好几年耐心细致的水磨工夫，才终于让拉斐拉开口跟她谈心——最初谈的是她的婚姻，她和亚瑟刚在一起的那几年；然后，她怀着痛苦依旧的心情，终于谈起了玛丽亚，以及玛丽亚死后那段不堪回首的日子。

最后，她甚至向玛丽安朵吐露了《致音乐》这首歌后来对她和亚瑟的新含义。

那是亚瑟 80 岁生日那天的早晨，克里姆特为她画的肖像画已经搁在了画架上，摆在一张堆满礼物的桌子旁边。她一时兴起，拿起绘图笔，在画布背面写上了“致音乐”三个字和当天的日期。

玛丽安朵特别揶揄地看了她一眼，脸上带着个古灵精怪的笑容。拉斐拉立时觉得脸上发烫，简直跟个小女生似的，一点儿也不像年过七旬、有四个孙儿的老太太。后来她就跟玛丽安朵讲起了亚瑟把玛丽亚之桥献给她以后的那个夜晚的故事。

当时他们俩依偎着坐在一家小旅馆的卧室里。天已经彻底黑了，女仆点了蜡烛进来。他从自己的旅行书架上取下一本书——好像是让·保罗·里克特（Jean Paul Richter）的，也可能是诺瓦利斯（Novalis），或者是那本《项狄传》（*Tristram Shandy*），这些都是他经年不衰的爱好，然后朗声读道：“做爱就像做音乐；练得越多，做得越好。”

她大笑起来，同时又觉得有点儿窘。可怜的弗朗茨·舒伯特，关于爱情和女人，他唯一的经验可能就是跟妓女的那一次遭遇，结果还弄得自己染上梅毒，英年早逝；他说这话的本意肯定不是这个。

可是自那以后，无论哪一次她唱起这首歌，她和亚瑟总会把它听作幽会的召唤；他俩从此领悟了，所谓“holde Kunst”（可爱的艺术）究竟是什么意思，为什么这首抒情曲的最末一句要对它高唱：“谢谢你！”[㊀]

“即便是今天？在咱们这把年纪？”她的耳内响起了亚瑟的声音，半是戏谑、半是爱怜的口吻一如往昔。每当她乘着他称之为“浪漫的翅膀”开始飞翔时，他总会用这种口吻对她低语。

“尤其是今天。”她用坚定的、不容置辩的语气回答道。60年前，她曾经用一模一样的语气告诉她父亲：“这一次，它就是发生在现实生活里。”

似乎是为了结束这段傻气的争论，她打开红木钢琴键盘上的盖板，开始轻柔地弹奏这首抒情曲，嘴里小声哼唱着歌词。几个小节之后，音乐声慢了下来，她的双手还搭在键盘上，人却已经陷入了耄耋老人的那种浅眠。就这样，她静静地睡着，胸口的蓝色裙子随着浅浅的呼吸一起一伏。几分钟后，玛丽安朵来向她告辞，眼前就是这样一幅画面。年纪尚轻的女人被深深地打动了，她注意到，在那张皱纹密布、被岁月磨损了的脸上，正散发着一种光彩——和瓦德马勒笔下的《恋爱中的年轻女子》中，那青春的初恋所焕发的光彩几乎一样。

㊀ 《致音乐》的最后一句歌词是：“可爱的艺术啊，我衷心感谢你（du holde Kunst，ich danke dir dafuer）！”此处意含双关。

译者后记

在翻开这本书之前，我曾暗自揣测，举世闻名的“现代管理学之父”创作的小说会是什么样呢？令我大为意外的是，这部小说从主题到风格，与企业管理全然不相干。它没有传统意义上的故事情节，只有各种思绪，像乐曲般行云流水地铺叙开来，字里行间散发着一种浪漫和怀旧的气息。这部作品更像是一曲四重奏，四个主要人物的内心独白分别构成各个乐章的独奏主线，另有其他人物的故事穿插其中，与之呼应。所有这一切，犹如变幻万端的乐音，或明亮，或沉郁，或高亢，或低婉，最终汇聚成一部精妙无比、引人入胜的协奏曲。

从另一个角度看，这部小说未尝不是在阐述现代管理思想中的人性观点。书中有极端理性和现实的“经济人”，眼中只有利益；也有形形色色的“社会人”，依靠夫妻、情侣、亲子、朋友乃至合作伙伴等各种人际关系来获得安全感和归属感。所有这些人都在努力追求“自我实现”，企图掌握自己的命运，甚至改变这个世界。同时，他们的命运又交织在一起，最终表现出极为复杂的行为模式和思想感情。

小说设定的时代背景距今已有 100 多年。由于译者笔力所限，不免有东施效颦之叹。此外，20 世纪初，奥匈帝国的一些头衔和职位很难在中文里找到对应词，翻译中的讹误在所难免，只能留待后来人斧正了。

本书在翻译过程中，得到了浙江师范大学经济与管理学院吴振阳和祝亚雄老师的大力协助。洪宁（前言、作品简介、作者简介、第 1 章、第 3 章）、吴振阳（第 2 章）、祝亚雄（第 4 章）翻译了初稿。本书由洪宁负责统稿，对翻译初稿进行全面和反复的校核。吴振阳、祝亚雄承担了主要的协调工作。浙江师范大学外国语学院翻译系的徐淦淦、姚琼瑜、郑莉丽、钟家齐、陈德宝、章春霞和周波等则承担了大量的资料查询和校稿工作，在此一并致以诚挚的谢意。